U0932397

汕头大学法政文库

传统法律文化与当代法治研究

怀效锋 曹全来 主编

中国政法大学出版社

2020·北京

图书在版编目（CIP）数据

传统法律文化与当代法治研究/怀效锋，曹全来主编.—北京：中国政法大学出版社，2020.5
ISBN 978-7-5620-9343-5

Ⅰ.①传… Ⅱ.①怀…②曹… Ⅲ.①法律－传统文化－研究－中国②社会主义法制－研究－中国 Ⅳ.①D909.2②D920.0

中国版本图书馆CIP数据核字(2019)第274581号

书　名	传统法律文化与当代法治研究 CHUANTONG FALÜ WENHUA YU DANGDAI FAZHI YANJIU
出版者	中国政法大学出版社
地　址	北京市海淀区西土城路 25 号
邮　箱	fadapress@163.com
网　址	http://www.cuplpress.com (网络实名：中国政法大学出版社)
电　话	010-58908466(第七编辑部) 010-58908334(邮购部)
承　印	固安华明印业有限公司
开　本	720mm×960mm　1/16
印　张	20.5
字　数	330 千字
版　次	2020 年 5 月第 1 版
印　次	2020 年 5 月第 1 次印刷
定　价	82.00 元

《汕头大学法政文库》
总序

汕头大学地处中国改革开放前沿阵地、素有“海滨邹鲁”之称的汕头市，法学院（法律系）成立于1983年，是广东省最早开办法学专业、培养高层次法律人才的高等教育机构。法学院秉承“以人为本，因材施教”的理念，顺应当今世界潮流，融合中西法政精华，和谐敬业，传道授业解惑；承先启后，改革发展创新，努力培养具有良好道德品质，优秀专业水准，开阔社会视野，既能服务当代中国，又能参与世界竞争的法政人才。法学院倡导知行合一的学风，以“博学之、审问之、慎思之、明辨之、笃行之”的古训为座右铭，追求经世致用的教育目标，激励莘莘学子既立“修身、齐家、治国、平天下”之志向，又存“达则兼济天下，穷则独善其身”之气度，以天地之正气育英才，传法政之精神塑新人。我们深知任重而道远，尤信千里之行，始于足下，锲而不舍，金石可镂。多年来，学院为社会各界输送了一大批德才兼备的高素质法律人才。

法学院广大师生挺立时代潮头，以追求真知识、大学问为使命，勇于探索，取得了一批反映社会主义市场经济、民主政治和全面推进依法治国发展需要、具有理论和应用价值的学术成果：或注重实践，或精研法理，或解析法条，或钩沉史事，或阐幽发微，或鸿篇巨制；不求阳春白雪、四海皆准，但求言之有物、掷地有声；未必面面俱到、中规中矩，或可发人深思、启迪未来。为及时反映学院师生开展学术研究的情况，并使已有之成果更好地实现学术转化，产生更大影响，遂发凡起例，编辑出版本文库。“学术乃天下之公器。”愿本文库能够助益我国国家治理法治化之事业，并得到各界应有之关注与回应。

是为序。

《汕头大学法政文库》学术委员会

目　录

本土法律文化

宪法与行政法

民商经济法

环境法

刑　法

诉讼法

调研报告

读书札记

本土法律文化

中国法律近代化与法律文化变迁

怀效锋　曹全来*

摘　要：中国近代化的一个重要内容是法律的近代化。由于中国近代面临的“内忧外患”——“合法性危机”，在法律领域产生了变革传统的动力和要求，由此开启了法律近代化的进程。中西法律文化的对立和融合，是中国法律近代化的基本线索。其中，为了收回治外法权，法律近代化必须接纳西方先进的法律制度，这是“国际化”的缘由。另一方面，法律制度必须适合本国人民的需要，因此在法律变革中尽可能保留本土法律文化的精华，这就是“本土化”。“国际化”与“本土化”引起了“礼法之争”。经过晚清、中华民国时期的努力，法律近代化取得了历史性的成就；但由于时空条件的限制，民众启蒙基本未能进行；外敌入侵的压力始终未消除，国家主权受到削弱，法律文化的变迁不可能顺畅。

关键词：法律近代化　法律文化　国际化　本土化

一、缘　起

近年来，中国近代法史研究持续升温。毫无疑问，这对于近代史这块学术沃土是一个值得庆幸、值得持续关注的事情。但同样值得关注的是，对于近代法史，除了制度史、思想史以外，还有一个重要学术领域，似乎被有意无意地忽略了，这就是法律文化史。

近代中国，是老大帝国从康乾盛世所潜伏的重重危机中开始的。由于沉

---

* 作者简介：怀效锋，汕头大学法学院院长、教授，博士生导师。曹全来，汕头大学法学院教授。

重的文明包袱，在因应世界变化的过程中，反应迟缓，措置失当，遂逐渐陷入“内忧外患”的窘境。之后，民族危机日渐深重，开始了民族的觉醒，救亡图存成为近代史的主线。在这个过程中，各种力量的角逐，各种方案交替出现，变化纷呈，新旧交替、中西对立，令人目不暇接，眼花缭乱。从放宽历史视界的“大历史”来看，近代中国是一个民族国家形成的过程，与西方早期民族国家的形成没有什么不同；只是由于中国自身各种地理、政治、历史、文化，特别是19世纪下半叶到20世纪上半叶中国周遭国际背景的复杂性，才使得中国民族国家的缔造过程显得较之西方单一的民族国家更为繁复多变。

从纯粹法律史的学术立场来看，中国近代的法律发展史，乃是与中国民族国家的塑造过程相适应的中华法系的创造性转化过程，或者说是传统中华法系经历了重重危机的再生过程。在这个过程中，由于西学东渐、西法东渐，旧的法律体系不敷使用，被批判、被否定、被抛弃，与此同时，一个新的法律体系逐渐孕育生成。这个新陈代替的过程，恰如一个婴儿的诞生一样，期间伴随着长期的阵痛，在给国人带来意想不到的迷茫、困扰、犹豫的同时，同样也有欣喜、期待和希冀，呈现出波澜壮阔的文化图景。换言之，中国近代法律史不是单纯制度变迁过程，更是一个全方位的转换过程——一个包含法律制度、法律观念、法律组织、法律伦理等整体性变化的过程。在这个过程中，国家在整体上被赋予法律意义，作为国家法的主体主动或被动地参与国际关系；社会组织和个人亦不得不跟随时代的节拍，不断更新自己的世界观、价值观，并以合乎法律要求的方式安排自己的行为，谋求生存与发展。中国近代法律史是一幅全新的法律文化景观。

近代中国的法律文化，不仅是中国近代史、特别是法律史的组成，更是这段历史图景胶卷的“底片”，是潜伏在各种历史事件表象背后的“基因密码”，也是牵动古今中西新旧交替的最终决定力量。因此，近代中国诸多问题的解答，最终可能要回到文化史上来。法律史也不例外。

对于近代法史的研究，固然不能回避制度史、思想史这一看得见、摸得着的“显性”方面。但是，制度史和思想史的研究，包括社会史的研究，无论如何是离不开文化史这个“隐性”方面研究的支撑。这是因为，文化史是制度史、思想史的“酵母”和“土壤”，制度史、思想史发生的一切，都与文化史的发生、发展、变迁密不可分。单从时间顺序就不难看出，清末法制变革基本是晚清最后十年的事情，而西学东渐从明末就开始了，西法东渐则至少持续了半个多世纪；又如，到南京国民政府后期，六法全书基本形成，近代化的部门法律体系建设取得了历史性的成就。然而，众所周知，这一制度成果并没有顺利传承下来。其中的原因是多方面的，但笔者以为，法律文化发育不够成熟，制度超前而文化落后，难道不是一个重要因素吗？诚如意大利史学家克罗齐所谓“一切真历史都是当代史”，近年的民族国家的建设问题、传统文化的复兴问题、全球化与逆全球化问题、国际化与本土化问题，甚至一些具体的制度建构、历史事件、人物评价等，无不牵涉对近代历史的评判，特别是涉及对近代文化的整体理解上去。因此，有理由相信，随着制度史、思想史研究的深入，文化史的研究必然升温，甚至成为近代法史研究的热门领域。

二、法律近代化、现代化与近代法律文化变迁

法律现代化，是与现代民族国家的建设、市民社会的形成和个人自由的确认密不可分、同步发展的。同样，中国法律现代化也是与中国近代民族国家、市民社会和个人自由的成长息息相关。从中国近代和现代历史发展的阶段性来看，中国法律现代化大体上可以分为晚清、中华民国和新中国三个时期。其中，晚清时期，是中国法律现代化的起步阶段，中国以建立君主立宪的政体为目标，民族国家、市民社会和个人自由三个近代事物都初露端倪，我国法律现代化事业艰难起步，并取得一些成绩。辛亥革命的发生，创立亚洲第一个民主共和国——中华民国，我国人民探索了各种政体模式，但最后都以失败告终。然而，这一时期，中华民族的民族潜力被激发出来，建立真正意义现代民族国家的热情空前高涨，民主、共和成为历史的潮流，君主制永远失去社会基础，被抛在历史的垃圾堆。与此同时，市民社会和个人自由都取得长足进展。中华民国时期，是我国法律现代化取得历史性突破的关键时期。但是，遗憾的是，由于日本的入侵和国共战争，民主共和并没有真正成长起来，建立民族国家、培育市民社会和发展个人自由的历史任务，也没有完成，法律现代化事业被中断。1949 年中华人民共和国成立以后，中国法律现代化建设进入一个新的历史时期。其间，经历了新中国成立初期的艰难探索，在法律现代化建设方面曾经取得一些成绩，但是由于急躁、冒进的情绪和指导思想的失误，我国法律现代化事业遭受了挫折。国家动乱结束以后，

中国掀开了改革开放的伟大历史篇章，中国法律现代化事业也由此进入一个空前发展的新的历史阶段，并已取得了长足发展。回顾历史，自 1792 年英国使者马戛尔尼访华，到今天，已经过去了两个多世纪的时间。然而，中国法律现代化事业并没有全部完成。历史的重任落在当代中国人的肩上。

从语源学角度来看，法律现代化在其发源地英国、美国、法国等西方国家，是一个连续的历史变迁过程。但在我国，这一过程被学者有意无意地分割为两个时期：法律近代化和现代化。[1]笔者以为，法律近代化应当被看作现代化的早期阶段。法律近代化是一个法律从传统到近代的整体转化过程，这一特征，正好符合法律文化变迁的基本情形。

三、中西法律传统的基本差异

法律文化是一个民族固有文化的一部分。由于地理环境、生产、生活方式以及历史的原因，中西传统法律文化之间存在着固有差异。在中华文明独立存在与发展的情况下，作为本民族文明的一种特性，中国本土的传统法律文化按照自身的规律，顽强地存在并发挥着特殊的作用。只是到了近代，随着西方外来法律文化在中国的传播，中西法律文化的差异逐步被意识到，并逐渐形成一种推动我国固有法律发展变化的内在力量，中国法律现代化由此展开。

中西传统法律文化的差异十分显著，概括起来，主要表现在以下四个方面：

首先，中国传统法律文化的社会基础是农业社会，而近代西方法律文化的社会基础是工商业社会。我国农业社会的两个基本支柱是小农经济和宗法家族制度。与这种相对分散的社会经济形式和社会组织形式相适应，法律以家族为本位，维护农业生产的稳定性和在经济体系中的主体地位。在公元 6 世纪至 7 世纪，在东西方分别存在两个著名的法律体系：一个是古罗马的《国法大全》，另一个则是中国的《唐律疏议》。这两个法律体系最基本的差异，就是一个以农业经济为基础形成，而另一个则以简单商品经济为基础。到了近代，西方国家经过工业革命，进入工商业社会，而中国仍然处于农业

〔1〕 一般来说，法律近代化是从晚清到新中国成立之前的法律变迁过程；法律现代化则是指新中国成立之后至今的法律发展进步过程。学界也有用“早期法律现代化”的概念表述法律近代化的现象。就本书而言，除了特别说明以外，两个概念基本可以通用。

经济社会。因此，罗马法能够在西方复兴，而在中国，《唐律疏议》在延续了上千年以后，依然故我——以唐律为基础的明律，事实上又成为清律的蓝本，一直沿用到清末。

其次，在功能方面，中国传统法律主要的目的是维护封建君主制度，而西方的法律在经过近代资产阶级革命以后，其宗旨基本上是以确认和保护个人自由和权利为中心。我国的封建君主制度，是以农业社会为基础的，表现出强烈的专制色彩和等级特权特征。与此相适应，法律以维护君权和官僚贵族的等级特权为使命。对于普通老百姓而言，他们之间的冲突如果不是危及基本的社会秩序的稳定，通常难以涉及法律管辖和诉讼进程。因此，一部法律可以延续上千年而保持基本不变，司法工作也是十分简单的，通常不是官员手中的政务——社会管理的主流方面。在这种情况下，普通民众被教导要尽可能压制他们之间的对立和矛盾，“以和为贵”是社会的信条和做人的基本准则，也是不得已而处理社会纠纷的基本原则。个人不被强调，以免产生个人自由和个人权利的种种欲望和要求，而这种欲望和要求往往被视为对社会整体的破坏性因素。而在西方，资产阶级革命颠覆了君主专制制度，打破了传统的教会、君主和贵族控制的等级特权体系，建立了民族国家，取得了个人自由和个人权利在法律上的中心地位，个人而不是高高在上的国家成为法律的主宰。

再次，在法律组织和法律人才培养方面，中西传统法律文化同样存在巨大差异。在中国传统法律体系中，组织性是比较差的。通常，地方各级政府机构组织中只有行政系统，司法的职能由这一系统来承担，因此也没有独立的司法系统，即通常所谓“行政兼理司法”。一般情况下，只有在中央才有负责案件驳议和死刑复核程序的机构。司法组织的薄弱性和稚嫩性，决定了法律职业无法得到充分的发展。与此相适应，在缺乏“市场”需要，即专业化的司法人才需求的情况下，法律教育也就不可能发达，法律研究工作也难以深入和普遍展开。这种情况与西方截然不同。在古代西方法律文化的发源地古希腊和古罗马，法律分工的思想就出现了。这种思想成为近代启蒙思想家构建权力分立及制约与平衡思想的基础。近代以来，随着自由民主思想的传播，三权分立成为西方国家主流的政治制度和组织模式。这一模式为独立的司法机关的存在提供了必要性和发展空间，从而也促进了法律职业和法律教育与研究的深入发展。西方的法律教育可谓源远流长。特别是文艺复兴前期，罗马法就得到复兴，并在西欧各国得到传播。最早的大学——意大利的波洛尼亚大学，就以研究法律著称，罗马法就是从那里被再次发现并向外传播。大学是自由思想的堡垒。发达的法律教育奠定了司法职业的人才基础，也形成了自由的传统。

最后，法律的精神最终来自民众的心理、来自民族意识。在这方面，中西法律文化之间也存在极大差别。在传统中国社会，民众对法律是疏远的和陌生的。他们生活在一种村规民约之中，这种基层的社会组织规则得到官方的认可，具有强大的生命力。现代有学者把这种规则称为“民间法”。一个普通民众通常依靠这种社会规则体系就足以解决他和别人的争议。越过这种规则体系而上升到通过官方的法律来解决问题，通常只在发生刑事犯罪以后。中国自第一个法制政权——秦国时起，就规定诉讼分为公室告和非公室告。非公室告是纯粹老百姓之间的纠纷，通常就是民事纠纷，不涉及国家利益和公共秩序。因此，这种诉讼是被禁止的。此后两千多年里，中国民众对于诉讼是以畏惧的心理对待的。其中的原因很复杂，可能与封建社会官方意识形态——儒家思想的教化有关，另一方面，与中国社会流动性差有关：在一个所谓熟人的社会里，不能与他人和谐相处，发生矛盾甚至于对簿公堂往往被他人看成是不光彩的事情。如果不幸发生了这样的事情，当事人的社会声誉会受到损害，这对于一个一直在一个狭小的社会群落里生活的人来说，是比较可怕的事情。因此，耻讼、厌讼、息讼一直是中国人的普遍心理和处世哲学，远离法律甚至被看成一种美德。在西方，法律在民众心理方面的地位和重要性，则要远远高于中国。在近代启蒙思想家的理论中，“社会契约”的观念被强调和发展，并在民众中间广泛传播。根据这种思想，社会是通过一种明示或者默示的社会契约的形式建立起来的，人们与政府之间的关系是以这种关系来维系的。在西方传统文化中，契约是具有法律效力的。因此，依据这种社会契约组成的社会，本身就是一个法律的组织。根据这一观念，又产生了人民主权和法治政府的理论。法律观念不仅在政治生活中，在社会经济生活中也是极为普通、极其重要的，他们之间的一切往来几乎都要借助于法律。由此可以看出，法律在中西民众心里的地位和观念是截然不同的。

在近代历史展开之前，中西文化各自独立地存在和发展，它们之间的差异并不会产生对立和矛盾。然而，西方法律文化在经历了文艺复兴以后，借助于科学技术的进步，开始在东方国家传播。从某种意义上看，世界文化的一体化是一个必然的历史潮流和趋势。随着西方殖民主义在我国的扩张，近代中国工商业也受到刺激而发展起来。在中西法律文化的交流中，由于中西法律文化固有的差异，二者之间的碰撞就不可避免，矛盾也越来越深。历史地看，治外法权就是这一矛盾加剧的表现和产物。自鸦片战争以来，中国人对西方法律文化的接触和了解越来越多，随着我国殖民地位的加重，一部分先进的知识分子越来越深刻地意识到我国传统法律文化的落后性和不适应性，法律变革在所难免。

四、近代中外关系和中外法律文化交流

中国法律现代化，虽然是发生在中国本土的历史事件，但是，启动这一历史事件的，并不是中国，而是外国。中国的法律现代化，不仅是世界法律现代化历史进程的一个组成部分，而且是西方国家法律现代化发生、发展甚至比较成熟的情况下，才在中国土地上展开的，中国是一个后发的现代化国家，法律现代化事业也是如此。

近代中外关系，是中国法律现代化的宏观历史背景。在历史上，中国从来不是封闭发展的。早在商周时期，中原地区就与周边民族、部族接触，并逐步融合，建立了某种文化关系。随着中央政权的稳定和中原文化的发展，与外界的接触范围不断扩展，从西汉时期起，中国与西方国家古罗马曾经有过接触。到了东汉，印度的宗教传入中国。南北朝时期，中亚民族文化在中原地区逐步活跃。唐代时，基督教的一支景教也传到唐的都城长安。中外关系史上著名的西方人是元朝时期意大利旅行家马可·波罗。他第一次向西方人比较全面地介绍中国的情况，极大地推动了西方人对东方的探险活动。明朝后期，西方传教士进入中国，并与中国上层人物接触，直到清代前期。明朝时，荷兰殖民者在中国台湾建立据点，后来葡萄牙殖民者也在澳门建立殖民地。英国是后来者居上，马戛尔尼访华，就是模仿葡萄牙的做法。到此为止，中外关系是比较简单的，中国受到西方殖民主义的压力也不是很大，中外文化交流基本上是对等的。只是由于当时的中国人对世界的变化缺乏清醒的认识，夜郎自大，错失了与西方国家建立正常外交关系的良机。英国人经过几次外交的努力，没有成功，便决定对华用兵，用武力打开了中国的大门。

中外关系从中英鸦片战争发生逆转，此前中外关系是建立在一种“夷夏之辨”和“天下观念”的混合思想基础之上，并按照所谓“朝贡体制”处理

对外交往。由于文化方面的优越感和自信心，在对外关系的处理上中国是比较主动的，回旋余地比较大。但是自鸦片战争以后，中国便一步步陷入西方殖民主义的深渊。中国过去的主动性逐步丧失，回旋余地越来越小。中国法律现代化就是在这种从未经历过的中外关系中展开。

中外法律文化的交流，是中国法律现代化展开的另一个重要线索。

伴随着近代中外关系，主要是中西关系的展开，中外法律文化的交流也进入一个不对等的阶段——西方资本主义法律文化涌入中国，形成对我国封建传统法律文化的冲击，最后打破了中国传统的法律体系，中国政府也不得不通过引进西方资本主义国家的法律制度，建立中国现代化的法律体系，以期收回治外法权，并适应中国各项现代化建设的需要。

中西法律文化的交流，除了形成中国开启法律现代化的外在压力以外，也为中国法律现代化的展开提供了知识资源和参照。鸦片战争以后，特别是1861年中国设立总理各国事务衙门以后，通过出版机构的传播、外派使节和留学生、西方国家在华设立法律学校等途径，西方的法律文化大量流入中国，中国上层的知识分子也有意识地关注、吸收和传播西方的法律知识。19世纪末，要求学习西方法律文化，并模仿西方国家建立现代政治法律制度的要求，已经成为一个不可阻挡的历史潮流和时代风气。中国有见识的知识领袖也提出“中体西用”的思想，引导中西法律文化的交流和发展潮流。到清朝末年，仿照资本主义国家建立现代政治制度和法律制度成为清政府挽救自身命运的手段，法律现代化也随之进入一个实质性发展的阶段。中华民国时期，中西法律文化的交流进一步加强，西方法律知识的深入传播，加速了中国法律现代化事业的进程，中国最终建立一个全新的法律体系——“六法全书”，这是我国法律现代化的一个标志性历史成果。新中国成立以后的一段时期，中外法律文化交流相对单一和封闭，后来几乎处于停滞不前的状态，中国法律现代化建设也就难以继续发展，甚至于出现了历史的倒退，中国法律现代化事业遭遇了空前的挫折和危机。

中国法律现代化的历史说明，当今世界是一个开放的世界，是一个一体化的世界，是一个“平面化”的世界。法律现代化的发展起源于中外法律文化的交流，受制于中外法律文化的交流，也受惠于中外法律文化的交流。离开这一世界文化的大背景，我们无法给中国的法律现代化准确定位，也无法准确预测未来中国法律现代化的发展趋势。

五、中国近代的“合法性危机”

中国法律现代化，是在近代中国遭遇重重危机的情况下进行的。近代中国，在西方民族国家基本形成的时空格局下，由于帝国主义的入侵，更主要由于中国传统自身的缺陷，产生了以“民族国家认同”为中心的“合法性危机”局面。近代中国的合法性危机又表现为三个互相联系的方面：民族危机、政治危机和法律危机。近代中国的重重危机，是法律现代化展开的直接原因。换言之，中国法律现代化的展开，就是现代中国民族危机、政治危机和法律危机的产物。因此，中国法律现代化表现出“危机—应对”的模式。

近代中国，危机四伏。在西方主要资本主义国家已经进入民族国家的情况下，中国还是一个专制帝国——大清帝国，帝国的统治者希望延续传统的治理方式处理包括对外关系在内的各种问题。到了晚清，有两个问题，使得大清统治者几乎遭遇灭顶之灾：一个是与西方外来入侵者的关系问题和帝国内部作为宗主国与附属国的关系问题；另一个则是帝国政权本身与其统治下的子民的关系问题。

首先，在对外关系上，与西方国家近代以来形成的关于民族国家的政治理念不同，中国人认同的是流传数千年的以文化认同为中心的部族观念，即所谓“华夷之辨”。华夷之辨内部有两个基本概念，一个是“中心—边沿”概念，即以中原为中心、以四夷为边沿；另一个就是“以夏变夷”的概念，即动态地认识中原文化对四夷文化的改变能力。这种观念最大的缺陷，就是没有明确的国家主权的概念，导致国家治理范围或者治理边界不清晰。到了近代，这种传统观念不仅无法对接已经在国际上通行的现代国际法律准则，有效处理与西方列强的关系，同样无法有效处理中国中央政权与周边“朝贡体制”下附属国的关系，已经显得十分迂腐。从近代早期的中英关系，到后来中国与其他资本主义国家的关系，乃至于中国与越南、朝鲜等周边国家的关系，都显示出中国的治理者自身的观念错误，导致措施失当，存在无法逾越的障碍而危机四伏。

其次，在内部治理层面，近代中国同样遭遇着自下而上不断升级的反抗压力。这种压力首先根源于作为掌权者和治理者的满族与汉族之间的矛盾，这一矛盾自大清政权建立即已存在，并伴随整个清帝国的存续。清朝早期的白莲教就是以反抗“入侵者”满族为宗旨，太平天国运动、辛亥革命，也同样视满族为“异族”，把满族政权视为“外来入侵”，以驱逐满族、恢复汉族人的统治为最终目标。这种反抗意识，自始至终流淌在汉族士大夫和读书人的血液里，从未消停；到了清末新政开启以后，这种观念加入新的元素——共和的概念，最终导致大清政权的瓦解。

理解晚清中国遭遇的“数千年未有之大变局”，既要立足于解读中国自身的特殊性，同样要参照近代中国所处的国际大背景、时代大潮流，特别是近代形成于西方的民族国家的建设趋势。民族国家一个核心的理念，就是以个体的公民为基础建立国家主权，这一概念否定了传统的以家族为本位的贵族政治体制，也否定了统治者对被统治者为所欲为的君主专制体制。毫无疑问，这种新的观念与大清帝国的政治体制是格格不入的。清政权覆灭前期，有一些思想家争论国家主义和家族主义的问题、礼法的问题、新旧国民的问题，最后演变成“新文化运动”，都是这一矛盾的不同表现。理解了这一矛盾根源，也就不难理解近代中国的合法性危机，及由此派生出的近代历史屡屡发生的历次革命、运动，并对近代的法律文化变迁形成一个较为宏观和清晰的认识坐标。

六、近代法律文化的变迁历程

从整体上看，近代中国法律史，或曰中国法律近代化，实质上就是中华法系的蜕变过程。从法律文化层面来看，支撑法系的关键在于制度建设。中国法律近代化的一个主要方面，就是法律制度的变革——旧制度逐渐被淘汰，退出历史舞台，新的制度成长起来。从晚清中国政府开始着手有意识的法律变革，到中华人民共和国的成立，仅从制度变革角度来看，我国法律近代化大体上可以分为两个时期：清末和中华民国时期。其中尽管政治体制从君主制向共和制迈进，但法律制度的连续性是十分明显的。

中国法律近代化事业，起于清末十年。清朝末年，由于内忧外患，危机重重，清政府不得不改革自救，由此也揭开了构造中国近代法律体系的波澜壮阔的历史过程。其中，收回治外法权的希望，成为中国政府改造旧法，缔造新的法律体系的历史性契机；清末新政的展开，推动了一个中国历史上前所未有的新的法律——宪法的产生与发展；以此为突破，由于清政府的努力，中国近代部门法律体系初具规模。

清末的法律近代化，体现了“中体西用”的指导思想。所谓“中体西用”，即在处理中西文化关系问题上，采取以中国固有的学术为本体，以西方学术为补充的方式，形成中西文化的比较格局。这一思想的最早阐述者是经世学派的冯桂芬，并经由洋务派的领袖人物张之洞的支持，后来成为清末法律变革的指导思想。即法律变革一方面以国际化为目标，另一方面又遵循本土化的路子。

首先是法律的国际化发展，即与世界先进法律接轨。近代不平等条约的签订，使中国逐步有了国际的观念。近代历史学家蒋廷黻在谈到《南京条约》时指出，“不平等条约的根源，一部分由于我们的无知，一部分由于我们的法制未达到近代文明的水平”。这种无知，最主要的就是不知近代西方的兴起，不知近代世界即将是东西方逐步融为一体的世界。在清末法律改革全方位展开之前，国际化的问题已然摆在中国人民面前。中国要想生存下去，唯有“在国际生活中找出路”。法律的制定，也不例外。“与国际接轨”，就是通过制定与西方国家接近的法律，形成先进的法律体系，从而收回治外法权，这是当时修改法律、编纂法典的宗旨。在列国并立的晚清，也只有将法律尽可能地与西方国家的法律靠近，才可能免于授外人以口实，在法律层面受制于人。

其次是本土化努力。如果说中国近代法律体系的国际化目标，是中国要最大限度地吸收、引进西方国家先进的法律成果，那么，其本土化目标，就是如何最大限度地保留固有法律传统，并使新律与中国国情相适应、相协调。晚清法制改革虽有取悦于西方国家的一面，但其终极目的还是使改革者摆脱自身的法律困境，是为政权的继续存在与发展服务的。因此，法律的社会适应性问题，是法律修改中无法回避的根本问题。

清末法律近代化过程中，发生了一次激烈的冲突，即所谓“礼法之争”。礼法之争实际上是中西法律文化在法律变革过程中的冲突，反映了不同的法律价值观念在中国社会内部发生的碰撞。

清末的新政和法律近代化，是以君主立宪为总体方案和宏观目标的。客观地说，这一目标是符合中国悠久的中央集权的政治运行模式和忠君爱国的君主制传统的。然而，由于当时主宰政治变革的是满族——这是一个刚刚从游牧民族过渡到封建社会不足 300 年历史的民族。对于这样一个人口不是很多，整体文化水平也不是很高的民族而言，在短短的 300 年时间内，实现从原始社会到封建社会的转化，已属难能可贵；若进而再要求其发育出适应资本主义国家的国家治理能力，领导一个人口数百倍于自己的庞大国家，发展资本主义，甚至于超越西方已经比较成熟的资本主义国家，则根本不切实际。因此，清末的政治变革与要求满族放弃政权的狭义民族变革糅合在一起，最终导致满族统治的终结。清末新政的失败，则使中国失去建立君主立宪制度的机会。余下的道路，只能是民主共和。

中华民国北京政府和南京政府时期，在相当长的时间内，虽然政权本身受到军事力量的支配性影响，但是政府组成中文人占有一定的比例，他们对法律现代化建设发挥了重要的推动作用。从整体上看，中华民国时期，是我国法律近代化发展的关键时期。但是由于种种原因，特别是日本帝国主义的入侵，这一时期取得的成果最终付诸东流。

七、中西法律文化的对立与融合

在中国，介绍和研究“现代化”问题，往往令人联想到的是另一事物——“西化”。这是由于中国是一个后发的现代化国家，种种事业的进步发展，是步西方发达国家的后尘。“西化”这一概念，带有明显的“模仿”和“照搬照抄”西方国家做法的意味。实际上，近代中国的法律文化变迁，基本上就是中西法律文化从对立到融合的一个过程。

在近代之前，中西法律文化基本上各自独立发展，彼此之间基本不受对方的影响。在西方启蒙思想家的描述中，常见对于中国法律、礼俗的赞美之词，伏尔泰和孟德斯鸠是其中的代表人物。这种描述构成了西方人对中国法律文化的基本图景。

随着鸦片战争之后，“西法东渐”的步子显然加快，西方法律文化通过条约口岸，向中国沿海和内地渗透；中国政府派到西方的外交官、留学生等，也逐步接受西方法律文化的熏陶。到19世纪末期，大清帝国的高级官吏、读书人和士绅阶层对于西学的认识已经相当成熟，“中体西用”的观念在不断滋长。到20世纪初，中国政府正式派考政大臣出洋考察，开启制度变革的大门，中西方法律文化从对立，已经完全走向融合发展的道路。

从清末新政到中华民国，通过法律移植的途径，西方法律大规模引进中国制度建设之中，加上中外法律学者的共同创造，最终形成一个新型部门法律体系——六法全书体系，成为中国政权建设、社会管理和各个领域变革的推动力量。六法全书体系，既有中国本土法律文化的基因，又有西方外来法律文化的渗入；在外来法律文化中，既有英美法系的法律制度，又有大陆法系的制度精华。其中，西方法律文化部分又经过日本的转化后传入中国，因此多少带有日本文化的烙印。过往常有法律学者争论六法的具体范围，其实在日本法学辞典中解释“六”字为上、下、东、南、西、北之总括，六法全书即各种法律汇编之谓。

中国近代法律文化的变迁历程，从某种意义上来说，也是西方法律文化对中国本土法律文化的植入和改造的过程。从马戛尔尼访华到清末新政，尽管在中国政府主持和推行的正式的、大规模的法律移植开始之前，西方的法律文化已经渗透中国超过一个世纪的时间，但是，不难看出，真正的制度变革仍然困难重重。特别是对于推动变革的当事者，他们在历史紧要关头承担的制度选择、制度变革的重大责任，无论成败，都不仅应当得到宽容和理解，更应该得到后人的嘉许。

回顾近代以来中国追求“现代化”的历史，不难看出，“现代化”在中国的展开，是沿着中国自己的道路进行的，尽管中国的现代化的确受到了西方国家的推动和逼迫。近代之初，魏源提出“师夷长技以制夷”的构想，其出发点显然是立足于本国的自立自强。到 19 世纪中期，冯桂芬提出的“中体西用”的观点，成为流行一时的话语。“中体西用”的意思是以中学为体——根本，以西学为用——辅助，共同服务于中国的建设。其中，既然以中国固有的学术为根本，则对中国的倚重，就更加明显了。到了新文化运动时期，胡适和陈序经等人曾提出“全盘西化”的主张，但是，中国终究没有走上完全西方化的道路。

近代以来，法律现代化在我国已经展开一个多世纪，其成败得失，值得深入反思。笔者以为，无论成功或者失败，关键之处均在于选择何种参考体系，或者何种先进法律模式，更加符合我国固有法律传统，并适合于我国的需要，切中我国社会发展和法律变革的要害，并易于为我国知识分子、社会精英和普通民众所接受。其中，立足本国与本土，是衡量和解决一切问题的根本。回顾马戛尔尼访华以来的法律文化变迁历史，“西学东渐”开启了中国法律现代化的进程；“中体西用”思想指导了我国法律现代化的近代发展，中外法律精英共同创立了国际化与本土化结合的“六法全书”；今天，我们只有脚踏实地、认认真真地继续推动法律现代化的事业，创造出一个“中西合璧”的法律文化体系来，殊几能与那些法律现代化的先驱者并驾齐驱，无愧于历史赋予我们的光荣使命和时代造就的千载机遇。

八、近代法律文化研究的几个基本问题

本书是2014年国家社科基金重点项目“中国近代法律文化变迁研究”的成果。关于本书，有几个问题需要重点交代一下：一是近代法律文化史的起止时间和研究范围问题；二是近代法律文化变迁的基本脉络和主要议题；三是近代法律文化变迁过程中关键人物的选取；四是史料及对近代法律文化的研究问题。

首先，关于“近代法律文化史”的起止时间与研究范围问题。

任何断代史的研究，都要确定年代的起点和终点问题。对于近代法律文化史而言，也存在这样的问题。笔者以为，与传统通史的界定不同，文化史应当有其特殊性。这是“文化史”的特定研究对象所决定的。文化的发展、演变总是一个漫长的过程，而且具有隐蔽性，不像政治史、制度史或者战争史那样有一些标志性的事件，那么显而易见。

就中国近代法律文化史看来，其起点应当确立在哪里？是否应当与通史所确定的起点（第一次鸦片战争）同时？如果不同，理由是什么？终点问题也一样。通史一般把近代史的终点确定在“五四运动”的发生，即1919年。但是，这个年份在法律文化史上有何意义？是不是应当作为近代法律文化史的终点、现代法律文化史的起点？如果不是，那么，近代法律文化史的终点又在哪里？

笔者以为，中国近代法律文化史应当围绕近代中国中央政府和全中国的法律文化整体性变迁，寻求其对于法律文化的产生、发展、变迁或转折等产生实质性影响、具有历史标杆意义的事件，并以此作为起点和终点。以此看来，中国近代法律文化史的起点应当在鸦片战争发生之时，上溯若干年，直至找到导致这场战争的根源为止。这种考量的依据是，鸦片战争是中国与英国之间发生的正面冲突，但对于这次冲突，应当把它看成是中英冲突的起点，还是终点？是一个原因，还是一个结果？笔者以为，鸦片战争是近代中西文化碰撞的一个结果，是当时世界上实力最为发达的资本主义国家英国寻求开拓中国市场的努力均告失败以后，以强力打开中国大门的结果。其中，鸦片战争之后签订的《南京条约》中，涉及的赔款不仅有战争赔款，还有战前的商业欠款。而在此之前，英国曾三次派遣使团访华。因

此，应当把这个时间节点确定在英国使团第一次访华，即 1792 年至 1793 年马戛尔尼使华。

关于近代法律文化史的终点，依笔者之见，应当确定在新中国成立这一历史节点。这是因为，中国自清末新政开始的移植外国法律制度、重建中华法系的过程，一直延续到中华人民共和国建立前夕。期间，到全面抗战开始时，中华民国南京国民政府基本完成了“六法全书”体系的构建，但仍有部分法律，包括宪法等未真正完成。到中华人民共和国成立前夕，“六法全书”在解放区被宣布废除，建立近代化的法律体系的过程就告一段落；新中国成立后，开始了全新的法律文化的建造过程。由此观之，近代法律文化史的终点选择在 1949 年，是合适的。至于五四运动或新文化运动，作为一个历史事件，虽然影响深远，但对于当时中华民国北京政府正在推进的近代化法律体系的建设，并未产生实质性的影响。

因此，研究近代中国法律文化的变迁，就是研究始自马戛尔尼使华、终于中华人民共和国的成立这一历史阶段，共历 156 年，大约一个半世纪之间西方法律文化在华的传播、本土法律文化的衰落，新旧、中西法律文化的对立、融合，特别是其中的观念交锋、制度变迁，以及对近代法律文化影响深远的背景因素、重大事件、重要人物等。

其次，是近代法律文化变迁的基本脉络。

任何事物的发展变化，都不是直线条的、表面化的。近代法律文化的变迁呈现出阶段性、多层次的特征。探寻中国近代法律文化变迁的历史分期及其隐含的主体脉络、中心议题，具有重要意义。

根据法律文化的整体性、系统性的特征，笔者以为，在确定近代法律文化发展的历史分期的问题上，应当适当放宽历史的尺度，以适应法律文化自身的产生、发展、变化的周期性，因此，历史分期可以适当放长。大体上看，自马戛尔尼使华，到中华人民共和国的成立，近代法律文化可以分为四个较为明显的阶段：第一个时期是 1793 年到 1861 年，大约 70 年，为中西法律文化的碰撞交流时期；这一时期经历了中西文化从和平交流到武力冲突的转变，西方的船坚炮利和中国战败后的割地赔款，终于深深刺痛了中国的神经，不得不打开国门，正视并接纳外来的文化。第二个时期是 1861 年到 1901 年，约为 40 年，是近代法律文化的觉醒探索时期；这一时期中国经历两次鸦片战争的失败，结束了太平天国的内战，中央政府真正觉醒过来，推动了洋务运动，形成所谓“同治中兴”。第三个时期是 1901 年到 1937 年，其间经历清末新政、中华民国北京政府和南京政府三个历史阶段，国内政局虽然不稳，但仍保持了国家主权独立，这是各种法律文化融合发展时期，也是中国近代法律文化发展的黄金时期。第四个时期是 1937 年到 1949 年，从全面抗战开始，到中华人民共和国成立，复杂的国际环境和政治力量此消彼长，使过去融合中西法律文化的模式受到阻断，并最终改变了近代法律文化的发展方向，是近代法律文化的挫折彷徨时期。笔者以为，上述分期，与近代中西法律文化从交流、碰撞到融合的过程大体对应，与中国近代历史的主线是吻合的。

再次，是近代法律文化变迁过程中的关键人物。

研究文化，人物的研究是无法回避的。离开人物谈文化，基本就是无源之水、无本之木。近代法律文化变迁过程中，一些标杆性的人物，无论如何不能忽视。通过对人物的剖析，我们可以更加深刻地体会时代变革和社会变迁对于个人命运、情感造成的直接影响，进而更加深刻地理解法律文化变革的复杂性。但是，对于近代文化史上的人物选择及其历史定位，却是一个难题。

在近代法律文化史上，可以开列一长串的文化名人：从早期的经世学派龚自珍、魏源、冯桂芬，洋务运动和戊戌变法时期思想家王韬、郑观应、严复、黄遵宪、张之洞、康有为、梁启超，清末修律核心人物沈家本、董康，到资产阶级革命家孙中山、章炳麟，新文化运动时期的胡适、陈独秀，还有中华民国时期一大批杰出的法律家伍廷芳、宋教仁、王宠惠、胡汉民等，都有自己的笔记或关于法律的著述。每个人物在特定的时期均产生了相当的影响，甚至改变了历史的进程。但是，如果把这些人物一一进行介绍，显然是不可能的。为此，必须选取其中带有标杆意义的重点人物、典型人物，加以分析。

在近代法律文化史上，有一些人物曾经发挥了“分水岭”式的作用，这些人物无疑是我们关注和研究的重点。结合近代法律文化的分期，笔者提炼出以下六位关键人物，他们是冯桂芬、严复、沈家本、梁启超、孙中山、陈独秀。笔者以为，上述六位关键人物，除了较早的冯桂芬外，其余都可谓中国近代史上耳熟能详的“大人物”，他们在各自的历史时期，虽然扮演了不同的历史角色，但他们都代表了不同背景下的文化群体形象，对近代法律文化做出了独特的贡献，影响了近代法律文化的发展走向，至今仍延续着影响力，成为当今中国法律文化的“基因”，可谓划时代的标志性人物，无疑应当重点研究。在研究中笔者发现，这六位人物有一个共同的特点，就是他们自身孜孜不倦，具有高度的文化自觉，以学者兼政治家或社会活动家的身份，探索中国的命运和出路，但在历史的紧要关头，面对复杂的形势，他们对于当时的国家命运，以及文化发展的道路，是充满矛盾和纠结的，甚至可谓内心痛苦，以至于今天对这些人物的评价，多少仍存在或多或少的争议。

最后，是史料及对近代法律文化的研究问题。

史学基本上就是史料学。近代法律文化史的研究，史料的整理、发掘、利用是基础性工作，对于关键问题的认识是十分重要的。20 世纪八九十年代之前，关于清末、民国的法律变革的公开出版物，制度史基本上只有中华书局《清末筹备预备立宪档案资料》，思想史就是三联书店《辛亥革命前十年间时论选集》可供参考。自 20 世纪末至今，各地的档案馆对于晚清民国的档案史料几乎同步整理，甚至一些专题史形成了全宗档案，近代史的史料发掘和整理工作成绩显著，为今天的法律文化研究提供了更为坚实的史料支撑。这一方面，台湾地区走在了大陆的前面，清末、民国时期的立法、民事习惯的整理、大理院司法判例，以及清末民初政制变革、党派、知识分子作用等，都取得了可观的成就。我和中国政法大学法制史博士们整理的《清末法制变革史料》也可以为研究者提供方便。

研究中国近代法律文化，必然涉及对待古今中西文化的态度。这里既涉及一个整体的态度，也有对于具体问题的看法。但是无论如何，必须有一个基本的立场。关于传统和糟粕，著名的文化学者、北京大学教授楼宇烈先生曾有这样一个论述，他说："我们常讲，对于传统文化要取其精华，去其糟粕，那什么是糟粕，什么是精华？这都要根据我们的现代社会而定，而且你说是糟粕，不一定的，你说是精华，也不一定的。为什么呢？精华的东西到了今人的手里面一用就变成糟粕，糟粕的东西通过今人运用也可能是精华。我这样一说，可能有人会认为是没有标准。那事实上就是这样了，腐朽可以化为神奇，神奇也可以化为腐朽，关键的是今人如何去把握它，如何去运用它。所以我们不能赖我们的历史给我们留下那么多的包袱，那是因为我们今天的人不善于去运用它。今天的民主法治，都是我们今天实在的文化，在传统的文化中间是不会有今天的这些东西的，但是今天的东西是在传统的基础上开发出来的。既然西方在走向近代的过程中，他们运用自己的传统希腊罗马的文化以及中国的传统——他们从中国这儿吸取到人本精神去抵制西方自己的神本精神，神本主义的东西，然后开发出了近代的这种理性主义的时代。

这并不是说拿来就用，而是经过了消化开发的。既然西方人可以把我们传统的东西运用到现代，变成了现代的民主，为什么中国人就不能从自己传统的东西中开发出现代的东西来呢？现成拿过来是不可能的，传统的东西里面没有现成的现代的东西，必须要经过现代人的转化才可以。所以这个责任都在我们现代人的身上，简单地去区分糟粕和精华并不是一个好的办法，关键在于我们今天的人把这些东西如何转化。"〔1〕

这个观点表明了对待一个文化内部不同要素的态度，特别是对于我国原有文化，十分富有启发意义，笔者十分赞同。同样对于一个文化的整体，也应该采取兼收并蓄的态度。正如费孝通先生所言：

> "从历史和现实中可以看到，要想处理好不同文明之间的关系，首要的条件应该是各自能够保持一种平和、谦逊的心态，就是中国古人所谓的'君子之风'。
>
> ……
>
> 中华文明经历了几千年，积聚了无数先人的聪明智慧和宝贵经验，我想我们今天尤其需要下大力气学习、研究和总结。面对今天这种'信息爆炸'、形形色色'异文化'纷至沓来的时代，我们需认真思考怎么办？全盘接受、盲目排斥都不是好的办法，我们应该用一种理智的、稳健的，而不是轻率的、情绪化的心态来'欣赏'它。要知道，无论哪种文明，都不是完美无缺的，都有精华和糟粕，所以对涌进来的异文化我们既要'理解'，又要有所'选择'。这就是我说的'各美其美、美人之美、美美与共'。"〔2〕

当今时代，中国已经具备独立选择和发展自己民族法律文化的基本条件。在对待古今中西法律文化资源问题上，费孝通、楼宇烈两位学者的学术见解，完全契合时代潮流、符合民族需要。这应当是我们研究中国近代法律文化变迁的基本态度。

---

〔1〕《中国政法大学学报》编辑部整理："'中华文化与现代法治'对话录"，载《中国政法大学学报》2010年第5期。转引自苏亦工：《西瞻东顾：固有法律及其嬗变》，法律出版社2015年版，第383~384页。

〔2〕费孝通："'美美与共'和人类文明"，载费宗惠、张荣华编：《费孝通论文化自觉》，内蒙古人民出版社2009年版。

民初律师制度研究

——古代讼师向现代律师的转型

郑素一　尤来法 *

摘　要： 古代讼师没有合法地位，被各级政府严厉打击。清末，西方的律师制度传入我国，民初，律师制度建立并完善起来。在法律制度规范下的现代律师，不仅由幕后走到前台，还树立了全新的进步、正义的形象。在诉讼中，律师肩负制约法官权力，保护当事人利益，维护司法公正，革除司法旧弊的使命。律师们利用自己深厚的法律专业知识，据法争讼、依法辩护，维护当事人的实体权利和诉讼权利。民初律师行业的发展，摆脱了传统讼师的代理方式。在诉讼代理实践中，实现了由讼师到律师的现代转型。

关键词： 讼师　民初　律师　现代转型

在传统社会，讼师被称为调词架讼、舞刀弄笔、颠倒是非、买官贿吏、鱼肉百姓、恐吓诈财的讼棍，专营诉讼的地痞流氓，受到民众的唾弃，官府的打压。

讼师在古代中国始终没有合法的地位，法律甚至根本就不允许讼师的存在。在各朝代的立法中均规定了针对讼师的专门惩治条款，对其予以禁绝。为避免讼师风气广为传播，败坏社会风气，清律还规定地方官应查拏讼师及查禁讼师秘本。在实践中，各级官吏积极响应和贯彻官方法律，对讼师予以严厉打击。

然而，虽屡屡打击讼师，却屡禁不止。因为封建法律典籍日渐繁杂，对

* 作者简介：郑素一，汕头大学法学院副教授。尤来法，吉林大学博物馆助理研究员。

于不通文墨的所谓“乡愚”——下层民众，需要有能掌握一定的法律知识的人，了解诉讼的基本程序，正确书写状词，并能疏通相应的关系，为其诉讼提供代理。于是讼师的存在就成为当事人的刚性需求，具有实质的合理性。而官府的打压，又使讼师的活动转入“地下”，为当事人代作呈词；咨询和谋划诉讼；代理与胥吏、差役交涉。讼师在助讼活动中形成了自己独特的技巧和秘诀：准确揣摩法官心理；运用冤抑控诉模式，以夸饰的文辞，在任意黑白中，求得官府对告状的应允。讼师甚至不问是非、改变情节、变乱事实；贿赂胥吏，把持官府等。由于缺乏对讼师助讼行为的法律约束和行业自律，讼师以“地下工作者”的身份肆意妄为，致使讼师形象恶劣，在传统诉讼中对当事人权利的维护有限。

清末，西方的律师制度传入我国，民初，律师制度建立并完善起来。首先，确立了律师的自由职业身份，以脱离官府、国家权力机关的中立身份，为当事人提供服务。还规定了律师资格取得的法定条件，注重其法律专业知识水平和学习背景；规定了针对律师公开代理诉讼的职责与义务；规定了律师的法律监管制度以及惩戒制度。

在法律制度规范下的现代律师，不仅由幕后走到台前，还树立了全新的进步、正义形象。许多在国内、国外大学或学校接受过法律教育的社会精英充实到民初律师队伍中。

在诉讼中，律师肩负制约法官权力，保护当事人利益，维护司法公正，革除司法旧弊的使命。在实践中，律师们利用自己深厚的法律专业知识，据法争讼、依法辩护，维护当事人的实体权利和诉讼权利。以曹汝霖为典范的民初律师，在代理案件中已摆脱道德羁绊，从法律角度分析及辩护，达到了现代职业律师的水平，实现了由道德思维到法律思维的转型，具备了现代律师依法辩护的思维和行为习惯。

民初律师依法辩护，具有精湛的辩护技巧和渊博的法律专业知识，在民事诉讼中起着举足轻重的作用，他们不但可以维护当事人的利益，还可以制约法官的审判权力，从而使诉讼结构由传统诉讼中的线型结构变为三角形结构，平衡当事人和法官的地位，以实现司法公正。律师行业的发展，摆脱了传统讼师的代理方式。在诉讼代理实践中，实现了由讼师到律师的转型。

一、西方律师观念的引入

“律师”，日本谓之“辩护士”，是清末法律移植过程中，翻译引进的词语。现代律师不同于传统讼师，是指受过法律专业训练，依法通过国家考试、考核，取得律师资格，并持有律师工作执照，为诉讼当事人和社会提供法律帮助的专业人员。[1]

在西方，国家通过立法及法官的指令规范律师的职责、纪律与资格，又通过律师学院的教育，陶冶了他们的情操，好的律师不仅在社会上享有殊荣，同时也是法官队伍的后备力量。律师作为一个职业群体，不仅在具体的案件中，帮助当事人寻求最合适的令状形式以维护当事人的合法权益，而且还作为一种抗衡机制，参与诉讼活动，从而使法官寻求法、发现法、宣示法具有更大的权威性，从而在社会上筑起一道调解社会矛盾、缓和冲突的巨大防线，在民众的心目中筑立起一块公正、权威的丰碑。[2]

清末，西方列强以坚船利炮打开中国大门，以不平等条约确立领事裁判权之后，西方的律师制度首先在租界兴起，当西方律师在租界领事法庭出现，并在会审公堂上展现辩护风采时，国人初次领略了不同于中国传统的诉讼观念和权利保护意识，认识到律师制度有利于秉公执法，有利于防止诉讼弊病，有利于伸张民权等，是司法制度中重要的环节。

严复对此问题有所认识，他在《宪法大义》中强调："讼者两曹可以各雇知律者为之辩护，而断狱之廷又有助理陪审之人，此可否法官之所裁判者，而后定谳。故西国之狱，绝少冤滥，而法官无得贿鬻狱枉法之事。讯鞫之时，又无用于刑讯。此立宪司法制，所以为不可及，而吾国所不可不学者，此为最也。"[3]律师可以维护当事人利益，除去法律之弊，如刑讯等，实现司法公正。

晚清知识界有识之士也认识到了检察机关、律师等要素限制司法权滥用的积极作用："盖今日所谓法官者，推事而外则有检察，而与推事相辅而行者，实不止检察一端。律师也，司法警察也，执达吏也，侦探也，此皆与推事、检察相维，曾不可以偶缺。"因此，"有推事而无律师，则推事之权横而恣"[4]，开始有人认识到应该对法官的绝对权力进行制约。律师与检察、司法警察等力量的参与对于抑制法官的独断专行有着重要的作用。其中律师是

---

[1] 参见张耕主编：《中国律师制度研究》，法律出版社 1998 年版，第 2 页。

[2] 陈景良："讼学与讼师：宋代司法传统的诠释"，载《中西法律传统》（第 1 卷），中国政法大学出版社 2001 年版，第 230 页。

[3] 严复："宪法大义"，载《严复集》（第 2 册），中华书局 1986 年版，第 243~244 页。

[4] 故宫博物院明清档案部编：《清末筹备立宪档案史料》（下册），中华书局 1979 年版，第 885 页。

一股重要力量，律师对于司法权保持中立地位的作用尤为关键。基于以上对设立律师制度目的的认识，人们将律师作为一种新兴的进步事物大加赞扬，对其评价完全不同于古代讼师：

首先，律师不同于讼师，会以自己娴熟的法律知识为当事人详细、快捷地解决问题。“盖律师于案中有关重要之节目能提出，不必屡屡细陈，以费时间，且免使当事者商诸讼师，以增其虚伪。”[1]

其次，律师都是受专门法律专业的教育，经国家正式考试，公开在公堂之上主持正义的人。“身充律师者，幼在塾中学习，既长，经国家考录，给予文凭，始准列坐公堂，为人剖辩，其人必屏除私曲，至正至公。”[2]

再次，律师还可以向当事人解释法律，使之心服口服。“诉讼者信法官之心，终不如其信所延律师之深，故法官之言难入，律师之词易受。”故“两造涉讼，必延律师为之申辩情由。辩至彻底澄清，官始据理准情以断。亦谓讦讼者未必皆明律例，使官而遽然裁判，两造不肯降心相从，故必令其理屈词穷，然后爰书可定也”。[3]当事人聘请律师，参加诉讼，通过律师各尽其辞，充分表达自己诉求之后，再经律师依法解释，法官合情、合理、合法的判决，当事人才会欣然接受。

复次，律师是保护当事人的诉讼权利的，并且，在全国普遍推行律师制度，可以平等保护穷人的权利。“盖因讼对簿公堂，惶悚之下，言语每多失措，故用律师代理一切质问、对诘、复问各事宜。各国俱以法律学堂毕业者，给予文凭，充补是职。若遇重大案件，则由国家发予律师。贫民或由救助会派律师，待申权利，不取报酬，补助于公私之交，实非浅鲜。”[4]

又次，律师不仅可以依法保护人民权利，还可以防止法官专权，抑制任意司法。“律师则据法律以为辩护，不独保卫人民正当之利益，且足防法官之专横而剂其平，用能民无隐情，案成信谳，法至美也”，[5]“律师之用，所以宣达诉讼者之情，而与推事相对峙。有推事而无律师，则推事之权横而恣”。[6]

---

〔1〕 王揖唐：《上海租界问题》（中篇），商务印书馆1924年版，第7~8页。

〔2〕《皇朝经济文新编·西律》（卷二），1911年版，线装本。

〔3〕《皇朝经济文新编·西律》（卷二），1911年版，线装本。

〔4〕《大清新编法令·奏折》，《修律大臣伍廷芳等奏呈刑事民事诉讼法折》。

〔5〕《政治官报·奏折类》，第八八一号，宣统二年（1910年）三月。

〔6〕 故宫博物院明清档案部编：《清末筹备立宪档案史料》（第二编），中华书局1979年版。

最后，律师公开于堂上辩论，输赢全在是否理直，避免“暗箱操作”，避免贿赂官吏，挑唆词讼等诉讼弊病，实现司法公正。“今宜延明于律法者，以为律师，代两造申诉，按律辩论。辩而得直，讼自理长，律师不居功也；辩而不直，讼自理短，律师不任咎也。似此，则案情不揣摩于斗室之中，而显达于公堂之上。贿赂之弊可以除，而挑唆之风亦不能肆，此足以照公允也。”〔1〕

甚至我们冠之以“封建军阀”的阎锡山，对律师都十分赞赏：“国家专设这律师制度，就是特为人民保护诉讼行为，替当事人办理一切。民事案件原被两造都可请用”；“现在的律师，都是法律专门毕业人员充任，和那从前的讼棍很不一样。律师办理诉讼案件，全在事实上着想，法律上研究，案子以外情由，概不教唆。讼棍则不然，这种人以教唆词讼、愚弄乡民、诈使诉讼人的银钱为本领”。〔2〕

可见，人们对律师的看法早已摆脱传统讼师、官代书等形象的阴影，树立起法治社会律师的新形象：“律师制度，原为法治国家所必不可少者，一国不予实行法治主义则已，如欲实行法治主义，即非借律师之协助不为功。就此点言之，其不应拟于昔日代书之列而一并轻视之，已属毫无可疑。且昔日之代书，每多为学识浅陋而行为无赖之人所充任，今日之律师，则须具有一定之特别资格，在积极资格方面，既注重法律之学识，而消极资格方面，复注重品性之端正。至于现充律师之人，其在政治上或社会上曾享盛名者，尤不在少数。以此等人而代人处理诉讼及其他一切法律上之事务，当然不能与昔日之代书同日而语。”〔3〕

民国的许多律师以维护当事人利益、维护司法公正为己任，在社会上有较好的声誉，在诉讼中具有与法官相抗衡的法律地位：“司法官为在位法曹，律师为在野法曹，在位法曹须有在野法曹相助为理，才能获得裁判公平之效果，而法官对于律师之意见，有相当的尊重”，于是律师也有较高的社会地位。加之律师有较高的收入，因此律师职业在民国时期还是颇令人艳羡的。许多已经担任司法官的人，也“十之有九领有律师证书，以备一旦不作法官当律师”〔4〕。甚至有些法官，甘愿辞去法官职务而充当律师，如一个原来在

---

〔1〕《皇朝新政文编》卷六，光绪壬寅。

〔2〕 阎锡山编著，王重阳点校：《诉讼程序浅释》，载《说律师》，1919 年版。转引自陈刚、邓继好编：《中国民事诉讼法制百年进程》（民国初期·第一卷），中国法制出版社 2009 年版，第 151 页。

〔3〕 何勤华、李秀清：《民国法学论文精粹》（诉讼法律篇），法律出版社 2004 年版，第 340 页。

〔4〕 胡绩：“旧司法制度的一些回忆”，载《河南文史资料》1980 年第 4 期。

最高法院当庭长的人，辞职后当了律师。[1]

有许多社会精英选择从事律师工作，以公开的身份，良好的职业素质，稳定的收入，显赫的社会地位出现在法律舞台上。

董必武，于1903年考中秀才。1917年在武昌与人合办律师事务所，从事律师职务。

章士钊，1905年东渡日本求学。1908年赴英国入爱丁堡大学学习法律，后回上海从事律师职业。

张志让，1915年赴美留学，毕业后赴德国柏林进修法学。1921年回国后，在上海从事律师职业。他曾营救过共产党人和革命群众，为营救“七君子”做了大量工作。

李木庵，曾担任陕甘宁边区高等法院检察长，他是民国元年（1912年）第一批在司法部获律师证书的人，民初在京津一带从事律师职业。

潘震亚，毕业于江西法政专门学校法律科，1916年开始从事律师职业。在从事律师工作期间，曾营救过著名共产党人和革命者，在上海被称为“赤色律师”。新中国成立后，任复旦大学法学院院长。

陈瑾昆，早年赴日本学习法律，归国后曾任北平大学法律系讲师，同时从事律师职业，1933年任国民政府司法行政部民事司司长。

江庸，1901年赴日本留学，归国后北洋政府成立，任大理院推事，后任司法总长。1923年辞职，在北京设立律师事务所，从事律师职业。

沙彦楷，1907年入京师法律学堂。于民国元年（1912年）首批在司法部获取律师证书。曾任江苏第一高等审判厅推事兼民事庭庭长。后至京师地方审判厅、京师高等审判厅任职。1922年辞去京师高等审判厅厅长职务，递补国会众议院议员，在上海从事律师职业。

这些具有正义感、民主意识和爱国之心的律师，面对黑暗的专制制度，不畏权势，仗义执言，也因此赢得赞誉。

二、民初律师制度的确立与完善

清末出现在租界领事法庭的西方律师，使中国的法律精英们看到了西方律师与中国讼师的不同，认为律师制度的实行有利于秉公执法，有利于防止

---

〔1〕 朱国南：“奇形怪状的旧司法”，载《文史资料选辑》（第78辑），文史资料出版社1982年版。

诉讼中的弊病，这些优点刚好克服传统讼师现象的痼疾，于是有人提出，在审判中，应实行律师制度。

人们认为律师制度是西方通行的制度，对于我国的司法难题也是“济世良方”，应立即实行。“一律师制度也。欧美虽法派不同，要使两造各有律师。无力用律师，法庭得助以国家之律师。盖世界法理日精，诉讼法之手续尤繁，断非常人所能周知。故以律师辩护，而后司法官不能以法律欺两造之无知。或谓我国讼师刁健，法律所禁。不知律师受教育与司法官同一毕业于法律。其申辩时，凡业经证明事实，即不准妄为矫辩。是有律师，则一切狡供及妇女、废疾之紊乱法庭秩序在我国视为难处者，彼皆无之。因律师之辩护而司法官非有学术及行公平之裁判，不足以资折服，是因有利无弊者也。”〔1〕

沈家本等人也将引进西方律师制度作为移植西方司法制度的重中之重，1906年，修律大臣沈家本、伍廷芳在《进呈诉讼法拟请先行试办折》中，认为陪审制度和律师制度是“俱我法所未备，尤为挽回法权最重之端”，乃“我国亟应取法者”。〔2〕在拟订《大清刑事民事诉讼法草案》时，参酌西方与日本的审判体系，设置了律师制度，规定“凡律师，俱准在各公堂为人辩案”，“尽分内之责务，代受托人辩护；然仍应恪守法律”。此外，该草案还对律师的资格、注册登记，律师在法庭辩论过程中的具体义务和职责、违纪奖惩等事项作出具体规定，从根本上改变了中国相沿数千年的法律传统。

1907年清政府颁行《各级审判厅试办章程》，1910年颁行《法院编制法》，均对律师代理、律师辩护作出规定。1911年，修订法律馆复编成《刑事诉讼法草案》《民事诉讼法草案》，对律师制度规定更为详密。

这些法典比较详尽地规定了律师制度，允许民刑事案件的被告人或者其代理人委托辩护人对控诉进行辩护。如果被告人被控诉的罪行应判5年以上徒刑或被告人不满12岁、聋哑、精神病患者，没有辩护人的，审判机构应为其指定辩护人，以维护被告人的合法权益。辩护人可以由律师担任，也可以由法律允许的其他人担任。辩护人拥有查阅案卷、会见被告、与被告通信等权利。

南京临时政府成立后，伍廷芳被任命为司法总长，他一方面主张建立律师制度，另一方面在法律审判实践中推动律师辩护制度的实施（参见姚荣泽

〔1〕《两广官报·辛亥闰六月第八期》，宣统三年（1911年）六月。

〔2〕《大清光绪新法令》（第19册），上海商务印书馆1909年版。

案)。这些建议和做法得到孙中山的大力支持，孙中山还主张尽快审议《律师法》，以确立律师制度，但因时间短促而未实现。

1912年9月，北洋政府颁布了中国历史上第一部规范律师执业的单行法规——《律师暂行章程》。[1]自1912年至1926年，北洋政府先后对《律师暂行章程》进行了多次修订，同时颁布了一系列相关法规。包括《律师应守义务》《律师登录暂行章程》《律师惩戒会暂行规则》《律师考试令》《律师考试规则》《甄拔律师委员会章程》等，建立了包括律师资格取得、充任条件、考试、甄拔、职责、义务、惩戒、公会等方面内容的律师制度。1921年中华民国律师协会成立。1927年7月，在北洋政府《律师暂行章程》的基础上，南京国民政府又颁布了《律师章程》《律师登录章程》。以上关于律师的法律文件，标志着中国建立起了较为完整的律师制度体系，完成了诉讼代理制度的现代转型。

(一) 确定了律师的自由职业身份

民初的律师制度确定了律师的自由职业身份。《律师暂行章程》第14条规定："律师受当事人之委托或审判衙门之命令，在审判衙门执行法定职务并得依特别法之规定，在特别审判衙门行使其职务。"从规定中看出，律师执行职务有两种情况，或者接受当事人委托，或者按照审判衙门的命令。在第一种情况下，律师以个人身份，独立地接受当事人的委托。在法庭诉讼或非诉业务中，律师基于自身对于委托事件具体情节的了解以及相关法律条款的理解，提出有利于委托人的法律诉求；在第二种情况下，一般是贫穷而无力聘请律师但法庭认为有必要请律师参与诉讼的当事人，由法庭指派律师为其辩护或提供其他法律服务。虽然在第二种情况下，律师必须服从法庭指派，承担辩护任务，但在诉讼过程中，律师行为的依据仍然是法律规定本身，即所执行的，仍是"法定职务"。律师在执业过程中的行为准则仍是法律规范，依法辩护，而不是受制于当事人或法庭。

任何其他机构和个人无权干涉律师的法定职责行为，律师的使命在于保护当事人的合法权益，防止其他人，包括掌握国家各类权力的机关因其特殊地位而对委托人合法权益造成损害，在损害已造成的情况下，则代表当事人，依据法律规定，要求停止侵害并得到赔偿。

---

[1] 《政府公报》第142号，《兹订定律师暂行章程三十八条特公布之此令》，1912年9月。

律师作为“自由职业者”的最根本特征是：既不是作为衙门的雇佣者为审判衙门服务，也不是因具有官阶身份而就为某一国家机构服务的官府成员；既不由任何机关任命，也不由任何机构推选。只有这样，律师才能在诉讼活动中对于国家权力保持独立。如果委托人的相对人是代表国家行使权力的某些机构，这将给当事人有效保护自身的合法权益以及诉讼权益造成一定难度。如果接受当事人委托的律师仍然以官府成员身份从事诉讼，不仅难以得到委托人的信任，而且实际上也难以达到律师参与诉讼、在司法体制中形成相互牵制、促进司法公正的目的。

因此，民初《律师暂行章程》在这一方面，排除了传统因素的影响，规定律师是自由职业者，从制度上解决了律师在诉讼结构中的地位问题，他不是作为国家势力来保护法律公正的，而是作为自由职业者，作为当事人的法律依靠，来限制法官的恣意，从而保证司法公正的力量。

为保障律师执业之在政治上、经济上的独立性、公正性，《律师暂行章程》还规定了律师不得兼职等：第一，律师不得兼任有俸给之公职，但充国会或地方议会议员、国立公立学校教授或执行官署特命之职务者不在此限（第15条）；第二，律师不得兼营商业（但律师公会许可者除外）（第16条）；第三，对于无力聘请律师为自己提供辩护的当事人，法庭就可以指派律师为其辩护，受指派律师无正当理由不得拒绝，以保证法律救济的正常运行（第17条）。

（二）律师资格的法定取得

民初法律规定了律师资格取得的法定条件，注重其法律专业知识水平和学习背景。

首先，《律师暂行章程》第2条规定充任律师应具备的一般条件：第一，中华民国人民满20岁以上之男子；第二，依律师考试章程合格或依本章免试之资格者。

其次，律师资格的取得须通过国家考试，《律师暂行章程》第3条规定了可以参加律师考试人员的资格有以下几类：一，国立法政学校或公立、私立之法政学校修法政学三年以上得有毕业文凭者；二，外国专门学校修法政之学二年以上得有证书者；三，在本国或外国专门学校学习速成法政一年半以上得有毕业文凭者；四，在国立、公立、私立大学或专门学校充律师考试章程内主要科目之一之教授满一年半者；五，曾充推事、检察官者。

再次，第 4 条规定，如果具有下列资格之一者可以不经考试充任律师：一，在外国大学或专门学校修法律之学三年以上得有毕业文凭者；二，在外国大学或专门学校修法政之学三年以上得有毕业文凭者；三，在国立公立大学或专门学校修法律之学三年以上得有毕业文凭者；四，依《法院编制法》及其施行法曾为判事官、检事官或试补及学习判事官、检事官者；五，在国立公立私立大学或专门学校充律师考试章程内主要科目之一之教授满三年者；六，在外国专门学校学习速成法政一年半以上得有毕业文凭并曾充推事、检察官、巡警官或曾在国立、公立、私立大学或专门学校充律师考试章程内主要科目之一之教授满一年者；七，依本章程序充律师后经其请求撤销律师之簿之登陆者。

最后，为了保证律师的质量，第 5 条规定有下列情形之一者不得充任律师：一，曾处徒刑以上之刑者，但国事犯已复权者不在此限；二，受破产之宣告确定以后尚未有复权之确定裁判者。

在上述律师的考试和充任条件中，我们看到民初对律师的法律知识的学习背景十分重视。如在免试可以充任律师的七种情况中，有五种情况需要有法律或法政学校的学习或工作背景；其中有三种情况，只要在外国大学或专门学校或国立、公立大学或专门学校有三年的学习经历和毕业文凭，就可直接充任律师。即使考律师，也要求有法律或法政专业的学习经历和毕业文凭。五种具备律师考试资格的情况，有四种情况是要求应考者在本国或外国学校经历过法律教育或从事过教学的人员。

但是，律师职业有其特殊性，它不仅要求执业者具有广博的知识以及对法律条款精准、娴熟的掌握，同时也要求执业者在了解社会风情、辨别事件真伪、分析事件因果等方面，具有较强的社会实践能力。于是在律师的考试和任用条件中，对于有一定法律职业经历的人采取了倾斜政策，如曾任判事官、检事官或试补及学习判事官、检事官，在外国专门学校学习速成法政一年半以上得有毕业文凭并曾充推事、检察官、巡警官的人，可以免试直接充任律师；曾充推事、检察官者，均可以参加律师考试等。

对律师执业者资格取得的严格限制，提高了律师职业的准入门槛，加强了民初律师的法律专业水平，为法律现代化转型提供了可能。

（三）关于律师职责与义务的规定

关于律师的职责，1906 年拟定的《刑事民事诉讼法草案》，对于律师在法庭辩护过程中的具体义务和责任作了较为详细的规定。原告律师的责任和义务包括：(1) 为原告撰写状书以及其他各项应呈交法庭的书面材料；(2) 与原告一起到法庭办理所控事件；(3) 法庭开庭之时，代原告向法庭陈述所控告之事，并就具体案情询问被告及证人；(4) 在被告或其律师就原告所控之事进行辩解、说明后，可再次向法庭陈述，驳斥被告的辩解。被告律师的责任和义务包括：(1) 为被告撰写答辩状、以驳斥原告所控之事，并收集、准备有利于被告的各项证据；(2) 法庭开庭之时，与被告一同到庭，就证据、法律条款等为被告进行辩护，以促使法庭正确理解证据，并依照法律，进行公正的裁判；(3) 代被告对诘原告及其原告所提出的证人；(4) 在原告提出控词、原告证人提供证词后，向法庭陈述被告辩护词，并向法庭提供被告证人证词；(5) 在双方控、辩及证人提供证词完毕后，再援引法律条款及案件，为被告作详尽辩护，以防止法庭作出不公正的判决。[1]

民初律师的代理职责发生了变化，律师职责由代理诉讼扩展到非讼事件。《律师暂行章程》规定：律师受当事人之委托或审判衙门之命令在审判衙门执行法定职务并得依特别法之规定在特别审判衙门行其职务（第 14 条）。在 1927 年施行的《律师章程》中规定：律师受当事人之委托或法院之命令得在通常法院执行法定职务，并得依特别之规定在特别审判机关行其职务，律师得受当事人之委托为契约遗嘱之证明或代订契约等法律文件（第 1 条）。至此，律师的从业范围拓展为三项：法庭辩护和诉讼代理；契约、遗嘱等法律文书的证明；契约等各项法律文件的代订。诉讼代理中，现代律师所享有的，如代为出庭诉讼、辩论、调查、收集证据及代为行使的其他一些诉讼权利，民初的律师均享有。

允许律师出庭辩护，既能够帮助不了解法律、对于官府存有惧怕心理的当事人维护自己的合法权利，又能够帮助审判官更详细地了解案情，以便作出公正的判决；另一方面，对于那些习惯于主管擅断的审判官，律师出现在法庭上，则是一种牵制、约束的力量，从而防止冤案的发生。律师职责的履行，有利于司法机关秉公执法，使审判官作出公正的判决。

关于律师的义务，据《律师暂行章程》规定，律师义务除了有关职业方面的限定，包括执业律师不得兼任领取薪金的公职，不得兼营商业等，再就

〔1〕 参见《大清刑事民事诉讼法》，载陈刚：《民事诉讼法制的现代化》附录 1，中国检察出版社 2003 年版。

是律师所接受委托事件的限定，包括：第一，律师非证明其有正当理由不得辞审判衙门所命之职务（第17条）。第二，律师受诉讼事件之委托而不欲承诺者即应通知委托人。律师不发前项通知或通知迟延者应赔偿因此所生之损害（第18条）。第三，律师不得收买当事人间所争之权利（第19条）。第四，律师对于下列事件不得行其职务：曾受委托人之相对人商告而为赞助或受其委任者；任推事或检察官时曾经处理之案件；依公断程序以公断人之资格曾经处理之事件（第20条）。

随着法律的发展，1915年北洋政府又颁布了《律师应守义务》5条，补充规定了律师执行职务时应遵守的义务。另外，许多地方的律师公会也制定了会则，其中规定了律师的义务。依据《律师暂行章程》、律师公会会则和司法部的有关部令，我们发现，民初律师应履行的义务较为广泛，涉及律师对法院、委托人的义务，律师收费的合理性，律师额外工作的限制，以及对律师个人不良嗜好的禁止等诸多方面。如不得虚构事实，对法院和当事人有欺罔行为；不得无权代理或超出代理范围；不得滥收、浮收公费（律师费）；不得同时接受原、被告代理；不得言动轻率、侮慢官员；不得联络法警、私谒推事；不得代理曾任推、检时受理之案等。其中某些规定，如律师不得帮扛诉讼、教唆供述等语词显然带有传统时代官方对讼师进行限制、压制的痕迹。

（四）律师的法律监管制度

律师的法律监管制度，是以司法监管为主，行业管理为辅的监管机制。

民初的《律师暂行章程》，确立了律师行业的自治管理制度。律师公会对执业律师的业务活动进行经常性监督。律师必须加入律师公会，“律师非加入律师公会，不得执行职务”（第22条）。律师公会有权制定“会则”以维持律师道德，对违反法律和公会“会则”的律师，有声请惩戒的权利。律师公会以制定会则的方式，确定“公费”（律师费用）与“谢金”的最高限额，并监督收费的实际情况。律师公会还负责沟通律师与司法机构的联系，争取律师自身权益。

在西方，律师都采取律师行会自主管理的制度，而在我国民初，人们一时难以摆脱讼师的阴影，于是又规定了以司法机关为主的监管体制，律师执业首先要履行登录手续，即在获取司法总长颁发的律师证书后，然后将律师证书呈送到高等审判厅核验，登录律师名簿。

这一过程实质上是司法机关从身份上、职业上对律师是否符合法律规定进行检验。身份方面的审查，包括律师的年龄、性别、是否有不良行为记录等；职业方面的审查，从是否兼任其他领取薪金的公职，是否兼营以营利为目的的商业等方面，以确定律师在身份上、职业上是否符合法定之要求。

其他对律师活动的监管和监督的内容，如《律师暂行章程》规定，律师开展业务的区域，一般情况下，以省为单元。取得律师资格者在确定开展业务的区域后，必须于管辖该区域的省高等审判厅进行登录，高等审判厅会通知本辖区的各级审判机构，准予该律师执行职务，并开始实施对该律师的监督和管理。

（五）律师的惩戒制度

对律师的惩戒，必须依法提起诉讼，由司法机关决定惩戒与否。《律师暂行章程》设惩戒专章，规定“律师有违反本法及律师公会会则之行为者，律师公会会长应依常任评议员会或总会之决议，声请惩戒于该地地方检察长，地方检察长受前项声请后应即呈请该管高等检察长提起惩戒之诉于该管高等审判厅，律师之惩戒地方检察长得以职权呈请之”（第33条）。法律规定的惩戒处分有四种：训诫；500元以下之罚款；2年以下之停职；除名（第35条）。

法律实践中，司法机关对律师法律行为的严格规范也得以实施，北洋时期的《政府公报》将这一时期的律师惩戒案例不定期进行公布，据统计，民国四年（1915年）到民国九年（1920年）5年间被提起惩戒的律师总共有68名。[1]如浙江律师潘秉文以方便诉讼当事人住宿为名，在其开办的律师事务所开办客栈。浙江律师惩戒会依据修正后的《律师暂行章程》第14条（律师执行职务时不得兼营商业）决定，给予其停职一年的处分。[2]

现代法律制度约束下的律师与古代讼师有本质上的不同。

首先，二者法律地位不同。讼师是中国古代封建专制政体下，司法行政合一的法律制度下产生的隐秘的、不公开的职业群体，在法律制度中是不合法的，始终受官府的打压。而律师是在依资产阶级“自由、民主、权利”的原则制定的法律制度保护下产生的职业群体；有自己的自治组织——律师公会，维护自己的权益；依法公开在法庭上履行职责；受到官方和民众的认可

〔1〕 张勤：“民初律师惩戒制度论析——以惩戒案例为中心”，载《河北法学》2007年第1期。
〔2〕《政府公报》，1919年1月第1127号。

和赞誉；是法律进步与民主的象征。

其次，二者的职业范围不同，讼师工作限于替人写诉状，谋划诉讼过程，为雇者探听各种审判信息，但所有助讼行为都以“秘密”方式进行，因此，讼师的作用是极其有限的；而律师可以公开代理当事人的诉讼事宜，包括撰写书状、辩护词，搜集证据，维护当事人权利等。在诉讼过程中，审判活动是诉讼的中心环节，通过双方在法官面前的论辩和对证据的质证，最终使法官对争讼事实形成内心确信。因此，现代律师支持当事人在法庭上公开辩论，对整个诉讼活动显然具有决定性意义，使当事人在审判过程中得到法律知识上的援助，获得心理和法律上的支持。

再次，对从事职业的资格要求不同。古代，只要具备相应的智力和知识，有一定的生活经验和阅历，就可以做讼师；而现代律师职业资格的取得则较为严格、复杂，需要法律知识背景或法律实践经验，并经过严格的考试才能获得。

最后，从职业规制上看，讼师的活动因为全程是“地下的”，因此没有任何法律规范和明文的行业标准，仅凭自己的良心和道德约束，因此讼师的形象较负面；而律师的活动则在严密的法律规范下，有完善的法律监督和惩戒制度，所以，民初律师在社会上的信誉度较高。

由于对律师制度的重视，北洋政府时期的律师业获得了长足的发展，各地律师及律师职业团体发展较快，他们积极参与到各种诉讼及非诉业务中去，努力维护当事人的合法权益，改变了洋律师一统天下的局面。截至 1917 年，全国挂牌执业的律师，总数达到 3000 人左右；而到 1924 年，仅江苏省登录在册的执业律师数目就有 457 名。[1]到 1933 年，全国律师协会总共有 7651 名注册会员。[2]在民初的民事诉讼中，大多数当事人都聘请律师助讼。《华洋诉讼判决录》一书中，收录了 1914～1919 年这 5 年有关直隶高等厅审断中外交涉案的判决书和决定书共 78 件，其中民事判决书 50 件，50 件民事判决中 35 件有律师参与代理，[3]律师参与代理办案率为 70%，而且都是中国律师。笔者也统计了《民刑事裁判大全》中的民事案件，其中收录的民事判决案件

---

〔1〕 江苏省长公署统计处：《江苏省政治年鉴》，影印本，文海出版社 1989 年版。

〔2〕 黄宗智：《法典、习俗与司法实践：清代与民国的比较》，上海书店出版社 2003 年版，第 41 页。

〔3〕 直隶高等审判厅：《华洋诉讼判决录》，中国政法大学出版社 1997 年版。

共123件，包括一审案件、二审案件、三审案件、再审案件、人事诉讼程序案件，有律师参与代理的案件共75件，在民事判决案件中，律师代理案件比率占60.9%。[1]

民初律师因其具有深厚的法学理论功底、高超的辩护艺术，以及忠诚为委托人服务的敬业态度，成为民初社会中现代律师的典范。一些律师队伍中的先进分子，还成长为社会正义的守护者。

三、民初律师的法律实践

在法律制度规范下的现代律师，不仅由幕后走到台前，还建立了全新的维护当事人权益的代理行为方式。

（一）在诉讼中，律师据法争讼、依法辩护

从民初诉讼状中可以看到，律师以法律为依据，提出诉求。法律条文在诉状中被予以明确援引，诸如“查×法第×条载”“据×法第×条”之类的表达，在民初诉讼文书中被越来越多地予以使用，逐渐摆脱了冤抑控诉、道德谴责的诉讼风格。

在一起为请求确认土地所有权及占有权的案件中，原告诉讼代理人是杨荫杭律师、陆鸿仪律师，其在起诉状中称：“民国八年（1919年）大理院抗字399号判例载：若人民对于官产争执为其私有，则显属私法上之讼争，自应由司法衙门受理审判。今被告主张本件系属行政处分，不能由司法衙门受理，殊无理由。”可见律师的诉讼策略是，首先据法驳斥管辖异议。被告诉讼代理人为章世炎律师，他在答辩状中称：“按之民国五年（1916年）大理院统字480号解释例所载，‘国家以行政处分对于人民为一种处置者，无论处分正当与否，其撤销或废止之权在上级官署或行政诉讼衙门，司法衙门无干涉之余地’”，据法提出管辖异议。最后，法院依据大理院判例，支持了原告律师的理由。法院按语说：“人民对于官产争执为其私有，则显属于私法上之讼争，自应由司法衙门受理，审判早经院判著为先例（参照1919年抗字399号判例）。本件讼争地，原告主张为寺产，被告主张为市产。依据上开判例，本院自属有权受理。”[2]

---

〔1〕谢森、陈士杰、殷吉墀编，卢静仪点校：《民刑事裁判大全》，北京大学出版社2007年版。

〔2〕江苏吴县地方法院民事裁决1930年地字第12号，载谢森、陈士杰、殷吉墀编，卢静仪点校：《民刑事裁判大全》，北京大学出版社2007年版，第30页。

（二）律师维护当事人的合法权利

律师对民事权利的法律知识十分熟悉，在辩护中注意维护当事人权利。

在一件确认契约有效及请求撤销契约案件中，被告诉讼代理人潘承锷律师，答辩词驳斥原告之诉称："撤销原告与参加人缔结之物权契约。原告等所定之契约一方为谈耕莘栈，非有自然人，即无权义主体之可言。原诉谓此屋系陆氏赡产，而此陆氏又不见于非法原约。今姑假定原约未列名之陆氏为立约之主体，但纵使被告嗣母周氏尚在，至多有保管权而无处分权。赡养明明即债编之终身定期金，原诉必诡引物编所有权规定，排除他人干涉之收益权，试思子承父产，岂父妾所能排除。原约载房主承嘱租户兴工建筑，旧有之房屋贴补改造洋式水泥门面，内部改革建筑云云，是明明为物编处分不动产所有权之工作，该约显系设定地上权之性质，今以使用收益之租约遽行设定物权，殊属不合。且原告庭供该约在本年七月二十五日成立，及其呈约则载九月二十五日，而捏称让租两个月自圆，其前后捏词之不同，作伪行迹昭然若揭。又该约期限为十五年，其下接称年满之后继续租赁，不得另租他人云云，是名写终期，实即无期，纵有届满之时，永无失效之日。如系陆氏为人利用，不但无权，且因私相勾结，致如此情急轻率，愈可证明原告施其欺诈手段悍然无忌，请求驳斥原告之诉，撤销该项非法契约。"〔1〕在此辩护词中，律师首先就原被告所签契约的有效性提出质疑，因为签订契约的双方，"一方为非自然人，一方为非房屋所有人"；之后提出原告引用法律不当，赡养产生的财产关系属债编，而不适用于物编所有权规定；最后指出原告供词的虚假。在通篇的答辩状中，律师大量使用"权义主体""物权契约""立约主体""处分权""债编""物编""所有权""保管权""收益权""不动产所有权""地上权"等法律专用术语，可见他试图用实体法关于财产权的规定来维护当事人的民事权利，足见被告律师的法律素养之高。

律师对当事人诉讼权的维护，也多见于实践中。在一起关于遗产的案件中，被告张履云因迟误言词辩论日期，声请回复原状。被告张履云诉讼代理人张鼎律师的声请状称："本年三月十七日言词辩论日期，被告曾经声请延期，虽经裁决驳斥，但裁决系在该日期之后收到，与通常迟误言词辩论日前

〔1〕 江苏吴县地方法院民事判决1930年地字第187号，载谢森、陈士杰、殷吉墀编，卢静仪点校：《民刑事裁判大全》，北京大学出版社2007年版，第56页。

有别，自应准予回复原状。”法官经调查后，在判决中支持了这一请求，“本件被告张履云声请延期，虽经本院驳斥，但该被告系于言词辩论日期以后收到该项裁决，则其于言词辩论日期未到场，实与通常迟误言词辩论日期有别，其声请回复原状应认为有理由”。〔1〕律师据理力争维护了当事人的诉讼权利。

（三）律师摆脱道德评判的思维模式，形成了法律思维模式

民初的律师在诉讼中逐渐形成了法律思维模式，开始摆脱道德评判的思维模式，尤其对传统旧道德进行抵制。作为民初律师的典范，从曹汝霖〔2〕代理的两起诉讼中，我们可以窥见活跃在当时法律舞台上的新兴职业者的思维、行为特点。

案件一，1912年曹汝霖在一起太监、妓女离婚案件中的出色辩护。

清朝末年，一位姓张的太监娶了一位名叫王月贞的私娼。张太监为其偿还了债务，并另外支付三百两银子的身价。共和政府建立后，太监身价大跌，王月贞离家出走，并且带走了家中的金银首饰及其他一些值钱的财物，还一纸诉状投向京师地方审判厅，请求与张太监解除婚姻关系。王月贞所聘请诉讼代理人，正是初出道的曹汝霖律师。

作为委托人，王月贞要求：通过离婚诉讼，既要解除与张太监的婚姻关系，也必须保全她已经拥有的所有财产，而且不能返还婚姻关系缔结时张太监所花费的银钱，包括张太监代为偿还的债务，以及张太监支付的三百两身价银。

法庭辩论中，对于婚姻关系的解除，张太监并未过于坚持。但张太监提出，解除婚姻关系，其前提条件是双方的财产问题。首先，为缔结婚姻关系，张太监为王月贞偿还了债务，并支付了三百两身价银。既然解除婚姻，原用于缔结婚姻的这笔财产，王月贞当然必须偿还。其次，王月贞趁家中无人，携带巨额财产出走，实际上是一种抢掠行为，因此这笔财产必须如数归还。

---

〔1〕 江苏吴县地方法院民事判决1930年地字第71号，载谢森、陈士杰、殷吉墀编，卢静仪点校：《民刑事裁判大全》，北京大学出版社2007年版，第71页。

〔2〕 曹汝霖，1900年赴日本留学，先后就读于早稻田专门学校和东京法政大学。回国后，中进士，授六品奏任官主事，后调入外务部。辛亥革命后，曹汝霖作为中国第一批取得律师资格的律师，开始在北京等地执行律师的诉讼代理业务。在五四运动时期，曹汝霖在政治上出卖民族利益、取媚日本帝国主义的行为，受到社会各界的谴责和唾弃。但在民国初年，曹汝霖凭借其丰富的法律知识和言辩能力，为中国律师制度的确立和发展起到了一定的积极作用。参见徐家力、吴运浩：《中国法律制度史》，中国政法大学出版社2000年版，第144页。

否则即不同意离婚。对于这一问题，双方则展开了激烈的争辩。曹汝霖对于被告的要求，依法一一驳斥。

首先，对于身价银的问题，曹汝霖称：人身不是物，因而不能成为所有权的对象。买卖人口，在前清即为法律所严禁，更何况现在已是民国。如果要求王月贞偿还所谓身价银三百两，等于承认人口买卖为合法。因而，婚姻关系的解除，与所谓身价银无任何关系。曹汝霖引用民国法律驳斥了关于身价银的落后婚姻传统。

其次，对于张太监为王月贞所偿还的债务问题，曹汝霖律师称：张太监当时代王月贞偿还债务，为张太监本人的意愿。如果说因此而形成张太监与王月贞新的债权债务关系，那么，这种债权债务关系，在张、王成亲、结成夫妻关系之后，亦即消亡。依据中国法律和习惯，夫妻之间不实行区别财产制，而是实行共同财产制。不论婚前双方财产如何，也不论婚前双方之间是否有债权债务关系，婚姻关系缔结后，所有财产均属双方共同所有。因此，即使王月贞因张太监代为偿还债务而形成新的债权债务关系，该项债权债务关系也因婚姻关系的形成而归于消灭。张太监关于偿还债务的要求无任何法律依据。依法应否定婚前债务。

最后，对于张太监声称必须全数追回王月贞出走时所携带财物，否则不同意离婚的问题。曹汝霖说，要求王月贞全部归还出走时所携带的财物，没有法律根据。所携带财物中，相当一部分为王月贞个人使用的衣服、首饰及物品，对于这一部分财物，应属于王月贞个人所有。至于张太监称如果王月贞不全部归还财物，则不许离婚，更是不合法理。离婚事关人身自由，又事关社会公益；银钱财产，属于个人私权。因财产原因而限制人身自由，因私权而损害公益，这与共和体制及民国法律精神不相吻合。

王月贞违背诺言，而且卷财出走，在当时引起部分社会舆论的谴责。但经过法庭辩论，审判官基本接受曹汝霖律师的意见，作出判决；张太监婚前代王月贞偿还债务，属于其本人自愿；王月贞出走时所携带财物，分批归还；财产债务问题，不得作为离婚的障碍；准予离婚。[1]

曹汝霖律师的辩护以法律、法理及习惯为依据，丝丝入扣，将张太监的大部分要求否定。从此，曹汝霖作为律师，在北京地区名声大振。

案件二，曹汝霖依法为两位“道德败坏”的女子做无罪辩护。

---

〔1〕 徐家力、吴运浩：《中国法律制度史》，中国政法大学出版社2000年版，第144页。

宝山某镇，有周姓姐妹凤宝、凤蓉，虽属村姑而风致嫣然。唯天性风骚，时与乡无赖作桑濮之行。某年秋初，周氏姐妹正在田间脱花，适某店学徒李甲途经其处，为周姓姐妹所嬲，席地交欢。某学徒恣情不休，竟致精脱而死。时二女手足无措，呆若木鸡。适有警士兵过此，遂为所见，询得实情，带回所中。所长某以事关刑事，不敢自专，即送至县属讯办，知事张某更属庸懦之辈，一任承审员之讯理。而此案结果，以事实确凿，某学徒实系因轮奸毙命；周氏姐妹以奸非致人死地，唯因贪欢误杀，情有可原，乃为减等之罪。

狱将成，律师曹汝霖适赴吴淞游览，闻其事而哀之，语人曰："贵地岂无人知法律者耶？"人奇其言，争相诘问，曹告以周氏姐妹不应受此枉罪。有周之戚沈某，求曹代为辩白。曹乃慨然允之，并不求报，乃对客挥毫，代作一控诉状，上诉江苏高等厅。其控词云："为不服周凤宝、周凤蓉奸非致死李甲一案提起控诉事：窃本案事属奸毙，本无疑义。李甲控诉人因奸毙，事实昭彰，又无辩论余地。惟本案理虽云然，法尚未妥。其最主要之点，研究李甲是否为控诉人强迫成奸。设无强迫行为，是属双方和诱相奸者，当然不负刑事责任。查犯罪之成立，须以犯罪者是否有此能力为标准，设无能力，虽有犯罪嫌疑，固不能强以罪状加诸也。今控诉人系弱质少女，即无强迫求奸之能力，又无致人死地之要素。设李甲而不愿和诱也，控诉人焉能相强？何致毙理，亦不为过。"

本以刑事案件起诉的，经过曹汝霖阐述，我们发现其竟是一起和奸的案件，不属于犯罪，不应提起刑事诉讼，更不应处以刑罚。结果法院"应予维持原判，本案无更判之必要"。于是曹大律师又起而辩护曰："命令不能变更法律，载在约法。大总统虽然尊严，亦无法律之权。总之，贵厅系法院，应尊法律，非如行政之惟命是从也。"至此，审检两长屈于曹大律师辩才，施行改判。〔1〕

这两件案件中，曹汝霖都是为社会舆论所不齿、传统道德伦理所不容的当事人辩护，一位是见钱眼开、趋炎附势、忘恩负义的妓女，另两位是道德沦丧、生活腐败的姐妹，在世人眼中，法律是不能保护这种人的利益的。然而，曹律师以专业律师的角度，从法律出发，对当事人的合法权利予以维护，并得到法院支持。可见，曹汝霖在代理案件中已摆脱道德羁绊，从法律角度分析及辩护，展现了现代职业律师的水平，实现了由道德思维到法律思维的

〔1〕 转引自党江舟：《中国讼师文化——古代律师现象解读》，北京大学出版社2005年版，第90页。

转型，具备了现代律师依法辩护的思维和行为习惯。

四、现代律师在诉讼中的作用

律师依法辩护，具有精湛的辩护技巧和渊博的法律专业知识，在民事诉讼中起着举足轻重的作用。他不但可以维护当事人的利益，还可以制约法官的审判权力，从而使诉讼结构由传统诉讼中的线型结构变为三角形结构，平衡当事人和法官的地位，以实现司法公正。

（一）帮助当事人实现诉权

从法律的角度看诉权，无论是理论还是实践中的法条，对偶尔经历纠纷的当事人来说都是比较晦涩难明的。面对纠纷的当事人，无法自己判断是否具有诉权，如何行使举证与调查取证权，如何申请法院调查取证，如何申请证人出庭作证等。然而，这些具体的诉讼权利不仅使当事人诉权得以实现，也是诉权目的得以实现的关键。这时律师对当事人权利的维护就显得特别重要。作为法律专家的律师可以判断当事人的具体纠纷是否具备权利保护要件，当事人的诉权是否存在，能否启动诉讼程序维护当事人权利。因为他们既精通实体法又精通程序法；既是事务专家又是辩论专家。凭借这种力量，律师可以保护当事人的利益免遭侵害。

（二）制约法官审判权

法官对于诉讼程序具有指挥权，尽管指挥权源于审判权，其正当性源于人们对于诉讼程序公正和诉讼效率的追求。然而，权力滥用和扩张是无法回避的事实，尤其是在利益的促动下，行使权力者和权力本身都会在利益的吸引下偏离轨道。

法官对于事实认定和法律适用具有决定权，尽管事实认定、法律适用要求高度的客观性和逻辑性，但是无论怎样强调客观和逻辑，在事实认定和法律适用中仍避免不了主观因素。像经验推断、逻辑推理、事实和法律衔接都将与法官的主观判断有关。那么，只要有主观因素存在的地方，就会有诞生权力的沃土。

因此，法官的指挥权极易走向恣意，法官的判决权也不免受权力的侵蚀。面对权力的变异，当事人缺乏足够的判断和监督能力。但对于代理当事人参与诉讼的律师来说，事情就完全不一样了。因为律师与法官有一样的知识背景，一样精通诉讼程序、熟知法官职权范围，法官的任何行为是否在其权力范围内，权力是否被积极正确行使，律师能一目了然。另外，当对法官上述非正常行使权力进行质疑时，当事人即使发现也很难提出有力的证据，也不能与权力者进行强有力的交锋，而律师却有足够的能力与法官对抗。最后，律师和法官同属法律职业共同体，二者知己知彼，任何一方的行为对另一方来说都有潜在的制约力。因此，总体来说，无论是显性的还是潜在的，只要律师参与诉讼，对诉讼指挥权就是一种很强的制约。

当事人、律师可以对法官进行灵活、有效的制约，其中律师是强有力的抗衡力量，并且从主观和客观上都对法官行使权力形成制约。

（三）使传统的诉讼模式发生转型

中国传统的诉讼模式被称为职权主义诉讼模式，即强调法官的职权，法官既存权力过大，当事人对法官的习惯性依赖增强，对审判权制约力度不够，法官权力集中化，当事人在职权主义诉讼模式中处于客体的地位。律师作为当事人诉权的维护者，为维护当事人诉讼利益，需要一些特别的权力对当事人行为予以支持，这就必然需要与审判权进行争夺。这种争夺并不是完全摧毁审判权，而是对其进行适当限制，最重要的是相对当事人而言，律师具备与法官对抗的力量。在许多法官权力范围内的事情，律师同样能够很好地承担，比如调查取证、释明法律等，甚至由律师来做更符合效率、公平和正义原则。

民初，职权主义诉讼模式中法官对诉讼的绝对主导权受到律师的挑战。由于审判权和诉权存在对抗，律师参与诉讼中必然对审判权进行牵制，对职权主义诉讼模式进行修正，以维护当事人的利益，从而使法官权力大大弱化。传统诉讼模式中法官与当事人是对立的两极，法官高高在上，对当事人进行压服，双方当事人是司法权的客体，因没有辩论权，也无法形成对立，共同服从法官的“安排”；律师的出现改变了这种格局，双方当事人都有了律师的援助，相对于法官，在诉讼权力结构中的地位增强了。另外，在律师的支持下双方当事人互相可以进行言词辩论，形成利益对抗，形成独立于法官之外的平等的双方，于是三角形的诉讼结构得以形成。

五、民初律师制度的弊病

民初，人们以极大的热情和赞誉迎接着律师，但传统因素仍广泛渗透于社会各阶层和律师自身的观念和行为方式之中。

（一）基层审判机构不设律师

县知事兼理司法的地方不实行律师制度，唯恐法官由于法律知识的欠缺，在审判中处于律师和当事人的下风。1913 年 2 月 14 日，北京政府司法部颁布《未设审判厅地方诉讼暂不用律师制度令》，从而在全国范围的地方审级上，否定了律师制度的实施。该项命令文字不多，但观点却极其明确："律师制度，为司法上三大职务之一。所以任当事人之辩护，防司法官之擅专，关系至为重要。顾行之于设备完全法庭，始能收互相为用之功，而无偏重不全之弊。查《律师暂行章程》第 21 条，内开'律师应于执行职务之审判衙门所在地置事务所。置前项事务所后，应即报告于各该级审判厅及检察厅'等语。是律师执行职务，当然在成立之审判厅。条文规定，本甚详明。惟恐解释太宽，转滋误会。合行明白宣告：凡未设立审判庭地方，诉讼事件，概暂不用律师制度。俟各处设有完全司法机关，再照现章办理。除令行高等审判、检察厅司法筹备处长外，仰该处长转饬暂时行使司法权之各县两长，转饬各该省律师公会，一体遵照此令。"〔1〕

从此命令可以看出，在地方审级上否定律师制度的关键理由在于防止"偏重不全之弊"。而之所以会产生"偏重不全之弊"，是因为在法官人员、法庭组织机构还不完善、健全的基层地方，如果律师出现在地方诉讼程序中，由于主持审判的地方官对于法律不甚了解和欠缺法律素养，可能导致"民强官弱"的现象。

如前文所述，在法官的培训和考试、甄拔中采用的是"精英主义"原则，以致每年获得法官资格的人寥寥无几，基层法院对法官的需求难以满足，影响了基层法官的专业素质。低素质的法官如果在审判庭上遭遇具有丰富法律知识和经验的律师，那么，受到律师帮助的诉讼当事人在诉讼中对诉讼程序的熟悉、对法律条款的理解，将超出主持审判的官员，直接影响审判官的威信，影响民国的司法形象和权威。

从统治者的这种担心，我们可以看到，司法机关对于民众法律意识增强，律师力量崛起将会对司法权产生制约和遏制的恐惧，反映了当时统治阶层既

---

〔1〕《未设审判庭地方诉讼暂不用律师制度令》，1913 年 2 月 14 日司法部令第 41 号，载《法令大全》（第八类，司法），第 914 页。

要建立西方民主法治，又害怕既有权力丧失的矛盾心态，这是传统的权力意识作祟的结果。

另外，《律师暂行章程》还规定："充任律师者，必须是中华民国人民，满 20 岁以上之男子"（第 2 条）。具备这些条件者，方可参加律师考试或免试（需符合有关条件）以取得律师资格。受传统封建礼教的影响，法律规定女子不得担任律师。可见章程的局限性，在立法者的头脑中仍然残存着男女不平等的传统观念。

（二）将律师比作讼师加以防范、监督

南京国民政府时期曾担任考试院院长的戴季陶，在民国元年（1912 年）就专门撰文反对实施律师制度："律师者，恃口辩之力，而故析国法所指定之是非而两之者也"；"律师出，而法之义于是晦矣。同一事也，而两为之词；同一法也，而两为之解。既可受原告之请，复可受被告之聘。辩护之程度，视报酬之多寡。嗟乎！法律之用，至此而大坏矣。故吾就法律上观察之，则将下一评语曰：律师者，破坏法律之讼棍，而非保护法律、彰明法律者也。"[1]戴季陶作为当时激进的革命者，都有此看法，一般社会百姓对于律师与讼师更是持同等观点，"人苟不幸遇有讼事，或原告，或被告，如果理直气壮，尽可挺身而出。若自知理屈力短，罪有应得，听吃官司可也。苟不明事理又畏首畏尾，徒欲借金钱势力欺负良儒，则蚌鹬相持不下，未有不遭两败俱伤。彼坐收渔翁之利者，即门前高悬黄铜金字招牌，头衔赫赫日本毕业法学博士、中华民国之大律师也"。[2]

这种偏见或误解，不禁使司法机关对律师不时提防，心存芥蒂。如对于律师的管理，尽管法律规定律师公会和地方检察厅检察长均有权对违背律师义务的律师提出惩戒声请，但从实施情形看，所有政府公报（1919～1920 年）公布的惩戒声请均由地方检察厅厅长提出，并由高等检察厅厅长作为控诉方向律师惩戒会提出惩戒之诉。这一现象说明，民国初期律师公会自治性较弱而司法机构对律师行业监督较严。这反映了在法律转型过程中，政府推进型的法律变革特点——国家司法权力起主导作用，自治组织的自主性没有发挥出来。这势必会影响律师群体的法律地位和权利，进而影响三角形诉讼格局

[1] 戴季陶：《渔夫天仇文集·国家与社会》，文星书店 1962 年版。

[2] 鸥波："律师百弊"，载王钝根：《百弊丛书》，中华图书集成公司 1919 年版。

的稳定。

（三）律师自身难以摆脱讼师的行为方式和习气

首先，律师仍无法摆脱古代讼师写状申冤的手法，将自己置于卑微、令人同情的地位，对法官大吐苦水，企图求得“青天大老爷”明察秋毫，匡扶正义。在民初许多律师代理的诉状中都有这样的用词：称法官为“大人”；自称“小的”“小民”“民”；阐述诉求后，落款不忘写上“仰恳”“叩乞”等谦卑、恳求的词句。

其次，律师在请求权利时，还试图依赖情理等因素的支持，并没有关注其诉求在法律上的合理性，案件诉状的风格如同前清。如在一件关于双方为析产涉讼的案件中，原告律师陈述称：“原告青年守节封臂疗翁（见被告哀启），自问于妇道无亏，被告苟有天良亦当稍加矜恤，乃不唯谋夺其财产，并曾饰词告诉，意欲置之囹圄之中，居心极为险恶，不得已诉求解决。”[1]律师希望通过弘扬原告的高尚道德品质“守节封臂疗翁”，获得法官同情；控诉被告丧尽天良、居心险恶以激起法官的义愤，从而获得法官对原告的支持。

最后，在职业道德上，一些律师不免噬利行为，俨然讼师作风。

民国也有劝人息讼的箴言：“天下本无事，庸人自扰之”，“忽焉兄弟失和，家庭之间起风波矣……小利害仅如毛发比，趁一时愤恨怒火不可遏，遂起诉公庭而欲伸胸腹之愤。于是学时髦，请律师。先讲出庭公费，后讲胜诉谢仪。所谓日本毕业之法学博士，一注生意来矣。律师生意到，打官司朋友霉头触进矣”。[2]可见，民国的律师也“吸金如土”，打官司也同样会被律师拖入“讼累”。

从《政府公报》公布的律师惩戒的公告也可以看出某些律师的讼师作风。如甘肃皋兰律师段绍棠隐瞒已被审判厅指定为辩护人的事实，又与被告胡桂花订立委任契约，载明交律师费五十洋元。甘肃律师惩戒会依《律师暂行章程》第 18 条“律师应以诚笃及信实履行其职务，对于法院及委托人不得有欺罔行为”的规定，决定给予该律师停职一年的处分。[3]

山西律师王廷枢担任大同县孟武氏丈夫的律师，具状请求再审，王廷枢

〔1〕 江苏吴县地方法院民事判决 1930 年地字第 27 号，载谢森、陈士杰、殷吉墀编，卢静仪点校：《民刑事裁判大全》，北京大学出版社 2007 年版，第 45 页。

〔2〕 鸥波：“律师百弊”，载王钝根：《百弊丛书》，中华图书集成公司 1919 年版。

〔3〕《政府公报》，1922 年，第 2160 号。

假造山西省第二检察分厅再审函，“向孟武氏索洋五百元”，事情败露，王廷枢因“诈财未遂”被处以刑罚，并被山西律师惩戒会除名。[1]

不过，民初律师制度虽然受到传统因素的种种束缚与渗透，但仍以一种现代法律制度的核心力量，展现出新的生命力。

〔1〕《政府公报》，1922年，第2418号。

家事诉讼文化的历史考察

——基于山西省 Y 县诉讼档案的实证分析（1949~1999）*

穆红琴**

摘　要：诉讼档案具有极高的历史价值和法律价值，它能够真实地再现诉讼的全过程，其中所包含的各种诉讼文书不仅能反映出诉讼参加人的法律观念和诉讼观念，也能清晰地再现法官作出裁判的过程。通过对诉讼档案的分析，也能一窥其背后隐藏的诉讼文化的变迁历程。本文正是进行了这样的尝试，在对山西省 Y 县的家事诉讼档案进行抽样调研后，分析其中隐含的诉讼道德化，诉讼低程序化及人们诉讼观念的变化过程，以此来分析司法运作中本土诉讼文化对制度运行的影响。

关键词：诉讼档案　诉讼文化　家事纠纷

"文化"一词的含义是相当广泛的，一般认为它无所不包，从不同的角度对"文化"可能作出完全不同的判断。从概念上讲，它主要指特定社会或群体在长期生活中所生成的环境反应模式，这其中包括行为方式、信仰、态度、价值取向、推理方式和感性认识等。〔1〕费孝通在《乡土中国》中认为，所谓文化，我是指一个团体为了位育〔2〕处境所制下的一套生活方式。我说一套，因为文化只指一个团体中在时间和空间上有相当一致性的个人行为。这是成

* 本文系汕头大学科研启动基金资助的阶段性成果。

** 作者简介：穆红琴，汕头大学法学院讲师，主要从事法律文化和家事审判研究。

〔1〕 焦盛荣："诉讼文化论"，载《社科纵横》2000 年第 2 期。

〔2〕 费孝通先生说，位育的意思是指"适应"。在孔庙的大成殿前有一个匾写着"中和位育"。潘光旦先生就用这儒家中心思想的"位育"两字翻译英文的 adaptation，一般也译作"适应"。参见费孝通：《乡土中国》，上海人民出版社 2006 年版，第 115 页。

套的，成套的原因是：在团体中个人行为的一致性是出于他们接受相同的价值观念。人类行为是被所接受的价值观念所推动的。在任何处境中，个人可能采取的行为很多，但是他所属的团体却准备下一套是非的标准，价值的观念，限制了个人行为上的选择。大体上说，人类行为是被团体文化所决定的。在同一文化中育成的个人，在行为上有着一致性。[1]显然，费孝通是从行为方式以及价值观念的角度探讨文化观念。

法律文化属于文化的下位概念，何勤华教授以为法律文化的定义，大概也有四五十种以上。比较典型的定义是：法律文化是关于与法律相关的物质性的、精神性的和制度性的全部文化现象。另外一种有影响力的定义说，法律文化是指中国古代流传下来的影响我们生活的法律文化现象，具有指导我们立法、司法实践，并且提供指导性和方向性意见的文化现象。[2]对此，贺卫方教授补充说，美国学者沃尔夫冈·弗里德曼在 20 世纪 60 年代出版的《法律理论》一书中提出的文化概念可以被很多人接受，那就是法律文化比较偏向于人们的观念形态，或者说一般文化中涉及法律内容的文化现象属于法律文化，应当从信仰、观念和社会价值的层面上理解法律文化。[3]总体来看，法律文化更多地表现为各种文化现象，其背后蕴含着人们内在的信仰、观念和社会价值。除了静态的观察和描述外，法律文化还表现为动态的发展，即法律文化变迁。

法律文化的下位概念之一是诉讼文化。也有人将诉讼文化称为亚法律文化，如唐东楚认为："关于诉讼文化的界定，学界并无专门的探讨。据笔者的理解，它无疑属于亚法律文化的范畴，这里如将其从制度、观念意识和物质保障三个层面作广义的概括，即指人们旨在通过国家司法权（尤其是法院的审判权）解决纠纷，维护权利和维护常态的社会经济秩序的诉讼实践中创造的文化，包括诉讼法律规则、原则、诉讼观念和意识、诉讼机构（起诉和审判机关）和设施以及诉讼的程序和方式等。"[4]另有人认为，所谓诉讼文化，是指较为普遍地存在于一个民族或国家的，与诉讼机制有关的规范、设施、制度、理论、观念和价值等一切成果的总和。实质上，诉讼文化是一种综合

---

〔1〕 费孝通：《乡土中国》，上海人民出版社 2006 年版，第 115 页。

〔2〕 何勤华、贺卫方、田涛：《法律文化三人谈》，北京大学出版社 2010 年版，第 12 页。

〔3〕 何勤华、贺卫方、田涛：《法律文化三人谈》，北京大学出版社 2010 年版，第 13 页。

〔4〕 唐东楚："我国诉讼文化的乡村视域"，载《湖南公安高等专科学校学报》2001 年第 6 期。

宏观研究诉讼问题的代名词。它把诉讼现象视为一个整体来把握，目的在于揭示诉讼活动的本质特征和诉讼规律。[1]

对此，结合文化及法律文化的定义，笔者比较赞同诉讼文化属于法律文化的下位概念的观点，诉讼文化是与程序法及审理实践相关的，蕴含在人们内心的观念和价值。它同法律文化一样，既有静态的表现，又有动态的发展。其中动态的发展，即指诉讼文化的变迁，它包括诉讼文化的渐变和突变。所谓诉讼文化的渐变是指缓慢的变迁，而诉讼文化突变是指文化的非常态的急剧变化，常表现为整个文化风格、文化模式的变化。[2]

中国传统诉讼法律文化迥异于世界其他诉讼法律文化，呈现浓厚的伦理化表征，它也和其他诉讼法律文化一样，有其固有的诉讼理论和理论要素，而其理论基础和要素又强烈地体现着中国传统政治、经济和文化结构下的诉讼法律文化个性。[3]诉讼文化作为法律文化的下位概念，比较早的就受到学界的广泛重视。法律史学界对于中国传统诉讼文化的研究非常多，如胡旭昇1999年在《南京大学法律评论》上发表的《试论中国传统诉讼文化的特质》一文，就将中国传统诉讼文化特质总结为：诉讼道德化、司法行政化、诉讼人情化与艺术化、诉讼低程序化等。[4]

李育全、马雁在《传统诉讼文化的评价及其批判性吸收》一文中，也认为中国传统诉讼文化具有以下特征：浓厚的伦理道德色彩、司法行为附属于行政行为、诉讼程序理念呈现非规范性和非逻辑性特征。我们应当批判性地继承传统诉讼文化，如传统诉讼文化中对道德理念的重视，对司法官吏人文素质与道德素质的要求等。[5]

上述几位学者对传统诉讼文化特点的总结有一定的共性，除了上述特点外，传统诉讼文化中还具有司法工具主义特性，即法律在人们心中是实用工具，这与西方法律所确立的法律至上精神是不同的。正因为不同的诉讼文化，我国在引进西方的法律制度后，实践中出现了与此制度不相适应的潜规则等现象。

---

〔1〕 焦盛荣："诉讼文化论"，载《社科纵横》2000年第2期。

〔2〕 李蓉："诉讼文化的现代变迁与我国民事审判制度变革"，载《湖南省政法管理干部学院学报》2000年第1期。

〔3〕 李交发："中国传统诉讼文化宽严之辩"，载《法商研究》2000年第3期。

〔4〕 胡旭晟："试论中国传统诉讼文化的特质"，载《南京大学法律评论》1999年第1期。

〔5〕 李育全、马雁："传统诉讼文化的评价及其批判性吸收"，载《中华文化论坛》2001年第2期。

此外，中国传统的诉讼观也是学界讨论的焦点。中国古人到底是“厌讼”还是“健讼”，抑或是“恐讼”？传统的观点一般认为诉讼因劳民伤财，同时被官府认为有伤道德，因此一般官府“贱讼”。如范忠信老师认为，鄙视厌恶诉讼活动，一直是古代中国文化观念的典型特征之一。中国人贱讼的实质是害怕诉讼，具体而言是害怕诉讼带来的不利后果。除了害怕上面所说的官府的态度而导致的不体面的有辱人格的诉讼程序外，还害怕诉讼导致的结仇怨等不良后果；此外还担心诉讼中受胥吏讼师讹诈，不得不低声下气求人等。[1]然而邓建鹏则认为，古代虽有贱讼、厌讼或无讼传统，但是自唐宋以后，因社会结构发生深刻变革，出现了大量以户婚、田土及钱债纠纷等为主的民间词讼，称为“健讼”。[2]

无论是厌讼还是健讼，或者滋贺秀三所说的整体思维观[3]，以及因裁决之公平性的关键在于当事人的接受而采取的上诉无限制制度，作为中国传统诉讼文化的一部分，在经历了清末变革及南京国民政府时期的法律移植，以及中国共产党领导下的中华人民共和国成立，改革开放之后民事诉讼制度的建立及发展至今的30多年，在新制度建立之后，传统诉讼文化的上述特质是否消亡？这一问题的答案就是笔者尝试从山西省Y县家事诉讼档案中所寻找的。基于学界对传统诉讼文化的研究成果，本文将依次探讨山西省Y县家事档案中所反映的人们诉讼观的变迁，诉讼程序化及诉讼道德化在实践中的发展。因侧重家事诉讼档案的研究，其中所反映的诉讼文化也可表述为家事诉讼文化，以表明其与其他民事诉讼文化的不同。

---

〔1〕 范忠信：《中国法律传统的基本精神》，山东人民出版社2001年版，第237~246页。

〔2〕 邓建鹏：“健讼与贱讼：两宋以降民事诉讼中的矛盾”，载《中外法学》2003年第6期。

〔3〕 从中国传统的诉讼习惯来看，日本学者滋贺秀三的总结可谓精辟：“概言之，比起西洋人来，中国人的观念更顾及人的全部与整体。也即是说，中国人具有不把争议的标的孤立起来看而将对立的双方——有时进而涉及周围的人们——的社会关系加以全面和总体考察的倾向；而且中国人还喜欢相对的思维方式，倾向于从对立双方的任何一侧都多少分配和承受一点损失或痛苦中找出均衡点来等。因此，所谓‘情理’，正确地说应该就是中国型的正义平衡感觉。”由于裁决之公平性的保障只在于当事人同意接受解决才能终结案件的程序结构之中，所以也没有必要事先准备好一套体系性的完整法典。上诉可以说是被允许无限制地提到官府的等级构造内任何级别上去，并没有知州知县根据什么而终结的制度规定，当事者只要想争执就一直可以争下去。与此相对应，也没有在什么阶段可以提出上诉的制度规定。如果州县的审理不能令自己满意，当事者任何时候都可以上诉。只是即使上诉得到受理，受理上诉的上级官府经常作的不过是或者对原审州县下达某种指令，或者要求得到报告，或者另外派遣官员会同州县进行审理等，以图促进正确适当的审理。通过上诉，上级官府介入了诉讼，但诉讼程序并不因此而改变调解的性质。

一、几点说明

在以山西省 Y 县人民法院的诉讼档案为基础进行分析前，有几点需要说明。

第一，关于司法档案的价值，学界已经普遍承认其对实践层面的法律考察之意义。同时，学界也注意到使用司法档案进行法律史研究的缺陷，进行了"如何看待司法档案中的'真实'与'虚构'"，"如何避免'以偏概全'"等探讨。因此在对 Y 县的司法档案进行考察时，笔者力求探寻诉讼文书中的真实内容，对同一份卷宗，就文件之间进行仔细的对比研读，以去除其中可能存伪的部分，尽力做到求真。关于"以偏概全"的问题，任何一个地域性研究都面临这个问题，本文也不能避免。在此，笔者必须声明，本文仅是地域性研究的结果，其结论在无其他地域性研究结论的辅助证明下，并不具有普遍的适用性。

第二，为什么选取山西省 Y 县的诉讼档案进行分析？一项实证研究的进行，调研地点的选择非常重要。选取山西省 Y 县作为观察分析的对象，主要原因如下：

（1）山西 Y 县史为舜都，地处山西、陕西、河南三省交界处，有"黄河金三角区域中心"之称。2000 年第五次人口普查时，全县总人口 42.13 万左右，其中农业人口 30.58 万，占总人口的 72.58%，〔1〕是一个典型的农业大县。从目前看到的司法档案中，我们也注意到民事案件的 50%左右与家事纠纷有关。可见处于司法实践第一线的 Y 县人民法院所处理的案件中有大量的家事纷争。而与 Y 县相类似的司法状况在全国各地方人民法院并不罕见。如陕西省凤翔县 1949~1999 年所审理的案件中，仅离婚案件就平均占到了民事案件总数的 44.8%，其中 1966~1975 年平均占到了 64.6%。这尚未包括赡养、收养、继承等其他案件。〔2〕因此，从地域和人口状况来看，对 Y 县人民法院的司法档案进行研究有一定的普遍意义。但是这并不意味着就能得出普遍性的结论，全国有 300 多个县级市，况且南方的县级市与北方也并不能同日而语。因而只有经过全国范围的相关调研才能得出普遍性的结论。本文的调研

---

〔1〕《永济市 2000 年第五次人口普查主要数据公报》，载 http://gov.yongji.info/dart2/newsShow.do? id=5041，最后访问日期：2011 年 8 月 20 日。

〔2〕凤翔县人民法院编：《凤翔县司法审判志》，第 187 页。

及分析只能是一个地区性研究。

（2）一项调研的进行往往需要被调研对象的配合，并且需要克服一些人为的障碍。此外调研范围也和调研者的物力、财力及精力相关。单凭笔者一人之力很难进行全国范围的调研，因此从实际出发，进行地区性的调研更可行。

（3）山西 Y 县是笔者的家乡，在故土进行调研有很多的便利条件，同时也不存在语言、风土人情等障碍，这也是选择山西 Y 县作为调研对象的原因之一。

第三，关于为何选择家事纠纷作为考察对象的问题，因 Y 县为农业大县，1949 年开始的民事类司法档案中，绝大多数为婚姻家庭纠纷，直至 1990 年之后才逐渐出现了其他类型的纠纷，因此受资料所限，本文重点考察家事纠纷。同时，关于家事纠纷的界定问题，学界有很多的探讨与争论，限于篇幅，本文对家事纠纷的概念和特征不再展开详细的论述和考察。按照学界通说来看，家事纠纷主要指发生在夫妻、母子（女）、父子（女）、兄弟姐妹之间因为婚姻、亲子、收养、抚养及赡养等具有人身性质，关系着社会稳定的关于身份关系或财产关系的法律纠纷。同时，本文所讨论的家事纠纷在一定程度上等同于婚姻家庭纠纷，因而在文中这两者的交替使用仅是为了表述的方便，并无实质区别。

第四，关于本文所使用的材料问题。本文使用的资料主要源于山西省 Y 县人民法院档案室，因时间跨度大，资料繁多，从总数上看，1949～1999 年的家事案件总量为 12 768 件，民事诉讼总量为 23 851 件。为研究的方便，本文采用了等距抽样的办法，即根据 Y 县人民法院档案室保存的历年档案目录，按照家事案件各个类型的目录顺序每隔取一定距离抽取一份。其中因婚姻纠纷占了家事纠纷的大多数，每隔 20 份抽取一份；其他类型的家事案件如赡养、收养、抚养、继承等因每年的总数都比较少，则缩小归档号距离抽取，比如当年的赡养案件总数未超过 10 件，则依据归档号抽取最后一份。若当年的赡养案件总数超过 10 件但未超过 20 件，则依据归档号抽取第 11 份和最后一份。其他案件也是类似抽取方法。总的家事案件抽样数为 616 份，包括婚姻类 442 份，扶养类 31 份，收养类 21 份，继承类 34 份，赡养类 34 份，家务类 54 份。其中，1955～1958 年的诉讼档案仅包括了现今 Y 县行政区划的一部分。1959 年和 1960 年的司法档案因当时将 Y 县并入运城而存于运城市司法局，1982 年和 1983 年的档案资料因调取不便而缺失，仅搜集到了 1982 年和 1983 年的档案目录。

这些诉讼档案资料，包括诉讼时的各种需送达的文书，问询笔录及法院裁判文书。这些资料跨度从1949年至1999年，其中20世纪90年代之前的诉讼档案罕有页码，只是按照一定的顺序排列，如放在卷宗最前面的一般是传票，接下来依次为起诉书（早期叫口诉书或控诉书），调查笔录，有的还有证人证言，法院的判决书通常都在最后。自20世纪90年代之后虽然有了页码目录，但有的却没有在文书上对应标注，有的甚至没有页码目录，一份案卷中的每份文书都重新编号，因此，本文在引用时也无法标注页码。

对于本文中所引用的诉讼档案，若无特殊说明，均来自Y县人民法院档案室。因家事纠纷与其他的民事纠纷混合在一起归档，在归档目录中则根据案由进行了登记，但案卷号和档案室编写的室编案卷号仍混在一起。其中案卷号系法院档案室给每一个案件编定的一个唯一的案号。全国法院普遍采用案卷号和案号合一的办法，确定案卷号的号序系统。即将法院立案部门决定立案受理案件时，依法编定的案号直接确认为案卷号。而室编案卷号则是档案室编定的案卷排列顺序号，一般使用案卷号和案号中的流水号并与之重合即可。[1]然而，Y县的室编案卷号则是根据归档的先后顺序进行登记编排的流水号，与案号及案卷号并不一致。可见该县法院目前的档案管理工作还未与最高人民法院的要求一致。

为了查询的方便，本文在注释中将注明案卷号和室编案卷号。但由于早期的诉讼档案管理更为混乱，20世纪90年代之前的一些案件中仅有室编案卷号而未登记立案时即确立的案卷号，甚至有些卷宗目录上所载的室编案卷号也与归档目录上的不同，为便于查询，均以归档目录上登记的号码为准。同时，为避免引起不必要的纠纷，对于档案中出现的具体村名及人名，本文做了匿名处理。

同时，人民法院的诉讼档案根据保密级别有不同的保密规定及相应的保存期限。本文中所抽样的案件均为婚姻家庭类案件，案卷封面上秘密等级一栏均为空白，意为不属于涉密案件。但20世纪90年代之后出现了正副卷，其中副卷属于秘密案卷，笔者在抽样时均未抽取。

同时，根据1991年《人民法院诉讼档案保管期限的规定》，婚姻家庭类案件属于短期保管，保管期限为30年。2006年最高人民法院关于《人民法院诉讼档案保管期限表》的征求意见稿中，将短期保管期限缩短为15年。期满

---

〔1〕 傅名剑：《法院诉讼档案管理实务》，人民法院出版社2006年版，第123页。

后经法院领导和审判人员、档案管理人员进行共同鉴定，若确定销毁，则经上级人民法院抽查同意后，把其中的判决书、裁定书、调解书取出一份，永久保存。其他的资料则进行销毁。〔1〕

笔者根据与Y县人民法院档案室工作人员的交谈了解到，目前Y县的各类诉讼档案于保管期满后将移交司法局进行保管，但目前档案室里仍然保管着大量的20世纪40年代以来的各类刑事、民事、经济类等诉讼档案，如果按照最高人民法院的规定，一部分民事、经济类案件早已过保管期限，其中除裁判文书之外的档案资料即使移交司法局，也面临着被销毁的命运，这对于法律史的研究来讲，无疑是巨大的损失。然而将这些诉讼档案永久保管也是不现实的，因此希望能有更多学者关注这些反映司法实践活动的“活档案”，发掘出它们的价值与意义，为立法与司法提供更多的借鉴，并将具有历史意义的档案资料保存下来，以作长时期的比较研究。

此外，作为基层人民法院，Y县人民法院档案室归档的案卷大多系一审案件，经过上诉的案件不多，因此笔者在抽样时将一审与二审及再审案件作为一个整体进行抽样，但因二审及再审的案件总量较少，抽中的案件更少，因此本文基本以一审终结的案件进行分析。

对于诉讼档案中缺失字等的标注方法为：缺失及难以辨认的字，一律以数目大致相同的“□”号代替；错字，用“【】”标注改正；笔者对资料的说明置于“（）”中。

二、家事诉讼档案中诉讼观的历史考察

以往学界对人们厌讼还是好讼都是以案件的多寡来说明，不过案件的多寡与人口数量的增减也有一定的关系。从山西省Y县记载的情况看，Y县的人口比例在逐渐增长，如1953年人口普查，全县有16万人，1964年增长到22万人，1982年人口数量上升到33万人，1990年则达到37万人。〔2〕然而山西省Y县家事诉讼档案中，自1949年至1999年，家事诉讼的案件数量并非逐年增长。据Y县人民法院档案室的记录，1953年的家事诉讼数量为756件，占当年民事诉讼总数的54.12%；1964年为224件，占当年民事诉讼总数的80.87%；1982年为204件，占当年民事诉讼总数的49.64%；1990年为452

〔1〕傅名剑：《法院诉讼档案管理实务》，人民法院出版社2006年版，第259页。

〔2〕永济县志编撰委员会编：《永济县志》，山西人民出版社1991年版，第52页。

件，占当年民事诉讼总数的47.2%。

上述数据显示了家事诉讼案件的多少除了人口因素外，还受到社会其他因素的影响。1953年兴起了新婚姻法运动，众多受压迫的妇女主动提出离婚，与包办婚姻、买卖婚姻、童养媳等旧社会的陋习作斗争。因而仅从家事诉讼的数量多寡上，很难说明人们是厌讼还是好讼。

用什么标准来判断人们到底是好讼还是厌讼，学界对于中国古代传统的研究一般都是列举“细事”的数量，或者县官等的记录。笔者以为人们的诉讼观念受到各种因素的影响，如政治运动，十年“文革”期间民事诉讼数量明显减少；或者外力的推动，如上面所述1953年婚姻法运动的影响，诉讼数量明显增多；或者经济领域的变革，如改革开放后随着人口数量的增多，诉讼数量也相应增加。除此以外，人们对诉讼所持的内在心理状态如排斥或恐惧等，通过观察纠纷发生时至提起诉讼时所需时间的变化，也能够在一定程度上量化地反映人们对于求助司法机关所持的基本态度。因此，本文尝试从1949年至1999年共50年中选择1999年、1989年、1979年、1969年及1958年作为考察年份，本应选择1959年为相应考察年份，但1959年Y县从行政区划上归并到运城县，导致相关档案资料的缺失，因此退而选择1958年来进行考察。这样选择的原因是将每十年的最后一年进行对比，进行阶段性比较。

笔者依次对这5个年份中的原告在诉状中或在询问时所提出的最后一次矛盾激化的时间和起诉到法院的时间做了统计，为了避免极端样本对整体的影响，在计算平均值时，去掉了最短时间和最长时间，具体如表1所示。

表1　Y县家事纠纷产生至起诉所需时间统计

年份	有效抽样案件数(件)	最短时间	最长时间	平均时间（去掉最长和最短）
1958	7	1个月	8年	17.8个月
1969	5	3个月	8年10个月	19个月
1979	10	3个月	8年	30.38个月
1989	12	1个月	4年	10.6个月
1999	18	2个月	3年	9.53个月

注：本表格中的有效抽样案件数是指从该案卷中能清晰判断出双方最后一次发生矛盾时间的样本。

上述表 1 显示，自中华人民共和国成立以后，人们对婚姻家庭纠纷采取了极为谨慎的态度，仅抽样的这几个年份来看，平均最短时间为 9.53 个月，说明人们在发生家庭矛盾后，至少经过将近一年的时间才会寻求司法途径解决。同时人们的诉讼观念在新中国成立之后改革开放之前受到政治制度的影响很大。

以表 1 中的 1979 年为例，从矛盾激化到起诉至法院的平均时间达到了两年半以上，家庭纠纷长期处于不稳定的状态。同时，对调查笔录的考察发现，20 世纪 70 年代末期 80 年代初期，一件纠纷的解决经常以法院、村干部和公社干部等共同举行的座谈会的形式结案。这种特殊的审理方式也间接反映了 1979 年纠纷发生后到提起诉讼所用时间最长的原因，从大队到公社对案件的调解以至最终的解决起着非常重要的作用，而法院解决纠纷的谨慎态度也暗示了原告在提起诉讼被立案前必然已经过了多方调解，此外原告的心理也表明了他对诉讼的态度。

如 1979 年的一起收养案件，原告宁某于多年前收养了被告许某 1 岁多的女儿，抚养到 15 岁时，也就是 1972 年，女孩因与养母吵架而回到生父许某家，此后宁某一直与许某协商要求女儿回家，并托了大队书记、双方相熟的亲朋好友多次调解，按照宁某在起诉书中的说法："八年来，我一直忍耐着，期望许某能改变看法，让孩子回来。但一直等了八年，孩子没有进过我的家门……无奈我于今年元月又找人说话，和许某研究解决孩子的问题，但他总是表面应承，背地按兵不动，至今一字不提。由此可见，许某对解决孩子问题，一则缺乏诚意，二则他不愿私下解决。为此，我才不得不将此事提请政府予以解决。"〔1〕

上述收养案件中宁某的话反映了他希望能通过私下调解的方式解决此纠纷的愿望，然而却一再得不到解决，在忍耐了 8 年之后才诉诸法律。仔细分析他的心理，从档案中反映的情况来看，因为他与许某一直是朋友，在收养孩子期间两方家庭一直关系密切，即便在孩子回到许某家后，两家仍然没有撕破脸面，因此宁某不肯诉诸法律的主要原因恐怕是碍于人情，惧怕对簿公堂之后双方彻底决裂。这恰恰也是受中国传统诉讼文化中恐讼观念的影响。同时，宁某在诉状末尾特意说明不得不请求政府处理，这恐怕也是受中国传统诉讼文化中官府对诉讼鄙视态度的潜在影响。

〔1〕 永济县 1979 年永民初字第 13 号，室编案卷号 157。

另一起同一年发生的离婚案件却显示了层层调解制度对当事人诉诸法律的阻力。申某于 1971 年经人介绍与秦某结婚后，发现秦某患有严重的精神病。从档案资料来看，申某最晚在 1972 年即已向大队提出离婚，大队也将申某的意愿转达公社，要求公社给予办理，有大队给公社的介绍信为证。然而，不知为何没有解决。申某又于 1978 年 12 月再次向大队提出离婚，并与岳父在大队调解下达成离婚协议。法院于 1979 年受理此案，并在询问双方之后达成民事调解协议，调解双方离婚。[1]

此案从纠纷发生到彻底解决历经 8 年之久，然而造成这种情况显然不是原告害怕诉讼，而是原告仍然受到传统的调解制度的影响，先求助于大队，再转到公社，倘若公社未再转到法院，则纠纷的解决途径受阻；当事人又重新要求大队解决。这种层层调解制度成为连接当事人与司法机关的唯一纽带。同时，也与十年“文革”期间公检法队伍的瘫痪有关，很可能公社转交到法院后无人处理，个中缘由因档案资料未予显示无法猜测，不过本案至少说明不同时代人们对于诉讼的态度受到各种因素的影响而很难下定论。

除去 1979 年两年半的平均时间外，其余几个年份的抽样也显示出了一定的规律性。1958 年和 1969 年的平均时间接近；1989 年和 1999 年的平均时间接近。以下我们分别考察。

（一）1958 年与 1969 年

1958 年抽样的 7 份案件中，最长的也经过了 8 年，系一起分家纠纷，原告对 1950 年分家时达成的分单即分家协议有异议，然而经过了一审、二审后仍败诉。虽然原告在诉状中未提及为何没有早来法院解决，同时因档案中也未收有任何的介绍信，故我们无法观察出原告在纠纷产生之初对于诉讼的态度，以及该案是否经过了大队公社的调解，然而其在庭审中的一句话引人注意。在庭审的最后，审判员问原告还有什么意见，原告回答说：“没什么意见，我认为有我的（财产），不行（本地方言，如果官司输了）我要上诉。”[2]该句话反映了原告对于诉讼的积极态度。同时分家纠纷是农村中经常发生的纠纷，兄弟之间一旦分产不公，便产生纠纷，且经一审后再上诉者屡见不鲜。特别是 20 世纪五六十年代的农村，物资匮乏，一辆如上述案件中的拉车都能成为

---

〔1〕 永济县 1979 年永民初字第 10 号，室编案卷号 34。

〔2〕 永济县 1957 年永民初字第 100 号，1958 年 1 月二审审结，室编案卷号 21。

讼争的焦点。人情世故在财产面前让路，人们对待诉讼的态度可见一斑。

1969年抽样的5份案件中，最长的也有8年10个月，系离婚后财产争议，双方1961年离婚，财产当时在离婚协议上已做了分割，然而女方并没有在当时拉走财产，在调查笔录中，审判员问女方当时为什么不拉走，女方说我有孩子呢，财产留给孩子。现在因男方将孩子扔在井里而死被判刑了，女方便来要求拿走她的财产。[1]本案中没有介绍信，也没有处理结果，只有问话笔录。这样的案件显然与当时的调解制度无关，而是受制于原告的意识。这也从另一个方面证明了争端没有进入诉讼程序的原因不见得是因为“厌讼”，而是因为担心实质的利益关系受损。

总体来看，1958年和1969年的抽样案件中，除了最短和最长时间外，其余都在一到两年不等，一般都是在经过公社调解仍不能解决纠纷的情况下起诉到法院。甚至有的案子已经调解了多次仍得不到解决。人们对于家庭纠纷一般都是在反反复复地进行调解，尝试平息争端，互相和好，求助法院仍然被看作不得不作出的选择。

（二）1989年与1999年

在中国开始改革开放政策实施已有十余年的1989年，在这一政策影响下的城镇无论是经济还是人们的观念都在发生着变化。在此背景下的1989年的12份抽样案件中，再没有出现如1958年或1969年那样争端发生了8年之后才诉诸法律的案例，最长的为4年。该案系收养纠纷，与其他案件不同的是，该份收养案件已经在1982年诉至法庭判决过一次，但最后还是不能平息争端。养父子之间因赡养问题矛盾频发，期间经过大队多次调解，仍不能解决，最终养父将养子再次告上法庭，要求断绝收养关系，并给予经济补偿。[2]

该案从矛盾的发生到诉诸法律的反反复复的过程来看，当时人们的诉讼观念已经发生了比较大的变化，纠纷的产生到起诉之间的时间比以前大大缩短。加之如前所述，20世纪80年代末期到90年代初期大队公社等的调解功能日益萎缩，在六七十年代作为沟通当事人与法院之间桥梁的作用逐渐消亡，人们从体制上更易于接触到司法；相应地，在观念意识上反映出更加好讼的倾向。

---

〔1〕 永济县1969年永民初字第86号，室编案卷号21。

〔2〕 永济县1989年永民初字第6号，室编案卷号340。

而1999年所抽样的案件中，从纠纷发生到诉诸法律最长的时间为3年，比1989年进一步缩短。该案系赡养案件，年迈的父母要求抱养的儿子履行赡养义务，在要求未果后，诉至法庭。其间也经人调解，但没有提到是大队还是公社，档案中亦没有早期的介绍信出现。该案中被告还请了律师来代理。这一现象表明20世纪90年代末期人们的权利意识进一步提高，但在诉讼观念上并未出现盲目的好讼，而仍然系在万不得已时提起诉讼。这也说明在家事纠纷领域，大多数的人们在90年代末期仍然对诉讼采取了谨慎的态度。

除了最长时间外，1989年和1999年其余案件都保持在一个月至两年左右。其中1999年的一起案件，从纠纷发生到提起诉讼仅一个月时间，系离婚判决生效后一个月对离婚判决后财产的争执。而1989年的一起离婚案件从发生纠纷到提起诉讼仅一个月的时间，之后双方和好撤诉。[1]同时该案中双方当事人都是Y电机厂职工。随着经济的发展，Y县的企业越来越多，城市人口的比重逐渐加大，他们在对待婚姻家庭等纠纷时往往更易诉诸法律。以1999年为例，除了上述一个月的时间外，其余两起结婚两个月后即提起离婚的案件，当事人都是Y县企业职工。这说明城市人比农村人在婚姻家庭纠纷中更不易忍让与妥协，从外在形态上表现出好讼倾向。

以上的抽样研究说明，自中华人民共和国成立以来，因受到传统观念及体制的影响，人们在家事诉讼中对家庭纠纷采取了能忍则忍的态度；但自改革开放后，尽管从纠纷产生到提起诉讼的期间明显缩短，但是基于家事纠纷的复杂特点，人们在诉诸法律前也仍然尽力争取私下和解平息纷争，传统的不愿意破坏人际关系的诉讼文化仍然起着潜移默化的作用。但城市人口的逐渐增多及个人权利意识的增强也在一定程度上瓦解着这种含蓄隐忍的诉讼文化。

三、家事诉讼档案中诉讼道德化的历史考察

诉讼道德化是胡旭晟所总结的中国传统诉讼文化的一个重要特质。它主要是指中国传统审理纠纷的目的，不是法律的实施，而在于平息争端的同时，实现对伦理纲常的贯彻执行，其外在表现是司法判决的道德化。如海瑞就将其判案经验总结为："凡讼之可疑者，与其屈兄，宁屈其弟；与其屈叔伯，宁屈其侄；与其屈贫民，宁屈富民；与其屈愚直，宁屈刁顽。事在争产业，与

---

〔1〕 该案未登记案卷号，档案室登记的室编案卷号为1989年第177号。

其屈小民，宁屈乡宦，以救弊也；事在争言貌，与其屈乡宦，宁屈小民，以存体也。上官意向在此，民俗趋之。为风俗计，不可不慎也。”[1]这段话充分说明海瑞在判案时遇到无法查清的案子时，就按照兄尊弟卑、叔尊侄卑、官绅尊小民卑等伦理原则来判案。然而从另一方面来看，海瑞判案若法律有规定还是依法律来办，只是在存疑时才按照上述的伦理道德。

中国这一传统诉讼文化中的诉讼特质在中华人民共和国成立后有怎样的发展轨迹呢？在讨论之前，有必要澄清的是本文所讨论的诉讼道德化，并非与法律的实施相对立，在解放初期继承、收养等法律都不健全的时候，法官对于案件的处理是依传统道德；在法律制度相应建立起来以后，诉讼的道德化则体现在法官对当事人的说教及判决书上的情理，具体是怎样的发展轨迹，我们将在下文对此进行考察。

（一）审理过程中的劝解

如我们在调查笔录中的考察，从 1949 年开始，司法人员在受理案件后一般都有对双方的劝解之词，如 1954 年的一起离婚案件中，女方诉男方总是打自己，要求离婚，审判员问，那他以后不打你了不离行不行？[2]1955 年的一起离婚纠纷中，法官的劝解话语是：“你们之间并不是说根本不能过，我们的意见还是让他改正错误好好过吧。”[3]此后，类似“让他的领导教育他后好好过下去行吗”或“回去后不能打人”等在 20 世纪六七十年代的卷宗里出现过。但是，这个年代出现的第三者问题，法官在审理时会表现出比较强烈的道德倾向，如 1973 年的一起离婚案，男方检举女方有作风问题，在女方向法院提出离婚时，法官说道：“现在先不要谈离婚问题，你现在应当老老实实地把你的作风问题讲清楚……”[4]该案中的审理法官对此显示出了强烈的道德谴责。

20 世纪 80 年代也出现过长篇大论的劝说话语，如 1988 年的一起离婚案，法官劝说的话语达到 1000 多字，其中除了分析双方的情况外，还说道：“你们应该珍惜你们的婚姻基础，婚姻问题是任何人不能强迫与干涉的，你们还有小孩，如果处理不好，不但造成一代人的痛苦，还会造成小孩一代的痛苦。这要你们好好考虑，要慎重不能轻率……在学法普法中提高法律素质，在法

〔1〕胡旭晟：“试论中国传统诉讼文化的特质”，载《南京大学法律评论》1999 年第 1 期。

〔2〕永济县 1954 年永民初字第 64 号，室编案卷号 295。

〔3〕永济县 1955 年永民初字第 192 号，室编案卷号 623。

〔4〕永济县 1973 年永民初字第 58 号，室编案卷号 77。

律上人人平等……”[1]从劝说的内容和使用的话语来看，多是劝解夫妻双方和好，道德性的话语并不多，同时增加了对法律的宣传。

20世纪90年代之后劝解性话语减少，对于一方当事人提到的第三者等情况基本不会进行调查或询问，或者问当事人有无证据证明，整个审理的过程基本依法进行，传统的诉讼道德化不再出现。

（二）判决书之分析

在对Y县诉讼档案研究的时候，我们发现家事纠纷案件大多采用了调解的形式结案，因而判决书也比较少。因为调解的结案方式决定了调解书中的内容只要不违背法律，双方达成合意即可，因此，无法从中观察出法官审理案件是适用道德还是法律。

我们还注意到，早期的家事纠纷案件法官在判决书中会有人情味的道德性话语，此外还会有依据婚姻法第几条等判决依据，这是在处理婚姻案件时所常用的。从实体上来说，家事纠纷中婚姻问题最多，相应的婚姻法及相关司法解释也最齐全，如1950年婚姻法，及后来的1980年婚姻法和最高人民法院的三次司法解释等。而其他的如继承、赡养、抚养、收养等的法律在早期就没有建立起来，如《继承法》是1985年颁布的，《收养法》是1992年才颁布的，对于1992年之前的收养纠纷，根据最高人民法院1984年发布的《关于贯彻执行民事政策法律若干问题的意见》予以解决，对于早期的收养纠纷，则基本依风俗习惯予以解决。然而法律规定与法官在实践中对法律的适用经常出现背离现象，此外，农村中还有大量的分家等家务纠纷，在现行的法律上是找不到法律依据的，因而本节将把重点放在法官如何处理这类案件上。

对山西省Y县家事诉讼档案进行等距抽样所得的档案资料显示，对于除婚姻纠纷之外的家庭纠纷，在1949~1987年期间，法官在判决书中多依情理、道德等社会及个人的价值判断来作出判决，即使提到法律，也只是含糊其辞地写到依据法律，1980年的案件中还出现了依党的政策。这一时期的判决书中也出现了诸如为便利生产、有益双方等为大局着想的判决依据。

1953年的一起继承纠纷中，法官在判决书中对原被告双方各打五十大板，其中写道：“根据上述事实，经审理调查及群众反映，双方均有不周……本府

[1] 永济县1988年永民初字第178号，室编案卷号290。

为了保障继承自由权和有利双方生产，故依法判决……”该案有明显的中国传统诉讼道德化的痕迹，其平息争端的方式受到传统诉讼文化的影响，法官审理案件的目的是平息争端，同时也有一定的道德判断。但是本案也反映出了20世纪50年代的法官毕竟不同于中国传统的县官，经历过清末到南京国民政府时期再到中华人民共和国的成立，法官已经有了一定的现代权利意识，所以才会出现保障继承自由权云云。虽然1950年的婚姻法里已经有了关于继承的规定，但审理案件的法官在判决时还未作为判案根据，显见当时的审理目的并非在于法律的实施，法官虽然有了一定的权利意识，但法律意识尚未建立。

从1988年一直到1999年，所抽样的案件中法律条文作为明确的判案依据被写入了判决书，同时鉴于家庭纠纷案件的伦理性，在有些案件中法官直接将道德要求等词语写入了判决书，如在一起关于夫妻之间的抚养纠纷中，法官在判决书中写道：“被告在原告患病期间，理应尽夫妻互相扶养之义务，给原告以温暖和照顾，但被告却拒绝继续为原告看病，不符合社会主义道德要求和法律规定……”（1997-751）类似的语句在赡养案件中也有，“尊老爱幼是中华民族的传统美德”等语句比较常见。然而在所抽样的判决书中，不再像1988年以前没有具体的法律依据，实体法的规定在判决书中被明确引用。这一方面归功于最高人民法院对判决书形式的统一要求，另一方面也与20世纪90年代初期法官法律意识的提高有关。

传统的诉讼文化中的诉讼道德主义在家事纠纷中的痕迹越来越少，法官在调解中少用劝解性的话语即为体现之一。法官审理案件的目的除了平息纠纷外，还要考虑到法律的实施，尽管法律体现了最低的道德要求，然而，考虑到家事纠纷所涉及人群的复杂情感因素，以及判决书公开后的宣传与教育意义，家事纠纷的判决书中应辅之以基本的道德说教，甚至可以考虑20世纪50年代时法官各打五十大板的做法，以符合家事纠纷中是非难断的境况，作出令双方心服口服的易于执行的判决。从这个意义上来看，传统的诉讼道德主义在家事纠纷的解决中仍有一定的意义。

四、家事诉讼档案中诉讼低程序化的历史考察

诉讼低程序化是胡旭晟所总结的中国传统诉讼文化的另一个特质。所谓诉讼低程序化实际上也就是我们通常所说的重实体轻程序的传统。如胡旭晟

所说，中国传统社会对于民事关系的调整，主要不是依靠司法程序，而是大多付诸社会组织的自我调处，这是古代民事诉讼的基本特点。同时，低程序化还表现为：在庭审中，先依次个别询问原告、被告及相关的证人；如各执一词，则让他们对质，若仍然不服，最后实施刑讯拷打。[1]对此，笔者深以为然，也因而在此基础上思考中国传统的诉讼低程序化在中华人民共和国成立之后经历了怎样的变迁？在实践中又有着怎样的表现？这是本节所希望着重讨论的内容。

从立法上而言，我国第一部民事诉讼法试行稿颁布于1982年，正式的民事诉讼法则于1991年颁布，而对Y县诉讼档案的研究发现，山西省Y县法院在实践中正式开始运行民事诉讼法规定的庭审制度始于1992年，但是直到1994年之后才逐渐全面展开。在此之前，从中华人民共和国成立以来，庭审方式皆延续了传统的询问各方当事人的方式，同时又结合了进行实地调查，参考群众意见的马锡五式的审判方式，可见，当时的诉讼文化仍然继承了传统的诉讼低程序化，更注重实体法及对客观事实的追求。

这种状况一直持续到民事审判方式改革开始，第一部正式的民事诉讼法颁布后，实践中才开始进行了重视程序法的改革，因此中国传统的诉讼低程序化也至此开始有了变化。1994年开始，家事纠纷案件一般都会进行正式的公开的开庭审理，在审理过程中各个环节都不可缺少，人们传统的诉讼低程序化的观念开始改变。

但是，这种改变却是非常缓慢的，它表现在人们有选择性地跳过某些程序，暗示了传统诉讼文化根深蒂固的影响。我们知道，审判方式改革后，正式的开庭审理程序一般都包括了核对当事人身份、法庭调查、法庭辩论、最后陈述几个环节。1994年的山西省Y县的家事诉讼档案中，共抽样12份案卷，进行开庭审理的有三份，三份皆没有法庭辩论。法院给予双方进行法庭辩论的权利，然而双方都放弃了。这种现象一直持续到1999年并无改观。

家事诉讼中的当事人为什么放弃法庭辩论，或只是形式性地说几句？这恐怕正是传统的诉讼低程序化的直接反映。这种传统的诉讼文化一方面使当事人意识不到自己在程序上的权利，另一方面传统的讯问式庭审方式也让当事人在法庭上不能感受到自己的地位。

此外，对于缺席审理的案件，法官通常会说，因被告缺席，无法辩论，

---

〔1〕 胡旭晟："试论中国传统诉讼文化的特质"，载《南京大学法律评论》1999年第1期。

法庭辩论结束云云。然而现代学过民事诉讼法的人都知道，法庭辩论是法律赋予原、被告双方的权利，原、被告双方都有权在此制度下发表自己的看法，并不能因为被告未到庭而剥夺原告的辩论权。但是，按照通常的理解，辩论在两个人之间才能进行，一个人何谈辩论，所以无论是当事人还是法官，都没有意识到法庭辩论中所赋予的权利。这种现象也是传统诉讼低程序化的间接反映。同时，也反映出我们虽引进了西方的民事诉讼法制度，但其制度背后蕴含的法理和文化观念在我国民众中并不会先天存在，它需要后天的培养和训练。

这种情况不只 Y 县法院独有。在一篇关于庭审笔录的审查报告的文章中提到：我院缺席审判的庭审笔录问题较多，如因当事人未到庭，审判人员便省略去法庭辩论和最后陈述，法庭调查结束后，就休庭了，甚至在法庭调查结束后，笔录里明确记载“因为被告缺席，其放弃了辩论和最后陈述的权利，应该自行承担相应的法律责任，本案宣判日期另行通知”。按照《民事诉讼法》的规定，被告缺席并不影响案件的审理，即对审判人员庭审步骤的要求是一样的，同样应该在法庭上对案件事实、证据、诉讼请求等进行审理、确认。被告未到庭也不影响原告发表辩论意见和最后陈述的权利，只是在被告发言时注明缺席而已。从某种意义上讲，由于没有被告的质证和反驳，审判人员更应该对案件事实、原告的请求、提供的证据等作严格审查。〔1〕

综上所述，传统诉讼文化中的诉讼低程序化观念影响着当事人以及法官在实践中的司法活动。尽管我们已经引进了西方的诉讼法律制度，但在观念层面真正意识到程序法的意义及相关权利仍然需要时间。

五、结　论

诉讼文化虽然具有抽象化的特点，但是通过它的具体特征仍然能把握到它的发展脉络，本文即进行了这样的尝试，以 Y 县家事诉讼档案的考察为基础，分别从人们诉讼观、诉讼中的诉讼道德化体现，以及诉讼低程序化等几个方面发现它的变迁轨迹。

对人们的诉讼观考察显示，自 1949 年以来，家事纠纷中的诉讼当事人在观念上仍然对诉讼持保守态度，从纠纷的产生到提起诉讼所用的时间最短的

---

〔1〕 张冬：“民事案件庭审笔录存在的问题与对策”，载 http://www.legalinfo.gov.cn/index/content/2010-09/02/content_2270597.htm? node=7879，最后访问日期：2011 年 12 月 26 日。

也在 10 个月左右，这也证明了家事纠纷所涉关系的复杂性。

鉴于家事纠纷特殊的人身属性和情感因素，毛泽东时代马锡五式的审判方式中常见的劝导性话语，随着司法审判改革的进行，逐渐退出了历史舞台。目前西式的强调法官中立的当事人主义审判方式中，法官对家事纠纷的调解也出现了形式化趋势，这一切都在一定程度上证明了传统诉讼文化中诉讼道德化的衰落。

与此不同的是，传统诉讼文化中的诉讼低程序化却在实践中支配着法官及当事人的行为，法庭辩论环节的虚设和缺席审理中对原告辩论权的剥夺都是这一诉讼文化影响的直接结果。

以上对山西省 Y 县家事诉讼档案的考察也显示，一项诉讼制度的引进必须考虑到本土诉讼文化的影响，在传统的诉讼文化的道德化较强，人们诉讼观念较弱及诉讼低程序化等现象仍然存在的情形下，如何使外来制度在本土有效运行或怎样进行相应调整以有效发挥其制度功能仍是我们需要持续研究的课题。

宪法与行政法

政法委员会和司法机关的关系解读

——以中国司法传统的制度安排为研究视角

聂　铄*

摘　要： 法学研究不应该远离司法实务，陶醉于所谓研究成果之中而罔顾中国的现实情况是不值得推崇的研究态度。因某种制度存在一些缺陷和问题，就贸然呼吁废除或取消，亦并非理性的做法，且很有可能会造成更大的混乱，与初衷背道而驰。今日之中国司法，依然没有彻底摆脱传统司法的影响，体制建设依然不够完整成熟，各政法机关之间的制衡与协作并不完善；司法机关相较于行政机关（党政机关）依然处于弱势地位，难以有效抵御干扰；司法机关的内部监督和外部监督制度并未发挥应有的效果，司法不公降低了公众对社会正义的期望，影响了法治社会的进程。在这种情况下，政法委员会制度必将长期存在，并发挥重要作用。

关键词： 政法委员会　司法机关　司法传统　综合治理

传统是历史传承下来的思想、文化、道德、习俗、艺术、制度和行为。它对人们的社会行为产生了无形的影响和控制。传统的力量和强大在于其无形的影响和控制作用。我们常常以为中国的现代化必须反传统，必须从传统的桎梏中解放出来，甚至必须埋葬传统，但很遗憾的是，当我们在欢呼现代化的时候，却不知晓看似已深埋在坟墓里的传统，可能依然以我们不曾察觉的方式统治着我们。中国人所喜爱和欣赏的处事方式，中国人所遵循的生活准则和价值判断，由此而设计的国家制度和政治制度，以及潜藏在表层制度之

* 作者简介：聂铄，汕头大学法学院副教授、法学博士。

内的政治文化和法律文化，都对中国的司法传统起着至关重要的作用。对司法传统的利用和改造是司法现代化的基石，现代化的司法制度发源于传统，也必然受着司法传统的影响。在当代中国的政治治理中，极具中国特色的中国共产党党委政法委员会（以下简称政法委员会）是不可回避的存在，其与司法机关和司法传统的关系从理论到实践都是无法割裂的。

一、政法委员会遭遇的挑战

20世纪80年代，中国共产党提出政治体制改革，主张“党政分开”，旨在将中国共产党和政府的职能分开，以期实现社会主义民主政治。自此，从中央政法委员会到地方政法委员会的角色和职能，在较长时间里受到学界的挑战和质疑，改革政法委员会甚至撤销政法委的声音持续不断。有专家和学者认为，应该撤销政法委员会，其主要理由是认为政法委员会在理论和实践中并未真正落实党对政法工作的领导，反而使之弱化，且与法治原则相冲突，因此，应该废除政法委员会。〔1〕在主张改革政法委员会的研究中，有学者主张撤销地方各级政法委员会，只保留中央政法委员会，从宏观上领导管理政法部门和政法工作。〔2〕也有学者建议，应该从取消协调办案制度入手，从根本上改革政法委员会的职能，认为政法委员会干涉个案与“司法独立”相抵触。有学者则建议政法委员会的协调办案模式应该从个案干预模式转变为宏观协调模式。〔3〕当然，更多的学者认为，在我国的政法传统、司法实践和政治治理等方面，政法委员会都起着其他组织或机关不可替代的作用。〔4〕尽管

〔1〕 主张撤销政法委的学者主要有郭道晖、周永坤等。如郭道晖《实行司法独立与遏制司法腐败》一文主张在中央设立中央法治工作领导小组，将法治工作统一由这个党中央机构领导，取消现有的中央政法委和地方各级政法委；周永坤在《政法委的历史与演变》一文则认为党委政法委体制弱化了党对政法工作的领导，政法委员会与法治理念不合，成为“超级法院”，主张彻底撤销政法委员会，废除政法委员会制度。

〔2〕 主张改良政法委员会制度的学者主要有汪建成和崔敏等。如汪建成在《应改革政法委对司法的领导方式》一文中提出保留中央政法委员会，取消地方各级政法委员会的观点；崔敏在《论司法权力的合理配置》一文中主张废除政法委员会协调办案制度，建议撤销各级政法委员会，改善党对政法工作的领导方式。

〔3〕 主张从案件协调办案制度入手改良政法委员会的学者主要有江平、侯典丽等。如江平在《政法委及公、检、法相互关系的改革》一文中认为政法委员会不应干涉个案，综合治理等政府的职责不应该由政法委员会取代，以保证司法公正。

〔4〕 如汤维建在《论中央政法委对民事司法改革的领导》一文中指出，由中央政法委员会主导的民事司法改革看似走回头路，实则是党为了纠正民事司法改革的一些错误而作出的艰苦努力。政法委员会领导司法改革，更具中立性、宏观性和全局观念，符合中国的国情需要。

争议较大，但有一点是学者们的共识：那就是在主张撤销或改革政法委员会的同时，所有研究和论述都并不否认中国共产党对司法工作、政法工作和法治建设的绝对领导。

“一种制度得以长期且普遍地坚持，必定有其存在的理由，即具有语境化的合理性，因此首先应当得到后来者或者外来者的尊重和理解。”〔1〕政法工作是党和国家工作的重要组成部分，是党领导政法部门，依法执行专政，管理和服务职能的重要途径和手段。党委政法委是党委的职能部门，是政法工作的管理者，是实现党对政法工作领导的重要组织形式。〔2〕从历史考察的角度而言，政法委员会作为一个组织机构，负载和传承着新中国的政法新传统；从中国实践的角度而言，中国共产党在中国特色社会主义建设事业中的领导地位是在长期的革命、建设和改革中形成的，它必然也领导着中国法治建设事业。但是检视现实中的实践状况，当代的政法新传统和法治实践并没有实现完全的契合，且在司法体制改革的背景下，更凸显其理论认识的模糊和实际运行的困境。中国共产党对政法工作的领导，主要是通过政法委员会来实施的，在坚持中国共产党领导地位和建设社会主义法治国家的前提下，取消政法委员会并不会解决现实中存在的问题，政法传统没有发生嬗变前，依然会有其他的领导政法工作的类似机构替代之。因此，政法委员会是当代中国法治建设实践和法治理论研究中政治学和法学都必须面对的关键问题。

2014 年 10 月中国共产党十八届四中全会审议通过的《关于全面推进依法治国若干重大问题的决定》（以下简称《决定》）明确回应了学界的争论和质疑：“政法委员会是党委领导政法工作的组织形式，必须长期坚持。”各级党委政法委要集中力量抓好政治方向，协调政法工作，统筹兼顾政法单位职能，建设政法团队，依法监督和维护职责，营造公平的司法环境，率先依法办事，确保宪法的正确实施。《决定》要求，政法机关党组织必须建立健全党委重大问题报告制度，加强政法机关党建工作，充分发挥党组织的政治保障作用。十八届四中全会《决定》明确表示：政法委这一中国特有的机构和中国法治建设中特有的制度，不仅会长期存在，而且会进一步加强。2019 年 1 月，中共中央印发的《中国共产党政法工作条例》（以下简称《条例》）再次强调：“党中央对政法工作实施绝对领导，决定政法工作大政方针，决策部

〔1〕 苏力：《送法下乡》，中国政法大学出版社 2000 年版，第 90 页。

〔2〕《中国共产党政法工作条例》第 3 条。

署事关政法工作全局和长远发展的重大举措，管理政法工作中央事权和由中央负责的重大事项”。[1]因此，学界取消地方各级党委政法委员会的建议已经被证实是不现实的。党委政法委必将在政法部门和政法工作中发挥更为重要的作用。为了加强和改进党对司法工作的领导，完善中国特色社会主义司法体系，推进国家法治建设，建构新时代中国特色社会主义思想，都有必要对政法委员会与司法机关之间的关系进行深入的实践探索和理论研究。

二、政法委员会与司法机关相关的职能

在纷纷扰扰的争鸣讨论中，政法委员会的发展并没有因此而停止不前。从1990年恢复各级党委政法委员会以来的发展演变来看，政法委员会无论是自身建设还是政治职能、思想职能、组织职能和法律职能上，都逐渐制度化和规范化。政法委员会的地位不仅没有被削弱或者彻底消失，反而更具独立性。2019年中共中央印发的《条例》对党委政法委进行了明确的定位：“党委政法委员会在党委领导下履行职责、开展工作，应当把握政治方向、协调各方职能、统筹政法工作、建设政法队伍、督促依法履职、创造公正司法环境，带头依法依规办事，保障宪法法律正确统一实施。”[2]

第一，政法委员会是政法机关的主管部门，是各级党委领导、管理政法工作的职能部门。

1990年恢复中央政法委员会之后，政法委员会的性质被定位于“主要对政法工作进行宏观指导和协调，当好党委的参谋和助手，切实负起对所属的公安、安全、司法部门业务工作的领导责任，以保证法院、检察院依法独立行使审判权、检察权，充分发挥政法部门的职能作用”。[3]政法委员会的地位则是党的工作部门。1994年3月12日中共中央办公厅印发的《中共中央政法委员会机关职能配置、内设机构和人员编制方案》明确规定，将中央政法委员会的性质定位为党中央领导政法工作的职能部门。[4]政法委员会从党的工作部门变为党的职能部门并非只是文字上的差异。中国共产党的工作部门是指按照一定标准对党的工作进行分解和分类，并以此为依据建立的负责中国

---

〔1〕《中国共产党政法工作条例》第7条。

〔2〕《中国共产党政法工作条例》第12条。

〔3〕1990年3月6日《中共中央关于维护社会稳定加强政法工作的通知》，载中国社会科学院等编：《中国共产党党内法规制度手册》，红旗出版社1997年版，第687页。

〔4〕林中梁：《各级党委政法委的职能及宏观政法工作》，中国长安出版社2004年版，第76页。

共产党某一方面事务的机构。党的职能部门则是在党的统一领导下，负责领导和管理某一方面事务并相对独立行使该方面权力的机关。从工作部门演变成为职能部门，政法委员会的独立性增强了，地位提升了，权力充实了，发挥作用的领域更为广泛了。政法委员会对司法部门业务工作的领导也随之加强了。

第二，政法委员会与同级司法机关的关系是领导与被领导关系，从宏观上统一组织领导政法工作。

1990年后中共中央调整了中央政法委员会的职责任务，其中第4项职责为“指导社会治安综合治理，对极个别有重大影响的、政策性特别强的或者重大争议的疑难案件，协调有关部门的意见，具体办案由各部门依法各司其职”。〔1〕虽然，中央对政法委员会的要求依然是“对政法工作进行宏观指导和协调”，但因社会治安综合治理的需要，政法委员会与1991年3月成立的社会治安综合治理委员会合署办公，而“对极个别……疑难案件，协调有关部门的意见”表明，政法委员会的“宏观上指导和领导政法工作”已在逐渐转向“微观上”指导、领导或协调“极个别疑难案件”，政法委员会与其领导管理的各政法部门的领导与被领导关系，不再只是政治上、思想上、组织上的领导，还包括“个案”上的领导。这也正是政法委员会制度备受争议之渊薮。

第三，政法委员会与司法机关相关的具体职能进一步充实。

1990年中央政法委员会和地方各级政法委员会逐步恢复重建之后，虽然仍然贯彻党政分开的原则，但政法委员会的职权一直在不断扩张。1990年恢复政法委员会时，中央政法委员会的职能被调整为五项；1994年3月中央政法委员会的主要职能扩充为七项；1995年6月中共中央再次调整各级党委政法委员会的职能，使其上升至十项，新增的三项职权为：“督促、推动大要案的查处工作，研究和协调有争议的重大、疑难案件”，“组织推动社会治安综合治理工作”和“研究、指导政法队伍建设和政法各部门领导班子建设，协助党中央和中组部考察、管理中央和地方政法部门的有关领导干部”。〔2〕第一项在实践中逐渐演变为地方政法委员会直接介入个案，在此后的一段较长的

〔1〕 林中梁：《各级党委政法委的职能及宏观政法工作》，中国长安出版社2004年版，第687页。

〔2〕 转引自吉敏丽：“论中国共产党对政法工作的领导”，载《甘肃政法学院学报》2011年第4期。

时间，政法委员会直接介入案件，成为事实上的“准司法机关”；后两项将公检法各政法部门纳入社会治安综合治理的范畴，掌握地方政法部门的人事权。

1991年3月中共中央决定成立中央社会治安综合治理委员会，其主要职能是协助党中央、国务院领导全国社会综合治理工作，与中央政法委员会合署办公，扩充了政法委员会在社会综合治理方面的职能。此外，为维护社会稳定，中央还成立了中央维护稳定工作领导小组。这是中共中央委员会的议事协调机构之一，在中央政法委员会机关办公。“维稳”成为政法委员会另外一项重要的职权。综治和维稳都与司法机关有着密不可分的联系。

第四，政法委员会在司法体制改革中居于主导地位。

十一届三中全会以来，从我国的法制体系恢复和重建起算，我国的司法改革大致可以分为四个发展阶段。〔1〕在长达30余年的司法改革中，政法委员会主要起着以下几个方面的作用：第一，中央政法委员会负责主持中央司法体制改革领导小组的工作。第二，在司法体制改革的过程中，政法委员会领导着司法体制改革的具体工作。第三，政法委员会协调司法体制改革中司法机关与其他机关以及司法机关间的相互关系。深化司法体制改革，完善司法制度，建设政法队伍是政法委员会在现阶段的重要职能与工作重点。

司法体制改革并非司法机关的内部改革，而是政治体制改革的一个重要部分。要建立完善的中国特色社会主义法治体系，必须深化司法体制改革。因此，在司法体制改革中，协调司法机关和其他机关间的相互关系，保证司法体制改革中的人、财、物合理分配和流动，是政法委员会重要的工作内容。统筹整个政法工作，协调检察机关和审判机关之间的配套改革，同样是政法委员会必不可少的工作。因此，政法委员会在司法体制改革中始终居于主导地位，也是司法体制改革达到预定目标的保证。

三、政法委员会与司法传统

任何国家的司法制度和司法传统都必然是与其特有的经济发展状况、政

〔1〕 第一阶段：20世纪80年代，我国就开始了以强化庭审功能、扩大审判公开、加强律师辩护、建设职业化法官和检察官队伍等为重点内容的审判方式改革和司法职业化改革。第二阶段：从2004年开始，我国启动完善司法机关的机构设置、职权划分和管理制度，健全权责明确、相互配合、相互制约、高效运行的司法体制。第三阶段：从2008年开始，我国启动了新一轮司法改革，司法改革进入重点深化、系统推进的新阶段。第四阶段：2014年6月6日，中央全面深化改革领导小组第三次会议审议通过了《关于司法体制改革试点若干问题的框架意见》，标志着我国新一轮的司法体制改革正式启动。

治传统和文化观念相适应的，绝对普遍适用的司法制度和司法理念是不会存在的。在中国经济和政治转型，深化司法体制改革的大背景下，重新检视和反思我国司法领域中一些长期通行的做法和制度非常必要。中国政法机构的制度设计和安排与中国的司法传统有着莫大的关系。中国司法传统并非传统司法，不是指传统礼法文化下的“行政兼理司法”模式，更不是分权与制衡的西方司法模式。中国司法制度所受的影响因素包括了欧洲大陆法律传统、社会主义苏联的法律传统、中国法律传统。在中国共产党领导下的中国革命和中国建设也有着独特的革命理念和经验。这些因素的结合形成了独具特色的中国政治治理模式，政法委员会正是这种制度的载体。

（一）司法与政治的关系：司法是政治的一部分

由于相对封闭的地理环境和农耕文化的特点，中国古代选择了中央集权的政治制度。在整个古代时期，中国的司法制度呈现出与西方截然不同的特色，从来没有司法与行政分离或相对独立的制度设计和安排，没有所谓司法独立的观念，司法权威不是来自司法独立或司法中立，而是来自中央集权的国家权威、施政者权力的正当性和合法性。司法从来都是国家政治的一部分，因此，“行政兼理司法”是国政的需要和必然。

中央政法委员会有两项重要的职能，一是根据党中央的路线、方针、政策和部署，统一政法各部门的思想和行动；二是协助党中央研究制定政法工作的方针、政策，对一定时期内的政法工作作出全局性部署，并督促贯彻落实。[1]从这两项职能很容易看出，政法委员会代表着党中央，从政治的高度对司法部门进行领导。虽然不能直接说政法委员会就是国家政治机关，但从制度安排和现实运作中，政法委员会代表的是党的领导，也就是国家的政治。

当然，任何制度安排从不同角度不同层面去考察会得出不同的，甚至是截然相反的结论，这并不奇怪。站在司法独立的角度看政治和站在政治运作的角度看司法，同样会得出不同的司法与政治关系。司法诞生于政治，在所有国家的不同发展时期，司法都是国家政治的重要组成部分，仅从某个角度

〔1〕 根据1994年3月12日中共中央办公厅下发的关于印发《中共中央政法委员会机关职能配置、内设机构和人员编制方案》的通知（厅字〔1994〕9号）、1995年6月7日中共中央办公厅下发的关于转发《中共中央政法委员会关于加强各级党委政法委员会工作的通知》的通知（厅字〔1995〕28号）和1999年4月15日的《中共中央关于进一步加强政法干部队伍建设的决定》（中发〔1999〕6号），中央政法委员会有十项职责。

去分析司法与政治的关系，无疑会得出片面的结论。彻底独立于政治的司法是不存在的，司法与政治两者之间有着或明或暗的联系，彼此相互影响、相互作用。司法本身就是政治的产物，司法是政治过程的一个重要环节，司法权是政治权力的组成部分，司法承载着重要的政治职能。政治指导思想和法制指导思想决定了司法运作和司法活动的原则。司法权的正常运作必须依靠政治力量的支撑和保障，离开政治权，司法权无法自我运行。当然，司法作为政治的组成部分，也必然会对政治产生较大的反作用力。国家性质、政权结构、政治体制、政党利益等都会不同程度地受到司法的影响。

政法委员会领导司法机关的工作，管理司法机关主要领导干部的制度是一项极具中国特色的制度。“在中国，党、政对司法的影响是历史构成的，已是一个既成事实，那么不论你喜欢与否，政党都是这个司法制度得以运转的一个重要的构成，如果要有效地改革司法，你就必须直面它。”〔1〕长期以来，在我国的党政权力与司法机关关系实践中，有一套独特的制度安排和权力运作技术，用来界定、协调司法与党政权力的关系，被称为“政法传统”或“政法治理”。政法传统无形的影响和控制力量，从始至终贯穿于新中国的法律理论与实践。〔2〕政法委员会制度就是政法传统或政法治理最为典型的表达方式。虽然政法委员会制度并不是宪法和法律明确规定的一项正式制度，但它是中国共产党在长期的实践中领导司法工作的制度。政治传统在中国社会发展的不同阶段呈现出不同的特色，但其最基本的含义却是不变的，那就是强调司法必须服从并服务于政治，这也成为我国司法实践的重要特征。在政法传统中，以政治为中心仍然是司法与政治权力之间关系的基本准则。

（二）人民司法理念：走群众路线

与西方司法官员应保持中立和被动的理念不同，传统中国没有设计司法独立和中立的原则，也没有安排司法官员保持消极中立的制度。受中国传统司法理念的影响，中国共产党把革命实践与社会主义苏联的法律传统相结合，产生了司法为民，走群众路线的人民司法理念，并将这一传统发扬光大，成为新时代的司法工作的出发点和落脚点。像孟德斯鸠所说的“法官需要冷静，

---

〔1〕 苏力：“中国司法中的政党”，载《法律和社会科学》（第1卷），法律出版社2006年版，第283页。

〔2〕 徐亚文、邓达奇：“‘政法’：中国现代法律传统的隐性维度”，载《河北大学学报》（哲学社会科学版）2011年第5期。

对一切诉案多多少少要冷漠无情”〔1〕，是完全不适合中国的司法传统的。新中国的司法制度设立的初衷就不是“冷漠无情”的司法机关和“深居简出”的司法官，而是积极主动、深入基层、送法下乡、方便群众的政法机关和政法干警。这种司法传统理念所形成的制度安排必然使得政法委员会制度应运而生，并成为领导司法机构的力量。

我国的司法机关和司法人员不仅要承担司法办案工作，还要承担许多非司法性政治工作，比如参与社会综合治理，为经济建设保驾护航，等等。这些工作具体包括的内容比较琐碎，如宣传法制教育，去中小学和公司单位上普法课，举办“法制进校园”“法制进社区”等宣传法制的活动；又如参加抢险救灾扶贫等专项活动；还会参与维持治安、创文创卫等当地宣传实践活动等。各级政法委员会的思想领导，统筹安排是司法机关和司法人员互助协作完成这些非司法工作的保证。

方便群众诉讼，依靠群众办案，是中国传统司法的特征。从召公经常在甘棠树下听老百姓诉讼，〔2〕到包青天深入民间解决疑难案件，中国古代文献记载和民间传说里描绘着司法官员深入基层办案的生动故事。至于“拦轿喊冤”和“击鼓鸣冤”的演义，则颂扬着方便群众诉讼，积极主动审理冤案的清官故事，这些无不传递着中国司法传统的独特发展信息。陕甘宁边区便利人民群众的马锡五审判制度，则是中国共产党在革命实践中总结出来的，与传统司法制度相契合的群众路线审判方式，这是对传统司法的继承和发扬，也成了新中国的司法传统。深入群众之中办案，就必须简化诉讼程序，在诉讼过程中尽量少使用法律专业术语，以利于人民司法理念的贯彻。传统司法活动中，专业“讼师”常常被人厌弃，被认为是挑拨是非的“讼棍”，以唆使他人诉讼而从中获利。中国古代的司法官员亦非专业人员，他们是通过科举考试的“文人”，是或浪漫奔放或婉弱柔情的“诗人”，但无需任何法律专业知识背景或专业考试，因此，在司法传统上，对司法官的专业要求并不严格。20世纪80年代开始的司法改革，在司法人员专业化方面取得较大的成就，成功地对“非专业化”的司法传统进行了改造，但在简化诉讼程序，方

〔1〕 转引自何永军：“人民司法传统的表达与实践（1978~1988）”，载《司法》2008年第3期。

〔2〕《史记·燕召公世家》有云：“召公之治西方，甚得民兆和。召公巡行乡邑，有甘棠，决狱政事其下，自侯伯、庶人，各得其所。无失职者。召公卒，而民人思召公之政，怀棠树，不敢伐，歌咏之，作甘棠之诗。”

便群众诉讼方面却相对脱离国情，尤其是推行以强调当事人举证责任为主要内容的民事审判方式改革，硬性割裂了司法传统，并未取得预期的效果，反而造成了更多的上诉和再审案件。[1]“有理走遍天下”的重实体轻程序的司法传统同样与司法为民的人民司法理念一脉相承。解决人民群众的实际问题和困难，是我国执政为民思想的重要体现，也是中国共产党最基本的思想方法和工作方法。2012 年 2 月 4 日中央政法委员会出台的《关于处理上访人员的要求规定》明确规定，在打击处理违法上访时，首先要做到的是：“不管上访是否有理，只要有实际困难都要解决在先。”[2]各级司法机关都设有“信访大厅”“信访中心”等方便群众联系的部门，可以更为快捷便利地为群众服务，解决群众的困难和问题。政法委员会的个案协调职能设计，其初衷是为了实现案件审理的“实体正义”，为了解决群众的现实困难。

中国的司法传统使得中国的司法机关和司法人员不同于任何西方模式，也并不完全等同于社会主义苏联模式，因此，运用西方的司法原则来解释中国的政法体制，是无法得出客观且符合实际的结论的。从某个角度而言，甚至是不公平的。中国的司法机关不只是具有解决案件和纠纷的职能，它承担着很多的政治和社会责任。政法委员会作为司法机关的领导，不仅仅在政治上进行领导，在思想上、组织上也都进行领导。因此，脱离整个政治体制框架和政治传统来探讨其中某一制度的合理性、必要性和存废问题，是无法得出有建设性的结论的。

（三）对司法的外部监督

司法机关的运作是一个相对封闭且专业知识要求较高的过程，因而，对其实施外部监督是有困难的。即使在西方的三权分立权力制衡体系下，司法机关、司法人员和裁判过程的外部制约也是比较薄弱的环节。“如一人独断，必至生乱”[3]，中国古代并不认可司法机关独立审判的价值，司法官独立办案不被认为是公正的保障，反而可能因司法腐败或专权擅断而导致冤假错案的发生，因而，许多朝代都规定，遇到重大特殊疑难案件时由若干部门的官员会同审理案件，此制度被统称为“会审制度”。最为著名的会审是清代的秋

〔1〕参见汤维建：“论中央政法委对民事司法改革的领导”，载《山东警察学院学报》2011 年第 4 期；何永军：“人民司法传统的表达与实践（1978~1988）”，载《司法》2008 年第 3 期。

〔2〕中央政法委员会《关于处理上访人员的要求规定》第 1 条。

〔3〕《大清太祖高皇帝圣训》卷一。

审和九卿会审（圆审）。在清末变法之后，古代会审制度从制度安排上已经消失了，但不信任司法机关和司法官的独立判断能力的观念对司法传统产生的影响并没有消失。与西方的司法官独立裁判案件的体制不同，我国的审判机关和检察机关都设立了审判委员会和检察委员会，其作用是讨论重大的或者疑难的案件，其目的是保障司法实体公正，减少司法腐败。虽然审判委员会制度和检察委员会制度是司法机关的内部监督机制，但其中依然可以寻找到受司法传统因素影响的印记。在当前其他外部监督方式流于形式和虚化的状况下，司法不公加剧了普通群众对司法机关公正性的担忧，影响了司法的权威性，政法委员会作为司法机关的领导机构，监督司法机关和司法活动，满足了群众的需求，是不可或缺的外部监督力量。

四、结　语

当我们解读某项制度时，无需掩饰，我们会对该制度存在的必然性和合理性进行解释，对它的存在及发展表示理解，但这并不等于我们刻意抹掉它的缺陷和错误，更不等于我们接受它的一切。但因某种制度存在一些缺陷和问题，就贸然呼吁废除或取消，并非理性的做法，且很有可能会造成更大的混乱，与初衷背道而驰。我们应该继承中国司法传统中的合理性因素，结合中国的发展和现实，创造性地赋予其新的活力。在司法传统和政法体制的基础上建设法治中国，是我们不得不面对的实际和必须经历的过程。既然无法跨越，就应该冷静思考，寻找合理而可行的路径。

中国对安全稳定的需求与其他国家不同。维护社会稳定是中国政府压倒一切的目标，形成了维稳体制。一方面，维稳成为政府部门的首要任务，日常工作也要给维稳让路；另一方面，维稳工作也相当制度化，政府会运用各种方式来杜绝不稳定因素，包括借助司法实践。保障人权，限制公权是理想法律制度的目标，但现实的重点却是要打击犯罪，维护社会秩序，这是经济快速发展中的中国不得不面对的状况。在维稳体制和现实状况的要求下，作为推动社会治安综合治理工作领导者的政法委员会，在维稳中起着其他机构无法替代的作用。

法学研究不应该远离司法实务，陶醉于自己的所谓研究成果之中而罔顾中国的现实情况是不值得推崇的研究态度。今日之中国，体制建设依然不够完整成熟，各政法机关间的制衡与协作有待于进一步完善；司法机关相较于行政机关依然处于弱势地位，难以有效抵御行政机关的干扰；司法机关的内部监督和外部监督制度并未发挥应有的效果。在这种情况下，政法委员会制度还将在一定阶段内长期坚持，这是政治底线，是不争的现实。因此，我们可以得出如下几点结论：

第一，政法委员会的存在有着历史与实践的必要性，中国司法活动必须坚持和加强党对司法工作的绝对领导，做好新时代党的司法工作，必须坚持政法委员会的领导、协调与监督。

第二，在司法改革、社会综合治理等重大司法领域内，政法委员会将继续起着重要作用，是司法改革的领导者和实际决策者，确保社会稳定的核心力量，对法治中国的建立起着不可替代的作用。

第三，政法委员会作为一种外部力量对司法活动进行监督，保障司法机关依法履行职责，对现阶段的中国司法环境和司法状况而言，是一种为民众所习惯和接受的方式。

“一国两制”的司法践行：内地与香港法院互相承认与执行仲裁裁决的理论与实践探析

古俊峰*

摘　要：在“一国两制”的基本制度安排下，内地和香港法院在互相承认与执行仲裁裁决方面虽无法适用《纽约公约》，但两地在《香港特别行政区基本法》的框架下通过协商达成了安排，比照《纽约公约》制定相互承认与执行仲裁裁决的制度。由于两地的仲裁法律制度和法律文化存在差异，在相互承认与执行的实践中仍然面临不少挑战。然而差异的存在也正是相互学习与深化交流的机会，各具特色的法律制度与理念也必将为仲裁制度的共同进步带来不竭源泉。香港可以学习内地的仲裁与调解相结合制度，内地则可在仲裁制度的性质、仲裁观念的国际化方面多借鉴香港的做法，这不仅能够促进两地仲裁事业的不断发展，更能为“一国两制”的司法践行树立标杆。

关键词：“一国两制”　仲裁　承认与执行　制度趋同

一、“一国两制”下内地与香港特区互相承认与执行仲裁裁决的法律依据

1997年香港特区回归祖国之前，香港与内地相互视对方法域内产生的仲裁裁决为外国仲裁裁决，对其依据1958年《关于承认和执行仲裁裁决的纽约公约》（以下简称《纽约公约》）予以承认与执行。[1] 香港特区通过《香港仲裁条例》中的相关条款来履行《纽约公约》下的义务，而内地则是根据原

---

* 作者简介：古俊峰，汕头大学法学院讲师。

〔1〕 英国是《纽约公约》缔约方，1977年我国香港地区以所谓“英属领土”而适用该公约；而中国于1986年加入《纽约公约》。

《民事诉讼法》第 269 条和相关司法解释予以履行。

1997 年 7 月 1 日香港回归祖国以后，内地与香港间相互承认与执行仲裁裁决的法律依据发生了明显变化。在《香港特别行政区基本法》（以下简称《基本法》）“一国两制”的基本原则下，香港特区虽然可以继续保持原有的法律制度，成为独立于内地的“单独法域”，但从主权属性上讲，香港特区已经成了中国领土的一部分，与内地从属统一主权实体，相互之间不能再视为“外国”。虽然根据《中英联合声明》与《基本法》的规定，1958 年《纽约公约》将在香港继续以“中国香港”名义适用，但它只能适用于香港特区与其他公约缔约国之间关于承认与执行仲裁裁决的法律事务，香港特区与内地之间关于相互承认与执行仲裁裁决就不能继续直接适用《纽约公约》。两地间的仲裁裁决承认与执行由国际法律问题转变为了一国主权下的区际法律问题。

香港特区《基本法》第 3 条规定：“香港原有法律，即普通法、衡平法、条例、附属立法和习惯法，除同基本法相抵触或香港特别行政区修改者外，予以保留。”该法第 160 条第 1 款规定：“香港特别行政区成立时，香港原有法律除由全国人民代表大会常务委员会宣布为同本法抵触者外，采用为香港特别行政区法律，如以后发现有的法律与本法抵触，可依照本法规定的程序修改或停止生效。”香港特区回归祖国后，其承认和执行外国或其他法域的仲裁裁决的依据相应改变。首先，原香港法院承认与执行中国内地的仲裁的主要域内法律依据是《香港仲裁条例》，回归后与基本法抵触者应作相应的修改。其次，香港与内地都是中国统一主权下的不同地区，相互之间已不能直接适用《纽约公约》，需要寻求新的解决办法。而我国香港特区与其他国家之间则仍可适用《纽约公约》。最后，判例法原则上由香港法院采纳与遵循，但以未同《基本法》相抵触为前提。对于内地而言，香港特区仲裁裁决不再是适用《纽约公约》的外国仲裁裁决，但由于两地司法和仲裁制度的不同，也不能完全等同于一般国内仲裁裁决而适用《民事诉讼法》（2013 年修订）第 237 条、第 273 条、第 274 条的规定。因此，对于双方而言，都需要重新确立相互承认与执行仲裁裁决的法律依据。

1999 年 6 月 21 日，由时任我国最高人民法院副院长沈德咏与香港律政司时任司长梁爱诗于深圳签署了《关于内地与香港特别行政区相互执行仲裁裁决的安排》（以下简称《安排》）。在香港特区方面，《安排》的内容转化为香港特区《仲裁条例》第 IIIA 部分予以实施；在内地方面，《安排》由最高人民法院以司法解释的形式予以公布。[1]《安排》实施15年来，为两地间互相承认与执行仲裁裁决提供了坚实的法律基础，并“消除了人们对于中国区际民商事司法协助应采取模式上的分歧，使中国区际民商事司法协助的模式基本定型，即依据《基本法》的规定，由各法域在平等协商的基础上达成相互提供司法协助的协议”[2]。《安排》对于两地相互承认与执行仲裁裁决的各项要件，基本是比照《纽约公约》的相关制度进行规定的[3]，从而最大限度地保障两地裁决能够顺利地得到对方法院的认可和执行。

然而，《安排》全文仅有11个条文，大部分是原则性的规定，在实际执行过程中，这些规定无法涵盖现实中可能发生的所有情况。特别是，由于两地分属大陆法系和普通法系，法律文化传统的差异较大，对于“仲裁”无论在基本理念上还是在制度设计上都存在明显差异，这就会给两地法院确立承认与执行的司法标准带来一些障碍。此外，随着仲裁越来越多地成为民商事活动主体所选择的纠纷解决方式，仲裁制度在两地都有着一些新的但又各有不同的发展，这也会使得两地法院在判断对方仲裁裁决的公正性与合法性时面临新的考验。

二、香港特区法院承认与执行内地仲裁裁决面临的现实挑战

仲裁与调解相结合的做法，最早由“中国国际经济与贸易仲裁委员会”(贸仲)所首创，它是传统儒家文化与现代纠纷解决制度相融合的结晶，被誉为极有价值的“东方经验”或“中国经验”。[4]但在这一制度下产生的内地仲裁裁决，却可能会对香港法院承认与执行此种裁决带来一定的挑战。

仲裁与调解相结合制度，是指仲裁委员会和仲裁庭在进行仲裁程序过程中，可以对受理的案件进行调解，通过灵活的方式促使双方当事人自愿达成和解协议，然后根据和解协议的内容作出裁决。[5]在仲裁与调解相结合时，主持调解的调解员就是同一案件仲裁庭的仲裁员；同时，将仲裁方式和调解

---

〔1〕 杜新丽：“《关于内地与香港特别行政区相互执行仲裁裁决的安排》实施十年来的相关问题探析”，载黄进主编：《我国区际法律问题探讨》，中国政法大学出版社2012年版，第418~425页。

〔2〕 陈力：《一国两制下的中国区际司法协助》，复旦大学出版社2003年版，第146页。

〔3〕 参见《安排》第7条和《纽约公约》第5条关于拒绝承认与执行仲裁裁决各项事由的规定。

〔4〕 See Russell THIRGOOD, “A Critique of Foreign Arbitration in China”, *Journal of International Arbitration*, 2000, 17 (3), p. 96.

〔5〕 参见中国国际经济与贸易仲裁委员会1989年《仲裁规则》第37条；《仲裁法》第51条。

方式实行有机结合，即调解成功，则仲裁庭可以依据和解协议作出裁决结案；调解不成，则仲裁庭可以恢复仲裁程序继续进行仲裁审理。在贸仲实践的影响下，仲裁与调解相结合现在已经成为内地各大仲裁机构的主流做法。经由调解作出的仲裁裁决由于既能反映当事人意愿又具有可执行效力还能节省费用和时间，也备受当事人欢迎。

然而，这一制度也被一些学者，特别是西方学者认为存在不少弊端。首先，调解程序中如果调解员对当事人进行“私访”可能会侵害正当程序原则，因为此时一方当事人没有机会对另一方当事人披露的事实进行核实或反驳。其次，当事人预见到若调解程序失败，调解员可能转换身份为仲裁员而对争议作出最终裁决，则可能会在调解程序中有所保留，从而影响调解程序的有效性。最后，如果调解失败，仲裁程序继续，此时如果由调解员本人继续担任仲裁员，仲裁员的中立性可能受到其在调解程序获得的内幕信息的影响。尤其是，如果仲裁员在调解过程中接收了当事人提供的材料或探知到了当事人出价之底线，他们在裁决时难免会有实际的偏袒。〔1〕

正是由于东西方理念在仲裁与调解相结合之利弊认识上的差异，经由调解作出的（无论调解成功或失败）中国仲裁裁决，可能面临着在执行地国被认定为违反“自然公正”原则，继而以不符合当地“公共政策”为由拒绝承认与执行的风险。2011 年我国香港特区高等法院原讼法庭作出的“关于对西安仲裁委员会仲裁裁决的执行（高海燕等诉建毅控股）案”的一审判决，就是这种风险的现实反映。

西安仲裁委员会受理的一起涉外股权转让纠纷仲裁案，由首席仲裁员江平和仲裁员刘春田、周健组成。仲裁过程中，仲裁庭曾授权西安仲裁委员会秘书长和仲裁员周健对案件进行调解。调解未成，仲裁庭于 2010 年 6 月作出仲裁裁决，裁定撤销股权转让协议，并建议被申请人高海燕等对申请人建毅控股公司等作出补偿。裁决作出后，仲裁申请人向西安市中级人民法院申请撤销裁决，其申请被驳回。仲裁被申请人高海燕等作为原告随后在香港法院申请承认和执行该仲裁裁决。受理申请的 Saunders 法官于 2010 年 8 月 2 日裁定承认和执行。仲裁申请人亦即香港法院的被告建毅控股公司等，申请撤销

〔1〕 参见唐厚志：“正在扩展着的文化：仲裁与调解相结合或与解决争议替代办法（ADR）相结合”，载《中国对外贸易》2002 年第 2 期；Garbrielle Kaufmann-Kohler、樊堃：“仲裁和调解相结合：为何能在中国成功?”，载《北京仲裁》2008 年第 4 期。

Saunders 法官的执行令，此举得到香港原讼法庭 Reyes 法官的支持，Reyes 法官于 2011 年 4 月 12 日作出判决，撤销了 Saunders 法官的执行令，主要理由是，西安仲裁委员会秘书长和“有关人士”参与的在西安香格里拉酒店饭桌上的调解，存在“表面上的偏袒”，仲裁裁决受到了该“表面上的偏袒”的玷污。香港特区的公共政策是，公平正义优于裁决终局性，法院判决和仲裁裁决应当总是公正的并且是看得见的公正。因此，基于香港特区的公共政策，该裁决应当予以拒绝执行。〔1〕

原告将 Reyes 法官的判决上诉至香港特区高等法院上诉法庭。上诉法庭在随后发布的判决书中，撤销了 Reyes 法官的判决，宣告西安仲裁委员会的裁决可以承认和执行。上诉法庭在判决中说，原讼法庭就仲裁庭裁决的对错发表意见是不妥当的，裁决只有在被证明为的确违反公共政策的情况下才能被拒绝承认或执行。上诉法院不同意 Reyes 法官得出的存在表面上偏袒的结论。上诉法庭认为，内地调解方式与香港的不同，这可能会令人不安，但是就本案而言，是否构成表面上的偏袒，也要顾及和理解内地调解的做法。内地法院能够更好地理解在酒店饭桌上的调解是否可以接受。被告在西安中院并未抱怨调解地点，且其撤销裁决的申请已被驳回。因此，上诉法庭强调：仲裁裁决应当仅在其执行“将违反执行地的基本道德和公正理念”的情况下才拒绝承认或执行，任何人都不应当根据个人判断是否构成表面上的偏袒而轻易阻挡裁决执行；在考虑仲裁与调解相结合做法时，应当顾及当地的实践。〔2〕

《安排》第 7 条第 3 款允许香港法院以“公共政策”为由，拒绝承认与执行内地仲裁裁决。《安排》并没有对何为“公共政策”作出界定，实践中，香港特区法院对“公共政策”一般做严格解释，法院只在非常情况下接受违反公共政策的主张，以违反“公共政策”为理由拒绝承认与执行内地的判例也数量极少。但在上述“高海燕诉建毅控股案”的一审判决中，法院却罕见地以内地仲裁机构在仲裁调解过程中的做法构成“表面上的偏袒”为由，利用“公共政策”事由作出拒绝执行的判决。虽然该判决最终被上诉法庭推翻，但从案件进程中可以看到，香港特区法院的一些法官对内地的仲裁与调解相结合的做法是带有一定偏见的。一审判决中多次对调解的地点（非正式场合的酒店）、调解参与人（调解人和中间人）的身份、调解方案的内容等提出公

〔1〕 我国香港特别行政区高等法院 2010 年第 41 号民事一审案判决，2011 年 4 月 12 日。

〔2〕 我国香港特别行政区高等法院 2011 年第 79 号民事上诉案判决，2011 年 12 月 2 日。

正性质疑，这多是由于法官对内地仲裁调解的方式不熟悉，再加之法律文化的差异所造成的。内地仲裁与调解相结合的做法除了自身操作方式需要更加规范之外，如何通过增进与香港特区法律界的交流，让香港特区法官能够在克服法律文化差异的基础上对其加深了解和认知，从而避免带有偏见地看待问题，甚而能够相互学习所长之处，应是两地间需要长期探索的课题。

三、内地法院承认与执行香港特区仲裁裁决面临的现实问题

（一）临时仲裁问题

临时仲裁（Ad hoc arbitration）区别于机构仲裁，是指当事人根据仲裁协议，未选择常设仲裁机构进行仲裁，而是临时组成仲裁庭根据一定的仲裁规则与程序对特定争议进行的仲裁。由于没有仲裁机构对案件进行管理，仲裁程序的每一个环节均由双方当事人通过协议的方式进行掌控，临时仲裁庭在处理完争议案件之后即自动解散。临时仲裁作为仲裁的一种方式，由于其仲裁费用更为低廉，仲裁程序更加灵活以及便于双方当事人控制，在国际上是比较受欢迎的争端解决方式，其仲裁效力也为大多数国家的仲裁法所承认。虽然最高人民法院于 2017 年 1 月 9 日发布的《关于为自由贸易试验区建设提供司法保障的意见》，认可了在自贸区内进行的临时仲裁的效力，但其并非立法文件，仅带有试验性质，适用范围也十分有限，在立法层面我国仍未全面承认临时仲裁的法律效力。〔1〕

在香港特区，常设的仲裁机构是香港国际仲裁中心，但当事人也可以根据《仲裁条例》第 16 条的规定选择临时仲裁方式。实践中，香港特区所进行的仲裁案件，绝大多数都是属于临时仲裁。〔2〕这也意味着需要在内地进行承认与执行的香港仲裁裁决，可能大部分都是临时仲裁产生的裁决。但在内地的仲裁制度中，临时仲裁还没有被承认。《仲裁法》第 16 条将“选定的仲裁委员会”作为有效仲裁协议的必备要素，第 18 条接着规定“仲裁委员会没有约定或者约定不明确的”，仲裁协议无效。也就是说，当事人如果约定在中国内地进行临时仲裁，其裁决将因为仲裁协议无效而得不到承认。

虽然内地尚未确立临时仲裁制度，但对于外国临时仲裁裁决，只要仲裁

〔1〕《〈关于为自由贸易试验区建设提供司法保障的意见〉的理解与适用》，载《人民法院报》2017 年 1 月 18 日；同时参见高菲、徐国建：《中国临时仲裁实务指南》，中国法制出版社 2017 年版。

〔2〕 杨良宜：《国际商务仲裁》，中国政法大学出版社 1997 年版，第 144 页。

地国的法律不禁止临时仲裁，法院就会认定其有效。这是因为中国是《纽约公约》的缔约国，按照该公约第 1 条第 2 款的规定，有义务承认与执行外国的非机构仲裁裁决，即临时仲裁裁决。

既然内地在承认外国临时仲裁裁决方面并不存在障碍，那么对我国香港特区的临时仲裁裁决的承认与执行是否也同样不成问题呢？如前所述，目前内地承认与执行香港特区仲裁裁决的法律标准不能适用《纽约公约》，只能依据《安排》及相关司法解释的规定，而《安排》并没有明确仲裁裁决是否也包括临时仲裁裁决。为解决这个问题，最高人民法院于 2009 年发布了《关于香港仲裁裁决在内地执行的有关问题的通知》，规定当事人向人民法院申请执行在香港特别行政区做出的临时仲裁裁决，人民法院应当按照《安排》的规定进行审查，不存在《安排》第 7 条规定的情形的，该仲裁裁决可以在内地得到执行。[1]

然而，根据最高人民法院 2007 年发布的《关于司法解释工作的规定》第 6 条，具有司法解释效力的只有“解释”“规定”“批复”“决定”四种形式，上述“通知”不具有司法解释的效力，只能被视为内地法院系统的内部审案操作规范，是一种政治性安排而非具有外部效力的法律规范。考虑到香港特区大量临时仲裁裁决在内地执行需要以稳定的法律依据作为保障，在我国立法尚未建立临时仲裁制度之前，建议最高人民法院将来能够以司法解释的形式重新明确此问题。

（二）“非内国仲裁裁决”问题

“非内国仲裁裁决”最早是由《纽约公约》确立的一类裁决。《纽约公约》第 1 条第 1 款规定：“由于自然人或法人间的争执而引起的仲裁裁决，在一个国家的领土内作成，而在另一个国家请求承认和执行时，适用本公约。在一个国家请求承认和执行这个国家不认为是本国裁决的仲裁裁决时，也适用本公约。”该条款包含了两类可以在《纽约公约》下被承认与执行的仲裁裁决：一类即裁决执行地国以外国家作出“外国仲裁裁决”；另一类则是虽在裁决执行地国作出，但却不被裁决执行地国法律认可为本国裁决的“非内国仲裁裁决”。

“非内国仲裁裁决”产生的原因主要是裁决执行地国对仲裁裁决“国籍”

---

〔1〕 最高人民法院《关于香港仲裁裁决在内地执行的有关问题的通知》，2009 年 12 月 30 日。

的识别标准不同，有的国家不以仲裁作出地国作为仲裁裁决的国籍，而是采用仲裁机构所在地国、仲裁所适用的程序法所属国等其他标准。在这样的国家，如果一项仲裁虽在裁决执行地国作出，但其仲裁机构位于其他国家，或者仲裁协议约定适用其他国家的程序法，就可能产生“非内国仲裁裁决”。

我国法律并没有对仲裁裁决的国籍识别问题规定明确的标准，但《民事诉讼法》第 283 条规定：“国外仲裁机构的裁决，需要中华人民共和国人民法院承认和执行的，应当由当事人直接向被执行人住所地或者其财产所在地的中级人民法院申请，人民法院应当依照中华人民共和国缔结或者参加的国际条约，或者按照互惠原则办理。”可见，仲裁机构所在地可以被视为我国确定仲裁裁决国籍的一种标准。如果外国仲裁机构在我国内地组织并实施仲裁，其作出的仲裁裁决就有可能被视为“非内国仲裁裁决”。近年来随着境外商事仲裁机构开始将目光瞄准中国市场，一些著名的国际商事仲裁组织如总部位于法国的国际商会仲裁院（ICC）已经开始了在中国内地进行仲裁的实践。对于这样的仲裁裁决能否得到承认与执行的问题，曾经引起了很大争议。有观点认为，根据《仲裁法》第 10 条的规定，仲裁是需要经过行政机关特许才能提高的专业服务，而中国并未向境外开发仲裁服务市场，因此境外仲裁机构依法不能在中国境内进行仲裁，其裁决也不应被承认。〔1〕也有观点认为，应当按照“非内国仲裁裁决”在我国进行承认与执行。〔2〕

2007 年，宁波市中级人民法院审理的“德高钢铁公司与宁波市工艺品进出口有限公司之间的承认与执行仲裁裁决案”中，法院认为国际商会仲裁院在我国境内作出的仲裁裁决为“非内国仲裁裁决”，并按照《纽约公约》予以承认与执行，成为我国内地在这一领域的第一个案例。〔3〕但该案仅仅是由地方法院作出的个案判决，没有得到上级法院特别是最高人民法院的审查和确认，其司法效力如何还有待观察。

2013 年 3 月，最高人民法院作出的《关于申请人安徽省龙利得包装印刷有限公司与被申请人 BP Agnati S. R. L. 申请确认仲裁协议效力案的复函》，首次以司法解释的形式，认可了选择管辖地为上海的国际商会仲裁院仲裁协议

---

〔1〕 参见高菲：“公正、公开、科学地解决入世后我国涉外仲裁和审判实践中遇到的问题”，载《仲裁论坛》2004 年第 4 辑。

〔2〕 参见赵秀文：“论 ICC 国际仲裁院裁决在我国的承认与执行”，载《法学》2005 年第 6 期。

〔3〕 （2008）甬仲监字第 4 号民事裁定书。

有效。但是，该复函认可了境外仲裁机构在中国内地开展仲裁活动的合法性，也间接承认了这类仲裁裁决在中国内地的可执行性，但并未解决该类仲裁裁决的属性问题，即法院应视其为"内国仲裁裁决"还是"非内国仲裁裁决"？最高人民法院副院长万鄂湘曾指出，国外的仲裁机构到中国内地裁决的案件，是属于国外裁决还是国内裁决，目前还没有明确的规定，这将必然导致裁决执行时的麻烦。[1] 这是因为，如果将其视为"内国仲裁裁决"，对其进行承认与执行的依据是《民事诉讼法》第237条，法院可以以"裁决所根据的证据是伪造的"，"对方当事人向仲裁机构隐瞒了足以影响公正裁决的证据"等非程序性事由，拒绝承认与执行裁决；而如果把它识别为"非内国仲裁裁决"，则法院只能根据《纽约公约》第5条规定的几项程序性事由拒绝承认与执行。换言之，"内国仲裁裁决"在得到承认与执行之前，受到法院审查的范围和程度要比"非内国仲裁裁决"更大，被拒绝承认与执行的风险也就更大。

内地对仲裁服务市场的开放同样适用于香港特区仲裁机构，香港国际仲裁中心将来也很有可能受当事人的委托，把所受理案件的仲裁地点放在内地。这个时候，香港国际仲裁中心作出的裁决，其性质应如何识别也会面临如前述外国仲裁机构在华仲裁裁决一样的难题。如果其被识别为"内国仲裁裁决"，就将受到法院更为严格的司法审查；如果其被认定为"非内国仲裁裁决"或"香港仲裁裁决"，则可以按照《安排》的规定，仅就重要的程序性事项接受最低限度的司法审查，降低被拒绝承认与执行的风险。

目前虽然还没有发生过香港特区仲裁机构在内地作出仲裁裁决并申请内地法院承认与执行的案例，但随着内地仲裁服务市场的逐步开放，将来这类案件出现的可能性也变得越来越大。因此，在涉香港特区的"非内国仲裁裁决"问题上，最高人民法院应该未雨绸缪，预先通过司法解释的途径在法律上予以明确。首先，应明确香港特区仲裁机构在内地开展仲裁活动并作出裁决行为的合法性，对香港特区仲裁机构与外国仲裁机构的此类行为平等对待。其次，在性质上，宜将香港特区仲裁机构在内地作出的仲裁裁决定性为"非内国仲裁裁决"或"香港仲裁裁决"，不对其仲裁裁决的实体性问题作过多审查，确保其在内地承认与执行的标准与《纽约公约》一致。

---

〔1〕 参见万鄂湘："《纽约公约》在中国的司法实践"，载《法律适用》2009年第3期。

四、结语：“一国两制”下的问题解决之道

香港回归祖国后，“两国”变成了“一国”，《纽约公约》无法适用了，但两地在基本法的框架下通过协商达成《安排》，比照《纽约公约》制定相互承认与执行仲裁裁决的制度。“两制”之下，两地基本法律制度不同，法律文化传统有差异，这会给相互承认与执行仲裁裁决带来一些困难和挑战，但差异的存在也正是相互学习与深化交流的机会，各具特色的法律制度与理念也必将为仲裁制度的共同进步提供不竭源泉。香港特区可以学习内地的仲裁与调解相结合的制度，内地则可在仲裁制度的性质、仲裁观念的国际化方面多借鉴香港特区的做法。仲裁裁决的承认与执行制度正是建立在国际民商事仲裁逐步趋同化的基础之上的，不同仲裁体制间的共性越多，裁决的承认与执行就越顺利。随着内地在法律服务领域越来越多地向世界开放并与国际通行做法接轨，内地的仲裁业务也需要借助香港特区这个国际商事仲裁中心，逐步实现制度国际化和理念先进化。因此，对于“一国两制”下两地在仲裁裁决承认与执行领域所面临的问题，其解决之道概括起来就是：“相互尊重、相互信任、相互协助、相互促进”。

民商经济法

良法与善治：人体基因编辑规制研究

孟金梅*

摘　要：经过三代技术发展，人体基因编辑技术对人类疾病的预防治疗发挥着重要作用。人体体细胞没有遗传性，相应的基因编辑争议较少；生殖系人体基因编辑则争议较大。与人体基因编辑相关的主要国际规范有《纽伦堡法典》《赫尔辛基宣言》《涉及人的生物医学研究国际伦理准则》《世界人类基因组与人权宣言》等。在生物技术发达的主要国家中，大多严格限制生殖系人体基因编辑，个别国家禁止进行此类基因编辑。我国人体基因编辑管理制度并不完善，制度建设需要先行确立制度理念。相关根本理念包括人的尊严、人类基因利益共同体、知情同意、促进福祉、公平与利益分享、治理机制建设等。

关键词：人体基因编辑　法律　规制

2018 年 11 月底，原南方科技大学贺建奎博士宣布经过基因编辑的“艾滋病免疫”双胞胎女婴的诞生，该“基因编辑婴儿”事件震惊世界，国际影响恶劣。国内外医疗卫生与法律等社会各界强烈谴责贺博士违反法律，违背人类伦理。贺博士因此事件入选国际科技权威杂志《自然》评选的 2018 年度十大科学人物。事后调查表明，贺博士伪造伦理审查文书并采用隐瞒与欺骗手段逃避监管，自筹经费实施人类胚胎基因编辑活动。最终，南方科技大学解除了与贺博士的聘用合同关系。

实际上，贺建奎博士并不是我国人体胚胎基因编辑第一人。2015 年，中

---

* 作者简介：孟金梅，博士，汕头大学法学院副教授。

山大学黄军就实施人类胚胎基因编辑，其利用 CRISPR/Cas9 基因编辑技术敲除人类胚胎中引发地中海贫血的异常基因-HBB 并将其研究成果发表。[1]黄军就因此而成为《自然》2015 年度十大科学人物。与贺建奎博士的基因编辑婴儿不同，黄军就团队编辑的人类胚胎是体外受精的问题胚胎，并不能发育成人。然而，此项人类基因编辑项目终究是挑战了人类基因研究底线，国际社会因此而质疑我国基因编辑监管制度以及科技人员的伦理观念。[2]

在基因编辑领域，人类已经以“世界主宰”的身份扮演“上帝的角色”而“挥刀”进行基因编辑，订制自己想要的生物。对于科学家对其他生命体进行基因编辑的成果，人们往往兴奋不已。例如，南京大学的黄许行教授对猪和猴的受精卵进行定向基因编辑，培育出了活力十足、精力旺盛的猪和猴。[3][4]基因编辑技术发展势头迅猛，当前已经进入了对人类基因进行编辑的阶段。人类是具有劳动创造力的高级生物，不同于其他生物。人类对自己的基因进行编辑可能引发的后果有不可预测性，其结果可能造福全人类也有可能导致人类灾难。

人体基因编辑争议颇多，产生了严重的社会、伦理与法律问题。社会问题诸如：人体基因编辑技术的安全性如何？对人类胚胎进行基因编辑是否亵渎人的生命尊严？人们能否控制或承受因人类基因编辑脱靶而导致的后果？从法律的视角审视也存在若干尖锐问题，例如，如何对人类基因编辑进行监管？人类基因编辑是否侵犯人权？人类基因编辑导致的基因歧视是否威胁到劣质基因携带者的生命权和健康权？在人体基因编辑的问题上，法律划定的红线禁区是什么？违法进行人类基因编辑的人员应当承担哪些法律责任？为防止基因编辑技术的滥用与异化，法律应当明确规范相关领域以捍卫人的生命、尊严与健康。

---

[1] Liang P., Xu Y., Zhang X., Ding C., Huang R., Zhang Z. et al.,“CRISPR/Cas9-Mediated Gene Editing in Human Tripronuclear Zygotes”, *Protein & Cell*, 2015, 6 (5).

[2] Tatlow D. K.,“A Scientific Ethical Divide between China and West”, *The New York Times*, 29 June 2015.

[3] “Efficient Generation of Gene-Modified Pigs via Injection of Zygote with Cas9/sgRNA”, *Scientific Reports*, 2015, Vol. 5.

[4] Niu Y., Shen B., Cui Y. & Chen Y. et al.,“Generation of Gene-Modified Cynomolgus Monkey via Cas9/RNA-Mediated Gene Targeting in One-Cell Embryos”, *Cell*, 2014, 156 (4).

一、人类基因编辑：技术发展历程与相关规范

基因编辑（gene editing），顾名思义，是指人类有目的地对目标基因进行敲除、植入或者替换等改变目标基因序列的行为。人类基因编辑也称人体基因编辑，则是指对人类的基因序列进行有目的的编辑。人体基因编辑一般分为生殖系细胞基因编辑与体细胞基因编辑。体细胞基因编辑限于治疗疾病，被编辑的基因不具有遗传性，不会影响后代。因而体细胞基因编辑争议较小，已经运用于临床，并有相应的规范和监管机制。生殖系细胞基因编辑可引发遗传基因的改变，被编辑的基因具有遗传性，因而存在很大争议。

（一）基因编辑技术发展历程

基因编辑技术开发于20世纪后期，历史并不长，其经历了三个阶段。[1]基因编辑第一代技术于1996年在美国研发成功。基因编辑第一代技术为ZFN（锌指核酸酶），由可识别特定DNA序列的ZFN和核酸内切酶FOKI组成。1996年，美国霍普金斯大学Chandrasegaran教授制造出第一个ZFN并证实其可用于基因剪切。ZFN虽然设计简单，但是基因编辑周期比较长、脱靶率比较高而且细胞毒性较大。

第二代基因编辑技术为TALEN（转录激活样效应因子核酸酶），于2011年出现。2009年，德国哈勒—维滕贝格大学（University of Halle-Writtenburg）Bonas教授以及美国艾奥瓦州立大学（Iowa State University）Bogdanove教授同时阐明了TALE（transcription activator-like effecter）的基因激活机制。随后，研究人员在TALE基础上开发出TALEN核酸酶并在2011年成功实现对靶DNA的剪切。第二代基因编辑技术比第一代技术更成熟，但也有脱靶率高与细胞具有毒性的缺点。

目前最先进的基因编辑技术是第三代技术CRISPR/Cas9，出现在2012年，由美国加利福尼亚大学Jennifer Doudna教授与德国亥姆霍次中心Emmanuelle Charpentier教授成功开发，其组成为成簇的规律性间隔的短回文重复序列CRISPR+核酸内切酶Cas9。与前两代基因编辑技术相比，第三代技术效率更为简便、高效、准确、廉价。例如，运用第一代与第二代技术进行基因编辑的费用常常高达数千美元，而运用第三代技术只需要几十美元。第三代技

〔1〕郭晓强："基因编辑的发展历程"，载《科学》2016年第5期。

术的缺点主要为靶序列前如果缺少 PAM 序列则不能进行基因切割以及仍然存在脱靶问题。CRISPR 技术主要用于人类疾病发病机制研究，特别是癌细胞基因序列研究。

CRISPR/Cas9 技术已经在人类基因疾病的研究治疗方面取得了积极效果，大力提升了癌症与罕见病研究治疗的水平。例如，美国麻省理工学院与哈佛大学 Broad 研究所利用 CRISPR 建立了肺腺癌模型。再以罕见病为例，目前大约有 7000 多种人类罕见病，80%的罕见病为基因遗传疾病，95%的罕见病没有治疗药物。[1]人体有两万多个基因，一旦出现基因突变，就可能导致遗传性疾病。人体基因编辑技术对于罕见病的治疗具有非常重要的意义。

目前，基因检测编辑已经产业化，该产业呈蓬勃发展势头。引领基因编辑技术发展的四大代表性人物为开发 CRISPR 技术的 Jennifer Doudna 和 Emmanuelle Charpentie 以及 2013 年证明 CRISPR 编辑可以用于人体细胞基因编辑的麻省理工学院的张峰（Feng Zhang）教授和 George Church。这四位基因检测编辑专家单独或联合设立了四家世界著名的基因编辑公司，分别是 Caribou Biosciences（2011 年成立）、Editas Medicine（2013 年成立）、CRISPR Therapeutics（2013 年成立）、Intellia Therapeutics（2014 年成立）。包括 Novartis 诺华公司与葛兰素史克（GSK）公司在内的国际医药企业巨头十分关注这四家公司并为其提供了巨额融资。

基因编辑技术在成为社会热点和技术潮流的同时，也引发了人们对滥用基因编辑技术的担忧。2015 年 3 月，一篇题为“订制完美胎儿”的评论性文章发表，该文章对人类基因技术的发展表示担忧，指出人体胚胎基因编辑可能产生订制胎儿。[2]此文引发了很大的社会争议，权威杂志《自然》和《科学》杂志均发表评论性文章，呼吁科学家暂时停止对人类胚胎 DNA 编辑的研究。

当科学家们还在激烈争辩人体胚胎基因编辑之际，经过基因编辑的胚胎变成了现实。如前文所述，2015 年中山大学黄军就教授公开发表人类胚胎基因编辑成果，世界哗然。2018 年 11 月，原南方科技大学贺建奎博士公布被敲除 CCR5 基因的“艾滋免疫”双胞胎女婴的诞生，世界再次为之震惊。CRISPR/Cas9 创始人 Jennifer Doudna 教授以及麻省理工学院的张峰教授对该

---

〔1〕 丁浩、王琳主编：《中国罕见病报告（2018）》，中国医药出版社 2018 年版。

〔2〕 Regalado A.，“Engineering the Perfect Baby”，*MIT Technology Review*，2015，118（3）.

事件做出回应，明确支持限制、全面停止对人类胚胎的基因编辑。张峰教授还表示，敲除 CCR5 基因可能使人体易受西尼罗河病毒（West Nile virus）的侵袭；基因组编辑技术还在早期发展阶段，存在不可预测的风险，在安全完善的管理制度出台之前应当停止人体胚胎基因编辑活动。

基因编辑脱靶一直是困扰基因编辑技术发展的一大难题，即使是第三代基因编辑技术 CRISPR/Cas9 也没有有效解决这个问题。科学是一把“双刃剑”，在基因编辑治疗疾病方面体现更为突出。人体内有 2 万多个基因、20 万亿到 60 万亿个细胞。人体基因编辑必须具有极高的安全性与准确性方能有效避免脱靶并能纠正突变基因。如果基因编辑的安全性或准确性存在问题，造成脱靶，那么脱靶效应会破坏其他基因，对人体产生副作用。

2019 年年初，中国科学院神经科学研究所杨辉与合作者共同开发了 GOTI 检测技术，该技术能准确发现基因编辑脱靶效应，使基因编辑技术更为安全可靠。[1] GOTI 检测发现第三代基因检测技术 CRISPR/Cas9 没有明显的脱靶效应，但是该技术的衍生技术 BE3 存在比较严重的脱靶问题，有些脱靶点位于抑癌基因上。由此可推断，BE3 用于临床治疗存在无法预测的脱靶风险。

（二）人类基因编辑相关规范

人类基因编辑制度规范与医学伦理规范以及人权紧密相关，包括世界广泛适用的国际规范和效力仅限于一国境内适用的国内规范。

1. 人体基因编辑相关的国际规范

这类规范主要有《纽伦堡法典》《赫尔辛基宣言》《涉及人的生物医学研究国际伦理准则》《世界人类基因组与人权宣言》等。

（1）《纽伦堡法典》。

《纽伦堡法典》是第二次世界大战结束的产物。第二次世界大战期间，德国纳粹对犹太人实施了残酷的人体实验并疯狂屠杀了数百万犹太人。1946 年纽伦堡国际法庭对德国战犯进行审判并确立了人体实验十项原则，即《纽伦堡法典》。该法典的十项原则体现了两大核心主线：赋权与权利保护。

赋权的内容主要体现在第一项原则受试者的知情同意权以及第九项原则受试者的退出权。受试者的权利保护传承了古希腊“不伤害人”的希波拉底

---

〔1〕 Zuo E., Sun Y., Wei W., & Yuan T. et al., “Cytosine Base Editor Generates Substantial Off-Target Single-Nucleotide Variants in Mouse embryos”, *Science*, 2019, 364 (6437).

医疗哲理以及西方中世纪时期确立的“人性关怀”精神。受试者的权利保护贯穿《纽伦堡法典》，其中第二、三、五、六、七项这五项原则对于人体基因编辑仍然具有重要的规范作用。以贺建奎博士“基因编辑女婴”事件为例，其在胚胎精子供体携带艾滋病病毒而卵子供体艾滋病病毒阴性的情况下，敲除 CCR5 基因进行基因编辑艾滋免疫胚胎实验，涉嫌违背上述五项原则。

第二项原则为“实验应该收到对社会有利的富有成效的结果，用其他研究方法或手段是无法达到的，在性质上不是轻率和不必要的”。贺博士违反了这项原则，因为基因编辑并不是防止胎儿或者婴儿感染艾滋病的必要手段。理由是：首先，精子不会传播艾滋病病毒给受精胚胎；其次，胎儿通过母体感染艾滋病；再次，艾滋病母婴传播阻断治疗已经十分成熟，即使怀孕女方感染艾滋病，也可以通过艾滋病母婴阻断药物避免胎儿感染艾滋病；最后，艾滋病的传播途径有限，胎儿出生后，只要做好艾滋病预防措施，就可有效避免感染艾滋病。所以，贺博士在现有医疗技术已经可以有效预防艾滋病的情况下，仍然以防止胎儿或婴儿感染艾滋病为由进行基因编辑，明显与第二项原则不符。

第三项原则为“实验应该立足于动物实验取得结果，对疾病的自然历史和别的问题有所了解的基础上，经过研究，参加实验的结果将证实原来的实验是正确的”。目前，没有证据表明贺建奎博士在胚胎基因编辑之前进行了与该事件相类似的动物胚胎基因编辑实验并取得了安全可靠的数据。经基因编辑的女婴是贺建奎博士的实验品，贺博士的人体胚胎编辑行为有悖于第三项原则。

第五、六、七项原则分别表述为“事先就有理由相信会发生死亡或残废的实验一律不得进行，除了实验的医生自己也成为受试者的实验不在此限”，“实验的危险性，不能超过实验所解决问题的人道主义的重要性”，“必须做好充分准备和有足够能力保护受试者排除哪怕是微之又微的创伤、残废和死亡的可能性”。“基因编辑女婴”事件中，贺建奎博士伪造伦理审查书的事实充分表明，其清楚人体胚胎基因编辑属于禁区，此类基因编辑对于被基因编辑后出生的人可能存在包括死亡、残废等巨大的无法预测、无法避免，甚至无法克服的风险，这种风险甚至会波及他人。此事件本身的结果也表明，贺建奎博士作为胚胎基因编辑者根本无力或无法从道义、法律以及经济方面保护两位女婴不受伤害。

此外，人体基因编辑技术的发展也对《纽伦堡法典》提出了挑战。与传统生物技术和医疗技术不同，基因编辑技术的安全标准很难确定。人体基因编辑的对象是胚胎的话，那么受试者是谁？知情同意权究竟由谁来行使？《纽伦堡法典》无法有效回应这些问题，存在一定的局限性。

（2）《赫尔辛基宣言》。

1964 年，在赫尔辛基召开的第十八届世界医学联合大会通过了《赫尔辛基宣言》，该宣言历经若干次修订。该宣言认为，“医学的进步以研究为基础，而这些研究最终必须部分地依赖于人类受试者的实验”。该宣言阐明了涉及人类受试者的医学研究伦理准则，明确此类研究的主要目的为探索病理、改进预防措施、提高诊断与治疗水平，并特别指出医疗工作者以及相关人员有职责“保护受试者的生命、健康、隐私和尊严”。与《纽伦堡法典》相比，该宣言特别强调受试者生命权和隐私权以及对受试者的法律保护。

该宣言对于贺建奎博士的胚胎基因编辑事件具有特别的指导意义。不可否认，两位被基因编辑的女婴的个人信息并没有被泄露，表明相关部门及贺博士重视受试者的隐私保护。该宣言指出，“医生既应当考虑自己国家关于涉及人类受试者研究的伦理、法律与管理规范和标准，也应当考虑相应的国际规范和标准”。贺博士通过隐瞒、伪造与欺骗手段逃避我国法律与管理监管，亲自策划并主导完成“人体胚胎基因编辑”，置国内法律与国际国内管理规范于不顾，违背了《赫尔辛基宣言》的原则。此外，该宣言强调必须对因参加研究而遭受伤害的受试者提供适当的补偿和治疗。目前，尚不清楚两位女婴因基因编辑而遭受的伤害，随着女婴的成长，基因编辑的影响可能会出现。除贺博士曾承诺会倾尽全力抚养这两个孩子并对她们的一生负责外，目前尚无对两位女婴可能受到的伤害提供补偿和治疗的具体方案。

（3）《世界人类基因组与人权宣言》。

联合国教育、科学及文化组织大会于 1997 年 11 月通过了《世界人类基因组与人权宣言》，1998 年 12 月联合国大会第 53/152 号决议通过了该宣言。联合国成员国均有义务遵守该宣言的内容。该宣言共 25 条，以保护人的尊严为宗旨，其内容十分重要且具有高度的哲理性。例如，人类基因组是人类的遗产，人类基因有关人的尊严，人类基因组的多样性应该得到认可和维护（第一条）。无论遗传特征如何，所有基因类型的人都应当受到尊重，他们人的尊严受法律保护（第二条）。禁止基因歧视（第六条）。禁止有悖于人的尊严的人类基因研究活动，特别要禁止利用克隆技术繁殖人（第十一条）。另外，根据第五条，在对人类基因组开展研究、治疗和诊断之前必须进行风险评估；参与者必须知情同意；要遵循相关国际准则与国家规定；对没有知情同意能力者的基因组开展研究，研究本身必须直接有利于被研究者，并需按照法律的规定获得相关授权并采取相应的保护措施。需要指出的是，该宣言的目的不是禁止在医学领域从事人类基因组研究，而是确保在尊重人的尊严、自由与权利以及遵守国际准则和国内规定的前提下合乎伦理、遵守法律、符合规定地开展人类基因组研究。

(4)《涉及人的生物医学研究国际伦理准则》。

《涉及人的生物医学研究国际伦理准则》是国际医学科学组织理事会和世界卫生组织在2002年联合制定的，共21条涉及人的生物医学研究准则。比较重要的准则有：受试者享有知情同意权，实验应当是必须的并对社会有利，禁止可能导致受试者死亡或者残疾的人体实验，应当避免实验对受试者的伤害，实验的危险不得超越人道伦理等。该准则的部分内容与《纽伦堡法典》的内容相一致但阐述更为深刻、明确。贺建奎博士“基因编辑女婴”事件表明，贺建奎博士本人并没有将伪造伦理审查书、隐瞒相关部门的真实情况告知参与其项目的胚胎供体，毫无疑问，其侵犯了受试者的知情权，基于不真正知情的基础上的同意表示本身不属于真正的同意。再者，两位女婴CCR5基因缺失会对其生命以及健康造成什么影响，目前不可预知，并不能排除她们生命或者健康受严重伤害的情况。

(5)《国际人类基因数据宣言》。

2003年10月，联合国教科文组织第32届大会通过了《国际人类基因数据宣言》，该宣言共27条。根据该宣言，人类基因数据是指通过核酸分析或其他科学分析手段获得的关于个人遗传特征的信息。该宣言特别强调任何采集、处理、使用和保存人类基因数据、人类蛋白质组数据和生物标本的行为，都必须遵守国际人权法，特别要保护人的尊严，不歧视、不侮辱，并保护参与者的知情同意权、退出权、隐私权、利益分享权。

(6)《世界生物伦理与人权宣言》。

2005年，联合国教科文组织通过了《世界生物伦理与人权宣言》，该宣言共28条。该宣言确立了生物伦理与人权方面的15项原则。尊重人的尊严与人权为首要原则（第三条），尊重人的尊严决定了要保护隐私和保密（第九条），尊重人的脆弱性和人格（第八条），不歧视和不诋毁（第十一条）。其他重要原则还包括利益共享（第十五条），保护后代（第十六条），保护环境、生物圈和生物多样性（第十七条）等。有关人类基因的搜集、研究、保存等应当遵循该宣言的要求。

2. 不同国家关于人体基因编辑的相关规范

美国是基因编辑技术的起源国，美国拥有先进的基因编辑技术以及相配套的管理制度。欧盟也建立了涉及人体基因编辑的制度。部分欧洲国家的基因编辑技术也居世界前列。

（1）美国。

美国关于人体基因编辑的管理方面一个重要的文件为《贝尔蒙报告》（*The Belmont Report*），由美国国家保护生物医药和行为研究受试者委员会制定，发布于1978年。该报告确立了生物医学与行为研究的三大伦理原则，即尊重个人（Respect for Persons）、利益保护（Beneficence）、公正（Justice）原则。尊重个人原则要求受试者享有知情权与全面自主决定权。利益保护原则不仅仅限于不伤害受试者，而且包含风险评估、对受试者尽可能利益最大化、伤害最小化以及利益保证。公正原则要求研究各方在实体与程序两个方面都要做到利益公正、公平并严肃问责。虽然该报告本身不是美国立法，但属于涉及人的生物医学伦理的重要准则。

从联邦议会法律层面讲，美国并没有针对人体基因编辑专门立法。实际上，美国运用相对完善的医疗卫生监管制度规范人体基因项目以及行为。[1]现有的比较重要的相关立法有《美国食品、药品和化妆品法案》（*Federal Food, Drug, and Cosmetic Act*）、《美国公共卫生服务法案》（*Public Health Service Act*）以及《美国联邦条例》（*Code of Federal Regulations*）。美国食品药品监督管理局依照《美国联邦条例》设立，管理新药审批以及药品的质量控制。根据《美国联邦条例》第二十一编“人体细胞及组织产品的管理规定”，人体细胞组织分为PHS351产品与PHS361两大类，精子与生殖细胞属于PHS351监管部分。

对人类基因编辑进行监管的主要部门有美国卫生与公众服务部（Department of Health and Human Services），美国食品药品监督管理局（Food and Drug Administration）以及美国国立卫生研究院（The National Institutes of Health）下设

〔1〕 Isasi RM., Nguyen TM., Knoppers BM., “National Regulatory Frameworks Regarding Human Genetic Modification Technologies (Somatic and Germline Modification)”, *Genetics & Public Policy Center*, 2006.

的称为“重组 DNA 咨询委员会”（Recombinant DNA Advisory Committee）的独立监察机构。其中，美国国立卫生研究院负责管理由美国联邦政府提供经费的所有人体基因项目。1997 年美国总统令禁止联邦政府对人类胚胎实施基因改良等相关技术提供资助。因此，美国国立卫生研究院不支持人类胚胎基因编辑项目。对于非联邦经费支持的人体基因项目，例如，州政府资金以及社会资金、私人基金等支持的人体基因编辑项目等，政府建议这类项目遵守美国国立卫生研究院的规定。涉及人体基因的任何临床试验都必须事先通过“重组 DNA 咨询委员会”（Recombinant DNA Advisory Committee）的审查。必须强调的是，除《贝尔蒙报告》外，美国国立卫生研究院还制定了一系列与人体基因相关的管理准则，见表 1。

表 1　美国人体基因编辑相关主要指南规范〔1〕

加工人体细胞、组织及基于细胞、组织的产品设备指南
人体细胞、组织及基于细胞、组织的产品提供者的资格鉴定
人体细胞、组织及基于细胞、组织的供体鉴定
细胞和基因治疗产品的有效性试验指南
关于人体细胞、组织及基于细胞、组织的产品（HCT/Ps）不良反应的相关调查报告（公共健康服务法第 361 条和 21 CFR Part 1271）指导草案
细胞和基因治疗产品的临床前研究调查评估指南
同源使用人体细胞、组织及基于细胞、组织的产品指南
细胞治疗与基因治疗产品的早期临床试验设计的考虑指南
人体细胞治疗和基因治疗指南
人类细胞、组织及基于细胞、组织的产品的微操作指南草案
FDA3500A 的医药监督强制报告与人体细胞、组织及基于细胞、组织的产品（HCT/Ps）相关的不良反应

（2）欧盟。

欧盟药品管理局将组织工程、细胞治疗、基因治疗产品纳入先进技术治疗医学产品的管理范围。先进技术治疗医学产品指能为疾病带来革命性的治

〔1〕 吴曙霞、杨淑娇、吴祖泽：“美国、欧盟、日本细胞治疗监管政策研究”，载《中国医药生物技术》2016 年第 6 期。

疗方案并有巨大前景的治疗产品。欧盟细胞治疗的监管有两条路径：一是按照先进技术治疗医学产品进行临床研究与申报，由欧洲药品管理局负责审批和管理。二是遵循医院豁免条款，由医院决定对患者的治疗应用。欧盟与人体基因相关的制度规范，见表2。需要指出的是，《先进技术治疗医学产品法规》第二十八条规定了医院豁免条款，对某一医生进行的为患者个体进行的治疗应用行为进行豁免。该条款允许欧洲医院在经过基础研究、临床研究验证有效性与安全性之后，可以生产小规模的细胞产品用于特定的患者，主要是临床中心进行自体细胞治疗。

表2　欧盟人体基因编辑相关法律法规及主要指南规范〔1〕

分类	名称
法律	医药产品法 Medicinal products 2001/83/EC
	医疗器械法 Medical devices 93/42/EEC
法规	先进技术治疗医学产品法规 Regulation（EC）No. 1394/2007
	医院豁免条款 Article 28 of Regulation（EC）1394/2007
指南规范	2004/23/EC 人类组织和细胞捐赠、获取、检测、处理、保存、储藏和配送的质量安全标准
	Directive 2006/17/EC 人体组织细胞的捐赠、采集与检测技术规范
	Directive 2006/86/EC 人体细胞组织可溯源技术标准、副作用警告与处理、保藏、配送的技术要求
	Directive 2015/565，为 2006/86/EC 的修订，增加了细胞组织与细胞的编码技术要求
	Directive 2015/566，植入人体组织与细胞质量与安全的等效性标准流程
	癌症细胞免疫治疗药物产品的有效性监测指南 2007
	软骨修复的软骨细胞产品意见书 2009
	异种基因细胞治疗产品指南 2009
	干细胞医药产品意见书 2010
	先进治疗产品安全性与有效性的监测评估指南
	基因修饰类细胞产品指南

〔1〕 吴曙霞、杨淑娇、吴祖泽："美国、欧盟、日本细胞治疗监管政策研究"，载《中国医药生物技术》2016年第6期。

（3）其他主要国家。

总体而言，很多国家并不禁止体细胞人体基因编辑，但在人类生殖系基因编辑问题上多持限制或者禁止立场，少部分国家的规定比较开放。例如，1994 年，法国制定生命伦理法明文禁止将未受精的卵核取出，取出其细胞植入到人类胚胎内；对将该胚胎植入母体诞生人类者，处以 20 年以下有期徒刑。1990 年，德国制定胚胎保护法，全面禁止对人类个体胚胎的混合技术及体外受精等。该法第二条规定："将体外受精之胚胎，或胚胎于着床子宫前取出，让受或非以胚胎存活为目的之转让，取得或利用者，处三年以下有期徒刑或者罚金。"

英国和瑞典总体上持比较开放的立场。1990 年英国颁布了《人类受精与胚胎法案 1990》（*Human Fertilisation and Embryology Act 1990*），并成立人类受精和胚胎学管理局（Human Fertilisation and Embryology Authority），该管理局对涉及精子、卵子的捐献、保存、管理和胚胎研究等行为进行监督管理。[1] 按照《人类受精与胚胎法案 1990》的规定，对人类生殖系基因进行编辑可构成犯罪，违反者处 10 年以下有期徒刑或罚金。2008 年，英国通过法律修正案，《人类受精与胚胎法案 2008》取代《人类受精与胚胎法案 1990》。2008 年法案调整体外胚胎培育和运用范围并扩大了合法进行胚胎研究的范围，以适应科技和社会的发展。2015 年，英国下议院通过了允许对卵子进行线粒体 DNA 替代疗法以防止脑损伤、心脏病等严重遗传疾病的法案。该法案允许在技术成熟的条件下对人类生殖系基因进行干预的临床操作，即有条件地将人类生殖系基因编辑合法化。2016 年 2 月 1 日，英国人类受精与胚胎学管理局还批准了另一项人类胚胎基因编辑项目申请。[2]2015 年 6 月，瑞典批准了卡罗林斯卡医学院 Karolinska Institute 教授 Fredrik Lanner 人类胚胎基因编辑研究的申请。[3]

---

〔1〕 李媛："胚胎法律地位问题研究"，载《商》2015 年第 7 期。

〔2〕 田野、刘霞："基因编辑的良法善治：在谦抑与开放之间"，载《深圳大学学报》（人文社会科学版）2018 年第 4 期。

〔3〕 Callaway E.，" Gene-Editing Research in Human Embryos Gains Momentum：Experiments Are Now Approved in Sweden，China and the United Kingdom"，*Nature*，2016，532（7599）.

二、我国人类基因编辑相关管理制度

（一）基因编辑技术的政策背景：政府鼓励扶持生物技术与精准医学

总体而言，我国政府鼓励支持对于包括人类基因在内的基因技术的发展。《中国制造 2025》确定了“强国”技术发展十大领域，其中第十个领域就是生物医药及高性能医疗器械。这第十大领域产业要发展针对重大疾病的化学药、中药、生物技术药物新产品，重点包括新机制和新靶点化学药、抗体药物、抗体偶联药物、全新结构蛋白及多肽药物、新型疫苗、临床优势突出的创新中药及个性化治疗药物。不可否认，研究人体基因能提高与基因有关的疾病的诊断与治疗，造福患者。发展基因治疗技术已经成为一项国家战略。基因检测与治疗通过遗传病和出生缺陷基因筛查，可提高出生缺陷疾病、遗传性疾病、肿瘤等重大疾病的防治水平，全面提高人口质量。

国务院将基因产业确定为国家战略性新型产业。2015 年 6 月，我国将基因测序技术纳入国家新兴产业重大工程包并要在 3 年内支持 30 个基因检测技术应用示范中心。《“十三五”国家战略性新兴产业发展规划》提出要加强基因技术在疾病筛查、癌症治疗、慢性病治疗等领域的应用。《“十三五”生物产业发展规划》进一步提出基因检测能力覆盖 50%以上出生人口的目标，运用基因技术对罕见病、肿瘤、遗传性疾病等实现精准预防、诊断和治疗。2016 年，精准医学纳入国家“十三五”规划；精准医学的核心部分——基因组学被纳入“十三五”百大项目名单。中央和地方已出台多项政策加强基因检测机构与人才队伍建设，将基因检测费用纳入医保报销范围并提供融资与财税支持。由此可见，我国政府大力支持并运用政府力量推动人体基因技术的发展。

（二）我国人体基因编辑的管理规范

目前，我国对生物技术科学研究活动的规制主要依靠部门规章制度以及伦理审查。人体生殖细胞基因编辑本身不属于犯罪行为。2003 年《人胚胎干细胞研究伦理指导原则》规定，利用体外受精、体细胞核移植、单性复制技术或遗传修饰获得的囊胚，其体外培养期限自受精或核移植开始不得超过 14 天，不得将获得的已用于研究的人囊胚植入人或任何其他动物的生殖系统；禁止利用人配子和动物配子制造嵌合体，禁止利用人的体细胞核与动物线粒体 DNA 制造嵌合体；禁止一切形式的买卖配子、胚胎和胎儿组织的行为。2003 年《人类辅助生殖技术规范》规定，禁止以生殖为目的对人类配子、合子和胚胎进行基因操作。此外，2003 年《人类辅助生殖技术和精子库伦理原则》规定，不得实施各种违反道德伦理的配子、胚胎研究和临床应用。

在 2012 年《人类遗传资源管理条例》中，我国政府也对于收集、保藏和利用人类遗传资源过程中的知情同意等重大原则作了明确的规定。2014 年，中国科技部和原国家卫生计生委（以下简称卫计委）共同制定了《人类遗传资源管理暂行办法》。该办法规定，只要是从中国病人采集的样本包括但不限于全血、血清、血浆、组织、唾液、尿液、头发等样本都属于遗传资源。所有参与的临床实验都必须在遗传办审批后才能启动，无论是否出口出境。2016 年卫计委颁布《涉及人的生物医学研究伦理审查办法》，明确规定医疗卫生机构应当在伦理委员会设立之日起 3 个月内向本机构的执业登记机关备案，并在医学研究登记备案系统登记。2016 年卫计委颁布《涉及人的生物医学研究伦理审查办法》。2017 年科技部颁布的《生物技术研究开发安全管理办法》明确将“涉及存在重大风险的人类基因等基因工程的研究开发活动”列为高风险等级，要求各科研机构严格管理。

2018 年 12 月，由深圳华大基因股份有限公司、深圳基因产学研资联盟等 21 家单位联合多名专家共同制定的 T/SZGIA 4—2018《临床单基因遗传病基因检测报告规范》（以下简称标准）正式公布并开始实施。该标准明确了临床基因检测机构的标准以及检测报告规范，有利于疾病的有效诊断与治疗，有助于缓解医患矛盾，可促进基因测序行业的健康发展。

必须引起重视的是，在我国大多数医疗科研项目只要通过医院的伦理委员会批准就可以进行相关研究实验。伦理委员会专家准入以及组织运作程序等没有统一标准并缺乏相关部门的监管。

根据我国的有关法律规定，贺建奎的实验没有进行合法的流程申请和审批，是违法违规的。根据《人胚胎干细胞研究伦理指导原则》的规定，经过基因编辑的胚胎细胞存活不得超过 14 天，禁止被基因编辑的胚胎细胞植入人的生殖系统。《人类辅助生殖技术规范》也明确，“禁止以生殖为目的对人类配子、合子和胚胎进行基因操作”。两位“基因编辑婴儿”的出生就是违法的。另外，从程序方面分析，2016 年《涉及人的生物医学研究伦理审查办法》规定，涉及人的生物医学研究伦理审查工作责任主体为从事涉及人的生物医学研究的医疗卫生机构，此医疗机构应当设立伦理委员会独立开展伦理审查，医疗卫生机构应当在伦理委员会设立之日起3个月内向本机构的执业登记机关备案；医疗卫生机构未设立伦理委员会的，不得开展涉及人的生物医学研究工作；对于违规擅自开展涉及人的生物医学研究者，将由县级以上地方卫生计生行政部门责令限期整改，并可根据情节轻重给予通报批评、警告；对主要负责人和其他责任人员，依法给予处分。贺建奎出示的伦理审查书是深圳和美妇儿科医院医学伦理委员会出具的，调查表明此伦理审查书系伪造。贺建奎博士的行为严重违反相关规定。

贺建奎"基因编辑婴儿"事件充分反映了我国人体基因管理制度存在"无规范""虚规范""假合规"的问题。"无规范"指缺少相应的规定，如《刑法》并没有规定严重违反人类伦理准则的人体基因编辑行为是犯罪。"虚规范"指相关规范不具有可操作性或者没有相应的实施规范，例如，虽然有医疗卫生机构设立伦理委员会的规定，但是委员会专家准入标准、委员会组织制度以及委员会工作流程不清。"假合规"则是指实际中大量存在弄虚作假的"合规"行为。

三、良法与善治：人体基因编辑制度建设理念

近年来，人体基因编辑相关法律问题成为研究热点，出现了若干成果。大多数研究成果探讨人体基因编辑涉及的专门的法律问题，例如胚胎的法律地位〔1〕、基因歧视和基因隐私保护〔2〕、人体基因编辑专利等〔3〕。少部分研究着眼于制度建设，例如，中南林业科技大学的张小罗教授提出要制定我国的基因安全法并探讨了这部法律的立法重点与难点。〔4〕天津大学的田野博士则提出基因编辑相关立法要本着良法善治理念在抑制与开放中找到平衡。〔5〕

不可否认，基因治疗技术对于有效治疗疑难疾病有着重要意义，需要善治；但同时人类基因编辑也存在巨大的风险，呼唤良法。如何在监管与推进人体基因技术之间找到平衡点，首先需要找到制度建设的灵魂理念。

---

〔1〕 李媛："胚胎法律地位问题研究"，载《商》2015年第7期。

〔2〕 李颖："我国反基因歧视的法律研究"，天津大学2011年硕士学位论文。

〔3〕 陶磊："论分离DNA片段基因检测法的专利适格性"，厦门大学2017年硕士学位论文。

〔4〕 张小罗："制定我国《基因安全法》的重点与难点"，载《政治与法律》2018年第11期。

〔5〕 田野、刘霞："基因编辑的良法善治：在谦抑与开放之间"，载《深圳大学学报》（人文社会科学版）2018年第4期。

本文认为，人体基因编辑相关制度应该充分体现至少六大核心理念：维护人的尊严原则、人类基因利益共同体理念、知情同意原则、促进福祉原则、公平与利益分享原则、治理机制建设。

（一）维护人的尊严原则

在基因编辑领域，应当按照国际人权法的标准保护人的尊严。无论个人的基因质量如何，人人享有平等的人格尊严权，享有平等的基因权利，有平等的延续自己的基因的权利，不得歧视携带特殊基因特别是问题基因、疾病基因的人或群体。必须在完全知情同意的基础上，方可开展人体基因编辑。此外，为了保护人类尊严，除禁止买卖胚胎外，在基因编辑领域绝对不能逾越的红线是禁止利用人配子和动物配子制造嵌合体，禁止利用人的体细胞核与动物线粒体 DNA 制造嵌合体。

（二）人类基因利益共同体理念

树立人类基因利益共同体理念关乎人类基因编辑技术的发展。国际合作共享人体基因技术成果符合人类共同利益与人体细胞的自然属性，政府垄断人类基因资源是不可行的。人类基因资源是人类生物体发展进化逐步演变的结果，和其他生物一样，具有多样性。人类基因资源不是国家的产物，不是政府治理的成果。以有某国国籍或属于某一人种种群为由划分并垄断某一国家、某一人种的基因资源是狭隘的。主要理由为：基因检测技术简便易行且廉价；人体基因检测和基因治疗必须经受试者知情同意；人员国际往来频繁，任何国家和政府无权禁止也不能禁止公民在他国接受基因检测与治疗，否则，侵犯公民的基本人权。

在人类基因利益方面，尤其要谨防狭隘的人体基因资源国家所有权观念，更要警惕“人体基因阴谋论”。因为无知和愚昧，有人相信危言耸听的“人类基因阴谋论”；也有人别有用心大力宣传“人类基因资源的国家安全”“利用人体基因技术灭绝种族”“利用人体基因技术毁灭国家”以博眼球。例如，据报道，一位发展中国家的所谓科学家在国际会议上曾愤怒地说：“你们已经抢走了我们的黄金和钻石，现在又来抢我们的基因！”再如，我国有学者认为，“中国人特有基因资源的发掘与国家安全与国民生存紧密相连”，“我国民族基因信息流失国外”，存在“国际上研究与开发基因武器的潜在威胁”，认为外国“利用我国的基因资源研发对付我国的基因武器，威胁我国安全”。如果此事属实的话，有两种情况：一是相关机构和人员正在从事针对中国人的反人类犯罪活动；二是此类阴谋犯罪活动已被我国政府秘密破获而犯罪未遂。无论何种情况，涉案者都应该接受国际刑事法庭的审判。假设这种情况出现，对于国际社会建立的相关制度与伦理规则是极大的讽刺。“阴谋说”“恐怖论”误导民众，只会将研究和政策引入歧途，阻碍人体基因技术的发展。

人类基因利益共同体理念并不等于国际社会有权无偿、全面分享所有人类基因资源与先进的人体基因编辑技术。知识产权法特别是专利法保护人体基因编辑技术以及利用此技术所产生的产品。人类基因利益共同体理念是基于规则之下的利益共享。

（三）知情同意原则

知情同意原则是古老、传统的医疗伦理原则，此原则已经成为医疗卫生法的一项重要原则。对此前文已有论述，在此不再赘述。

（四）促进福祉原则

促进福祉不是指以牺牲个体利益促进人类群体福祉，而是指使患者或受试者个体受益和不被伤害。[1]在相关生物伦理国际文献中，福祉又进一步被阐述为对患者或者受试者的利益最大化与伤害最小化。在人体基因编辑领域，此原则要求：人类基因组编辑的应用应该促进个体的健康和福祉，尽最大可能将对个体的风险最小化。

（五）公平与利益分享原则

对人类基因组编辑的任何应用应确保风险与受益的合理平衡，对受到的损害应当公平合理补偿；对于人体基因编辑技术成果，基因供体有分享成果利益的权利。

（六）治理机制建设

诚如我国著名的医学伦理专家邱仁宗教授主张，人体基因治理机制安排可分为五个要点：专业治理、机构治理、监管治理、法律治理与国际治理。[2]

---

〔1〕 邱仁宗：“人类基因编辑：科学、伦理学和治理”，载《医学与哲学（A）》2017年第5期。

〔2〕 邱仁宗、翟晓梅、雷瑞鹏：“可遗传基因组编辑引起的伦理和治理挑战”，载《医学与哲学》2019年第2期。

人体基因编辑专业性很强，专业治理相当重要。我国权威的专业学会有中华医学会、中国遗传学会、中国医学遗传学会等，这些专业机构应当积极在自己的领域着手制定有关会员从事基因编辑的行动规范。2018 年 12 月，中华医学会糖尿病学分会发布用干细胞治疗糖尿病必须首先进行临床试验的声明，体现了严肃的医学专业精神。〔1〕遗憾的是，截至目前，在所有的专业学会中，只有糖尿病分会作出规范医疗行为的声明，其他学会并没有在各自领域发布权威指导。我国医疗卫生领域以及生物科技领域的学会应当秉持严谨敬业精神，认真思考制定本领域的专业规范。

在机构治理方面，应当强调机构伦理委员会对人体基因编辑特别是生殖系基因编辑的审查能力。与非遗传性的体细胞基因编辑不同，生殖系基因编辑技术风险更大。相关伦理审查专家必须具备相关的专业知识和经验以及较高的风险评估能力，必须建立严格的基因编辑伦理审查专家准入制度。此外，要完善伦理审查工作制度并确定相应伦理审查质量标准以确保伦理审查的准确性与公平性。此外，要明确生殖系基因编辑伦理审查的主要流程与控制点，例如临床试验的具体目的、配子和胚胎来源与质量、基因编辑的操作情况、利益与风险评估等。为确保伦理审查的真实、准确以及公平公正，还需要不断对相关人员进行培训以提升专业能力。

监管治理要求我国的医疗卫生行政管理部门完善监管制度并切实实施监管。目前，在人体基因编辑领域，很多方面仍没有制度安排。我国卫生和健康行政管理部门需要制定专门的可遗传基因组编辑的伦理准则和管理办法，建立从事生殖系基因组修饰工作的机构和人员的准入制度，建立生殖系基因组修饰临床试验方案二次审查与再审制度，并加强对实施生殖系基因组修饰机构伦理委员会的检查评估。

本文认为，我国目前暂没有制定基因安全法的必要。我国与人体基因相关的规定大多属于部门规章，此情况与人体基因相关技术的高度专业性有关。很多国家的国会都没有制定专门的人体基因法，但并不能说这些国家对人体基因都缺乏监管。法律对生物科技的干预主要有两个方面：一是划定红线，超越红线就构成违法乃至犯罪要承担法律责任，以保证生物科技不会被滥用。二是规制，界定利益相关各方的权利义务以确定产业的秩序。

---

〔1〕 中华医学会糖尿病学分会："关于干细胞治疗糖尿病的立场声明和关于干细胞治疗糖尿病外周血管病变的立场声明"，2010 年 11 月 25 日。

国际治理要求国际社会在人体基因研究方面的交流和合作。联合国应该建立人体基因编辑技术交流合作机制，加强成员国之间的信息技术交流，促进国际合作，解决纷争达成共识，推动技术发展造福人类。

四、小　结

人体基因编辑技术有利于疾病的预防与治疗，然而，人体基因编辑技术的滥用可能给人类带来较大风险乃至灾难。人体基因编辑治理制度的构建应力求平衡规则制约与技术发展的关系。我国需要加强人体基因编辑相关制度建设，不仅要吸收国际社会比较成熟的规范，更要确立基于尊重、人本、仁爱、包容、创新的理念和规则。

“经理人”的起源及其流变

——《公司法》视角下的分析

杨　狄[*]

摘　要：我国《公司法》并无条文涉及“经理人”，但是却同时规定了“经理”和“高级管理人员”，现实生活中也一直在混用这些概念。本文通过“经理人”语词的考证，厘清经理、经理人、职业经理人等相关概念之间的关系，并在语源论证的基础上分析“经理人”在公司法中的定位。现代公司法意义上的经理人概念除了是公司某些重要管理职位的负责人也同时可以是该管理职位，只不过相较于经理，经理人的定位在职务划分上会更加细化。在公司治理结构中，经理人的地位从表象来看是一个组织结构中的权利配置问题，然而实际上它却是有关公司价值和性质的直接表征。

关键词：经理　经理人　职业经理人　公司法

我国 2018 年《中华人民共和国公司法》（以下简称《公司法》）中，并无条文涉及经理人的概念，但是同时规定了“经理”和“高级管理人员”。该法第 216 条第 1 款规定，高级管理人员是指公司的经理、副经理、财务负责人，上市公司董事会秘书和公司章程规定的其他人员。该法第 49 条规定，董事会聘任经理，经理主持公司的生产经营管理工作，组织实施董事会决议；组织实施公司年度经营计划和投资方案；拟订公司内部管理机构设置方案；拟订公司的基本管理制度；制定公司的具体规章；提请聘任或者解聘公司副经理、财务负责人以及董事会决定聘任和解聘以外的负责管理人员。由以上

＊ 作者简介：杨狄，汕头大学法学院教师。

两个具体法律条文判断，我国《公司法》中的经理属于高级管理人，且为最高级别的高级管理人。我国《公司法》中高级管理人的概念类似于英美法上的经理或经理人，经理类似于总裁（CEO），虽然这一称呼并不是很恰当，表现了过于僵化的立法思维。在中国法上，不论是高级管理人还是经理都是我国公司法上公司的日常业务执行机关，但这一职位可以通过章程废止，这就意味着公司可以自由选择。但实际上，按照中国法律体系，和英美法上 CEO 的最高代理权类似的职位应该是我国公司中的法定代表人而不是经理或者经理人。

实际上，现代公司法意义上的经理人概念除了是公司某些重要管理职位的负责人同时也可以是该管理职位。只不过相较于经理，经理人的定位在职务划分上会更加细化，即经理人是经理后期发展出来的概念，在公司历史的早期，经理人是不存在的，但随着经济的发展，分工的细化，经理人应运而生，专指公司内部对公司经营负责的职务和职务负责人，代表某类职务的专门化发展趋势。本文所指的经理人，是经理概念的发展和细化，除了满足传统上经理制度的要求和内涵外，还是经理制度的诞生和发展。本文所指的经理人与现实生活中所称经理或相应概念要做出区分，现实生活中公司所使用的部门经理、科室经理、项目经理等都不是本文所指经理人，本文所指的经理人应该是经理层和高级管理人员团队的同义语，包括总经理或总裁，副总经理或副总裁，财务主管、秘书和负有公司经营责任的其他管理人员。在经理人以经理层的形式出现时，指向的是董事会聘任的处于公司管理层顶端的一个具有总的管理权的团队；在经理人以个体的身份出现时，指向的是总经理或公司总裁。

一、经理制度的渊源

学者吴伟央在其论文《公司经理制度演变考》中，将经理制度分为四个阶段，分别是古罗马时期的奴隶经营时期、中世纪商人工会执行官时期、近代特许公司总督时期和现代职业经理人时期。古罗马法虽然严格坚持形式主义，禁止代理（alteri stipulari nemo posttest），但家长对子女和奴隶的绝对控制，使得其完全无需其他代理人来协助其处理事务，使用奴隶代其从事商业经营以规避法律或道德的惩罚已经是贵族们公开的秘密。[1]吴伟央认为，尽

〔1〕 罗马社会重农抑商，当时的法律禁止元老院从事商业活动，贵族效仿商人从事贸易被认为是全然不顾廉耻的行为。这一时期商业组织经营发展的外部环境很不利，但仍有学者认为，当时的"奴隶"经营是逆境环境下的经理制度萌芽。

管法律并不承认奴隶的代理人地位，但奴隶实际上已经在从事“经理”的职责。往后发展至中世纪的商人工会，作为一个商业组织的联合体，它获得政府特许从事某一地区或某一行业的经营业务，其具体的运行管理是由专门个人负责的。这些专门个人由会员大会选举产生，被称为总执行官（Alderman，Councilor，Master），负责工会中的行政性事务，协调会员之间的各种关系，而工会的具体经营性事务仍由会员自身负责。如此，中世纪工会的总执行官的角色类似于现代公司的总经理，被认为是经理制度的萌芽。为了发展海外贸易，特许公司和管制公司在十二十三世纪大量发展壮大，存在于这些早期公司中的总执行官也不断演变。如1600年经特许成立的英国东印度公司，由17个公司董事（Committeemen）选举出一个处理日常行政事务的总督（Governor）。这个总督就相当于现代公司中的总经理，总经理人数固定，由董事会任免，职责明确。在这个时期，经理的组织安排被逐渐从模式、法律和权责上固定化，形成了一个具体的经理制度，起到了承上启下的关键作用，是现代经理制度的基石和里程碑。进入20世纪，科技力量和战争洗礼让美国工商业突飞猛进地发展，管理资本主义随之萌芽，大型企业的股权越来越分散，公司管理越来越专业和复杂，公司管理层开始逐渐打破内部任命而开始充实外聘支薪经理。职业经理人开始出现在人们的视野中，成为经理制度发展的新趋势。〔1〕

表1　经理人的历史演进〔2〕

时间	组织形式	经理人	副手	职责	产生任命	法律地位
古罗马时期	作坊	奴隶，子女	奴隶	具体经营管理	家长任命	无独立人格，附属于家长
中世纪时期	商人工会	总执行官（Alderman，Master）如墨卡托商人工会，手工艺商人工会	管理员（stewards）助理（assistants）	兼职工会的行政类事务	商会会员选举	事务联络人

〔1〕参见吴伟央：“公司经理制度演变考”，载《公司法律评论》2010年第1期。

〔2〕史料出处主要为 Cyril O' Donnell, "Origins of the Corporate Executive", 26 Bull. of the Bus. Hist. Soc. 55-72（1952）; Franklin A. Gevurtz, "The Historical and Political Origins of the Corporate Board of Directors", *33 Hofstra L. Rev.*, 26-32（2004）等，同时参见吴伟央：“公司经理制度演变考”，载《公司法律评论》2010年第1期。

续表

时间	组织形式	经理人	副手	职责	产生任命	法律地位
近代时期	特许公司，管制公司	总督（Governors）〔1〕如俄国公司，商人冒险家公司，东土公司，东印度公司，总裁（President）如北美银行，美利坚银行	管理员（stewards）监护人（wardens）部门主任（deans）	主持公司日常工作，遵守公司章程纪律	董事会选举	公司全职雇员
现代	股份有限公司，有限责任公司	总裁，高管	部门主任，助手	主持公司全部事务，遵守法律和公司章程	董事会选举	公司全职雇员
20世纪以来	大型股份公司	职业经理人（CEO）	部门主任，助手		董事会选任	支薪雇员

以史为鉴，经理人的出现是一个循序渐进的过程，其出现和公司的出现一样，都是经济发展的需要，是商业扩展和社会分工细化下的必然产物，是公司治理效率化的自然选择。无论是古罗马时期的"贵族—奴隶"，还是现代社会的"股东—职业经理人"，从简单地直接控制到复杂的商事代理，经理制度的演变是商事行为在不同历史阶段对生产力发展的适应，其核心精神和价值取向都是让商业组织制度安排和内部权力配置得以优化、完善，进而反作用于生产力的提高。

以欧洲早期企业发展为例。中世纪结束后的经济发展过程显得缓慢、徘徊不前、漫无目的。如前所述，这个时期商主体多以工会的形式存在，企业家要么被定义为对企业单位做出重要决策的管理者，要么被定义为风险和不确定性的承担者，在工业化经济的大规模企业出现以前，企业的主要问题是风险而不是管理。战争和违法事件的威胁、骚乱和瘟疫的流行、随意的商业干预以及自然力的变化无常，这些都使得企业的外部环境极不安全，这意味着商业企业的管理在很大程度上是环境偶然性的牺牲品。在欧洲市场最真实

〔1〕 governor 除了指行政机关官员称呼之外还指英国殖民地的总督。中世纪的商人工会和近代公司都与殖民活动联系紧密，特许公司的负责人实际上就是殖民地的负责人，后来统指公司总部负责人。参见薛波主编：《元照英美法律词典》，法律出版社 2003 年版，第 609 页。

的情况是，市场由落后的信息和交通系统所连接，而且受到市场规模和不完备的组织协调两方面的限制。对于大多数商业企业而言，解决通信和分散化的办法是将资源用于委托，或者是合并领取薪俸的那些办事人员、学徒和代理人。而按既定市场结构的性质，商业企业总是被迫在中心控制和外部监督之间进行平衡，而由于可利用的控制技术受到限制，商业企业家只能被迫赋予代理人很大的自主性来权衡商业行为。基于这一事实，经理制度慢慢得以发展和固化，商业组织也基于此种安排而逐渐适应糟糕的外部环境从而积累利润。[1]早期的经理人，往往是企业家自己的家族成员和同教派信徒。企业家与经理人之间有密切的个人关系，无论基础是什么，经理人在履行他人不愿提供的经济功能时会更有效率。家族关系、宗教关系，以及二者构成的社会团体关系，是早期经理制度和商业组织的粘合剂。

与其说法制化经理制度为公司组织机构的扩大化和复杂化提供了动因，不如说，由法律来强制性安排经理制度就如用法律来拟制公司人格一样，是减少交易中间环节、增强相对交易人对公司的信任，从而整体上降低市场交易成本的经济考量。正是由于法学和经济学这样的考量，经理制度在不断的实践和连续的立法过程中，不断被打磨精细。在磨合中代理人、被代理人以及其他利益相关者各方利益不断冲突和协调，“民主和效率”成为经理制度发展首先要面临的价值考量。如前文所分析的四个阶段，在对商业组织体控制权之争并不激励的古罗马和中世纪工会时期，经理人的选任是非常民主的，往往由全体股东（工会成员或者贵族）开会，一人一票的民主选任产生。这是由于经理人的选任并不会直接影响到商业体的经营权，各方利益主体的意识并无分歧。当商业体发展到管制公司和合股公司之后，对公司经营控制权的争夺变得空前激烈，全体股东公决公司事务常常导致决策僵化，大股东利用董事会选任经理人来排除小股东的意志成为常态，当面临大股东和中小股东意识层面的利益冲突时，商业组织内部民主思想很容易被经理人经营决策的效率化追求所稀释淡化。在公司发展集团化、跨国公司竞争白热化的现代公司阶段，商场如战场，对经理人自身素质、商业判断能力的要求变得非常高。在瞬息万变的市场，一方面，等待董事会决策可能会导致商机延误；另一方面，大股东在公司控制中排斥小股东的发言权，现代公司必然选择从实

---

〔1〕 参见［英］M. M. 波斯坦、E. E. 里奇、爱德华·米勒：《剑桥欧洲经济史（第五卷）：近代早期的欧洲经济组织》，周荣国、张金秀译，经济科学出版社 2002 年版，第 392~409 页。

质层面扩大公司经理人的经理权。然而，对效率的过度强调容易变得偏执，权力的集中往往容易导致腐败，腐败激增代理成本，这又使得公司治理必然面临这个时代特有的世界性趋同的难题——公司经理人的代理成本问题。

如果把公司的法律制度比作一根长绳，那么，经理制度则是这根长绳上的关键一环。在经济学界和法学界对经理制度进行考量时，应该充分认识到各相关主体因为现实变化和利益冲突而在意识层面面临的“民主和效率”的矛盾抉择，避免一味的偏执立法，在制度设计中尽量平衡这一对矛盾，以效率的“矛”迎战市场的机遇，以民主的“盾”抵御偏执的风险。这就要求学界和立法者充分尊重和重视经理制度的改革和完善，从内容上给经理人配置权力、义务和责任，在程序上重新规范选任、激励和约束。安然丑闻之后，全世界开始反思公司治理，《塞班斯法案》（*Sarbanes-Oxley*）应运出台，对于遏制经理人徇私舞弊，权力寻租起到了一定作用和效果，然而，这更像一个“头痛医头，脚痛医脚”的办法，从一个极端走向另一个极端必然会导致过犹不及的反效果。故，尊重历史发展的规律，将经理制度的法律规范看作一个规律化和体系化的过程，从宏观和微观上重新考量经理制度，才能从根本上约束和规范经理人。否则，如中小股东保护、信息披露、独立董事等制度设计都将沦为灾难发生后的补丁，脱离了一个基础的法律规范支撑将难以维系。如此，经理制度的改革和完善将不得不成为公司法律规范体系完备化的重中之重。

二、经理人的演进及其成长模式

（一）职业经理人的出现

如果从企业制度的发展历程来考察经理人的变迁，就可以发现经理人的演进过程其实是人力资本与物质资本不断博弈的过程，职业经理人的出现和发展是人力资本的专业化程度不断提升以及企业治理模式不断改善的结果。

职业经理人最早在美国的铁路行业出现。19 世纪 40 年代末，美国掀起了修建铁路的热潮。由于铁路建设需要巨额资本的投入，股份制的公司模式成为运作铁路行业的必然选择。于是，拥有庞大资本和超大体量的大型企业成为现实，随着企业规模进一步扩张，分工复杂细化，企业的管理越来越困难。在这个时期，铁路管理是一个全新的问题，面对事故、建设、协调、运输等诸多问题和障碍，传统的股东治理模式根本无法驾驭铁路企业，同时铁路企业的运营牵涉各个环节，其管理人员需要专业性的特殊技能和训练。面对这些严峻困难和挑战，大批新型的专职经理人员（最初的职业经理人）开始在铁路行业应运而生，并慢慢地像医生、律师一样形成一个职业阶层。

这些新兴的职业经理人以其自身的才能和专业能力，不断探索，积极创新，为当时大型股份制公司的发展壮大做出了杰出的贡献。1841 年 10 月 5 日在美国发生了一起大型铁路事故，针对这次事故，经理人乔 · W. 惠斯勒（Joe. W. Whistler）为美国西部线铁路公司设计出了一套现代化的内部分工组织方案，凭借这套方案西部线铁路公司一跃成为当时拥有最先进管理技术的公司。1846 年，巴尔的摩和俄亥俄铁路的经理人本杰明 · 拉特罗布（Benjamin Latrobe）通过对铁路管理精确性与财务会计理论相关性的缜密研究，将财务会计从铁路作业中分离，首次提出了记录铁路运营的款项，并独立编制日报表、月报表以便考核的制度，为公司财务管理贡献了全新思路。丹尼尔 · 麦卡勒姆（Daniel Craig Mccallum）就职于纽约伊利铁路公司，从一名小小的监工干起，成为公司的经理人，并曾一度担任美国所有铁路的指导和监督工作。他利用电报技术加快内部信息传递，健全公司统计报表制度，控制企业经营成本，提出了组织结构设计的 5 条基本原则〔1〕，同时明确了高管们的权责关系。这些措施迅速提高了运营效率，他由此在铁路行业声誉鹊起；在总结上述职业经理人成就的基础上，1852 年就任宾夕法尼亚铁路总经理的 J. 汤姆森（J. Tomson）以明确中央管理机构、区段管理机构及各职能部门的关系为重点，创造了一套权力机构与职能部门分设的组织形式——这就是后来 M 型组织结构的雏形。自此分工严密、结构合理、协调控制的铁路企业组织结构和管理制度逐渐形成，而与之相适应的近代财务会计、统计制度的基本方法也在 20 世纪五六十年代逐渐发展起来。〔2〕

可以说铁路企业的成长和发展史即是职业经理人阶层的兴起和壮大史，职业经理人是伴随着现代公司制度发展起来的。一方面，这一时期发明的技

---

〔1〕 从管理原则上看，麦卡勒姆提出分工、授权、责任制、报告控制系统、统一指挥原则。在他为公司提出的 1855 年度总监报告中，他把管理改革原则列举为：①适当的职责划分；②授予充分的权力，以便能够充分执行其责任，这样，责任就可能是名副其实的了；③能够了解是否切实承担起责任的手段；④极其迅速地报告一切玩忽职守的情况，以便立即纠正这些错误行为；⑤通过每日报告和检查的制度了解员工情报，这样既不会使主要负责人为难，也不会削弱他们对下属的影响。参见 Douglas North, Robert Paul Thomas, *The Rise of the Western World*: *A New Economic History*, *Crawfordsville*, *Indiana*, R. R. Donnelly & Sons Company, 1976；［美］彼得 · F. 德鲁克：《革新与企业家精神——实践与原理》，张遵敬译，上海翻译出版公司 1988 年版。

〔2〕 参见张文昌、于维英：《西方管理思想发展史》，山东人民出版社 2007 年版，第 136 页。

术为现代化企业的发展创造了有利条件；另一方面，铁路企业在组织管理理念上的创新，成为后来组织管理创新的基础，职业经理人从此成为管理学研究的对象。美国学者伯利和米恩斯在《现代公司与私有财产》一书中对美国的200家大公司进行了分析研究，通过数据对比发现在1993年的美国，44%的公司不是由资产所有者而是由并不占有公司股权的经理人所控制的，因此他们得出了一个著名的结论："现代公司的发展，已经发生了所有与控制的分离，公司实际上已经由职业经理组成的控制者集团所控制。"〔1〕

（二）经理人的成长模式

1. 美国的经理式资本主义

生产关系适应生产力的发展，是一切新兴事物产生的根本原因，职业经理的兴起和发展也如此。美国公司业史学大师小艾尔弗雷德·D. 钱德勒（Alfred Dupont Chandler Jr.）（1987年）认为，"随着技术和市场的充分发展，大部分的单位企业会在企业规模和经营的多样化方面达到一定水准，这样的企业会将管理权和它的所有权分开，同时经理也会变得趋于职业化，这样，现代企业制度（经理式资本主义）必然会取代传统企业家制度（家族式资本主义），而现代企业发展的关键因素则是能否形成足够的职业经理阶层"。在其《看得见的手——美国公司业的管理革命》一书中，小艾尔弗雷德·D. 钱德勒详尽地阐述了19世纪40年代到20世纪20年代的美国经济——美国的农业经济和乡村经济向工业经济和城市经济转型的过程。在这一时期，美国的企业完成了生产和分配过程中的革命性改变，现代工商企业兴起和发展，形成了经理资本，可以说，是钱德勒首次对职业经理的产生和发展过程进行了全面的研究。〔2〕从上述分析可以看出，职业经理人的产生至少需要以下四个条件：其一，生产力的发展，生产技术的提高，专业化分工得以实现，职业经理人开始从原有管理岗位分离出来；其二，产业革命以后，企业经营权和所有权的二分化，使得经理权拥有了与所有权博弈的资本，职业经理人得以控制企业；其三，拥有科学法人治理结构的现代企业制度是职业经理人生存和发展的制度基础，企业内部规范的公司治理模式，成为职业经理人有效经营

〔1〕［美］阿道夫·A. 伯利、加德纳·C. 米恩斯：《现代公司与私有财产》，商务印书馆2005年版，第356页。

〔2〕［美］小艾尔弗雷德·D. 钱德勒：《看得见的手：美国企业的管理革命》，商务印书馆1987年版，第378页。

公司的重要保障；其四，企业外部开放的控制权市场以及职业经理人市场的竞争与淘汰机制，为职业经理人的成长提供了优胜劣汰的良性循环环境。

正是上述四个条件，造就了美国繁荣的经理式资本主义。在美国，市场经济体制已经相当完善，技术进步和产业扩张带来了管理科学的飞跃，职业经理人的培养也拥有肥沃的土壤。首先，公司治理相对规范，公司内部股东会、董事会权责分明，治理机构相互制约平衡，独立性强，利益相关者的权益也能得到法律的保障；其次，美国拥有完善的资本市场和竞争性产品市场，大众能够从市场获得充分的信息判断职业经理们的管理绩效和创新努力；再次，控制权市场的激烈竞争，亦使职业经理人加强了对自身的约束；最后，美国的法律环境和信用体系有力地保障了职业经理人阶层的成长，如《保护贸易和商业不受非法限制和垄断之害法》禁止家族企业形成卡特尔，信息透明度降低了搜寻高质量职业经理人的成本，以经理式资本主义为特征的股份制公司得以迅速发展。[1]正如某位学者所言，“美国的经理式资本主义的产生首先是在企业内部人力资本与物质资本的相互博弈中引发企业的管理创新和企业制度的改变，这种改变进一步扩展，引发了相应的制度变迁，这些制度变迁反映在完善的企业治理结构和发达的外部市场上”。[2]

2. 我国的经理人成长条件

相比较而言，我国形成职业经理人的条件不够成熟，可以说并无一个真正意义上的职业经理人市场。在公司机构方面，我们有股东会、董事会、监事会，甚至有独立董事和公司社会责任制度的设计，作为中国公司典型的国有股份公司也在不断地改革完善，国家寄期望于产权的置换来实现国有公司效益的提升。然而，在诸如企业用人制度、外部市场自由度和国有股权行使监督等实质性改革尚未真正进行之前，规范的公司机构制度是不可能发挥应然的效果的。中国国有公司业目前的状态普遍是“有机构，无治理”，股东大会、董事会和监事会都难以发挥应有的作用，公司内部也缺乏有效的经理人激励机制和约束机制，更不论利益相关者（在这里主要指公司员工）的长效保护机制了。激励机制不足，人力资本逆向选择问题严重，经理层流动性过高。约束机制缺失，内部人控制现象严重，容易产生道德风险，这都会影响

〔1〕参见［美］小艾尔弗雷德·D. 钱德勒：《企业规模经济与范围经济：工业资本主义的原动力》，中国社会科学出版社 1999 年版，第 233 页。

〔2〕徐林：“中国职业经理人市场的理论与实证研究”，浙江大学 2004 年博士学位论文。

公司的稳定经营和长远发展。在企业外部，目前我国的资本市场不发达，产品市场的竞争性不足，无法提供充分信息以评价职业经理人绩效。再加上股票市场的严重不规范，股东的“用脚投票机制”失去意义，无法对职业经理人形成有效制约。另外国有股一股独大，导致控制权市场因为国有股权缺乏流通性而失去了应有的作用。种种因素共同导致了职业经理人市场在中国缺乏生存发展的环境，或者从制度变迁史的角度而言，由于完全不同的制度环境，在中美两国职业经理人的博弈规则是完全不同的。博弈规则不同，参与者的行为方向也应该改变，这种差异性必然应在公司法律制度上有所反映。回到笔者在开篇所提出的问题，中外职业经理人的概念是一致的，在一致的概念下中国不存在真正的职业经理人市场，最后，中外职业经理人的成长模式和发展路径因为各国环境和制度的不同，有明显差异。

因此，无论是发达国家，还是如我们一般的转型发展中国家，差异化的政治经济条件下产生的路径依赖会最大限度地约束公司治理制度，这种情况是公司法本身无法自足的，使得公司治理大大迥异于技术规则似的简单模仿。具体到经理制度上更是如此，中国国有公司业内外部的环境使职业经理阶层的成长模式与职业经理人市场的培育模式必然与钱德勒笔下的美国职业经理人的发展路径有很大区别。那么，在理论和实践的基础上提出符合我国国情的职业经理制度就是势在必行的任务，需要法学界和经济学、管理学界的通力合作。

三、职业经理人与公司法上的经理概念辨析

职业经理人与公司法上的经理是一对密切相关的概念。职业经理人享有经理的权力，承担经理的责任，同时受到公司法和公司章程中有关经理权限的约束。具体而言，职业经理人是特殊的经理，具有公司法经理的一般特征，同时作为一种特殊的经理类型，也有其自身特点。例如前文所提到的职业经理人的专业性、职业性、身份性、流动性、风险性等。一言以蔽之，职业经理人是公司法上的经理，但公司法上的经理不一定是职业经理人。除此之外，职业经理人属于公司的高级管理人员，与传统公司法上的经理比较而言，除了负责执行公司日常工作，更重要的职能是承担一部分公司的决策职能，必然会与董事会有着千丝万缕的关系，这种关系需要通过公司法和公司章程来规范和调整。在公司法层面，可以说，经理制度最重要的一环就是调节好职业经理人与董事会之间的权力制衡关系，才能形成公司治理的良性循环，为

后续职业经理人的激励和制约机制能有效作用提供适宜的内部环境。例如，CEO 制度（首席执行官制度）就是大型公司非常典型的职业经理人制度，除了符合《美国商业圆桌会议公司治理准则》的一般规定外，为了提高公司的经营效率，公司章程还可以根据全美公司董事联合会蓝带委员会的《示范性 CEO 职位说明》，将公司经营权进一步向 CEO 集中。

另外需要指出的是，在笔者查阅文献的过程中发现，有很多文章提及了 CEO（首席执行官）与 General Manager（总经理，GM）的区别。有学者指出"CEO"在很多文章中已经达成了共识，指公司的首席执行官，负责管理团队和公司决策运营。但是，"首席执行官"或"总经理"并没有被明确定义，英语单词"general manager"的字典释义几乎是同义于"CEO"的。但在一些国家，比如法国，在很多文章和公司机构中也会出现"factory general manager"（部门总经理）和"branch office general manager"（分支机构总经理）的设置，这样就很难确定 CEO 和 GM 的区别了。〔1〕虽然 CEO 和 GM 在职能上存在交集，但从组织关系上来看，CEO 在公司中只有一人，而 GM 的职位设置可以是多人。另外，有文献涉及总经理一些职能特点，包括倾向于实施一些特征模糊和无法验证的职能；重点完全着眼于业务部门层面的其对战略任务的影响；很少审视总体策略，与总经理绩效的关键联系是一个标准的变量——公司效益的环境质量（可操作性及其灵活性）。〔2〕一言以蔽之，公司的首席执行官是职业经理人的最高级别，负责整个公司经营运作，总经理一般负责一个部门或一家公司内部的分支机构，在组织级别上总经理的身份高于一般雇员但低于企业高管，常伴有一定位置的重要性和责任性，在一些企业中，总经理也属于高层管理人员之一。〔3〕一般经理可以通过自身努力在公司内部竞聘中晋升至总经理，总经理也可以通过自身的努力进入职业经理人市场，成为公司首席执行官或者其他高级管理人员。笔者认为，目前的情况是"总经理"的称谓经常在日常的商业活动中被广泛使用，然而在法学意义上，中国公司法不承认有"总经理"职位的单独设置，总经理和公司法上一般的经理

〔1〕《牛津高阶英汉双解字典》，商务印书馆、牛津大学出版社 2012 年版，第 269 页。

〔2〕 Anil K. Gupta，"Contingency Linkages between Strategy and General Manager Characteristics：A Conceptual Examination"，*Academic of Management*，载 http://amr.aom.org/content/9/3/399.short，最后访问日期：2014 年 11 月 3 日。

〔3〕 Definition of "General Manager"，载 http://www.investopedia.com/terms/g/general-manager.asp，最后访问日期：2014 年 11 月 3 日。

的区别不大，属于公司法传统意义上的经理类别之一。

职业经理人属于公司法上的经理，同时赋予公司法上经理更多的含义。在这个意义上我们发现，公司法上的经理包括职业经理人和传统意义上的经理，传统意义上的经理不享有公司的经营决策权。在职业经理制度下，董事会与职业经理人及其管理团队职权的分野充分体现了公司决策控制权与决策经营权的分离——董事会多数将决策经营权力下放给职业经理人及其管理团队，自身仅保留对经理层的最终控制权。于是，要重新定义公司法上的经理概念，扩大经理权的范围，同时强化董事会的监督职能。从现实意义上而言，在大型股份公司赋予经理人更多的职权，不仅有利于提高公司内部经营的效率，也有利于提高公司内部监督制衡机制的能力。总之，在两权分离的情况下，如何在最大化激励经理人主观能动性的同时防止经理损害公司利益，保障股东和其他利益相关人合法权益，是公司法在人事制度和权力分配方面面临的最大问题。

四、经理人的法律地位——类型化分析的视角

到底哪些公司需要设置经理人？经理人的职权有哪些？经理人与股东会、董事会之间到底是何种关系？经理人权力归根结底从哪里来，其界限又在何处？经理人的职权是应该由法律一一列举还是概括又或者由章程约定？回答这些问题实际上就是在回答经理人的法律地位问题。在公司治理结构中，经理人的地位从表象来看是一个组织结构中的权力配置问题，然而实际上它却是有关公司价值和性质的直接表征。从1776年亚当·斯密在《国富论》中提出对经理人为雇主工作的积极性担忧以来，〔1〕人们就开始意识到经理人问题了，到1904年，制度学派创始人凡勃伦（Veblen）在其《企业理论》中将经理人问题引申出所有权与经营权相分离理论，〔2〕再到1932年伯利和米恩斯从法学和经济学的角度深度解析美国200家公司，认为股份公司的发展导致了所有权和经营权的分离，在分离过程中经理人逐渐掌控了大企业的管理控制权，〔3〕各国的经济学界和法学界都高度重视经理制度的发展，期间有关经

〔1〕 王保树、钱玉林："经理法律地位比较研究"，载《法学评论》2002年第2期。

〔2〕 参见李健：《公司治理》，经济科学出版社1999年版，第24页。

〔3〕 参见 A. A. Berle，Gardiner C. Means，"The Modern Corporation and Private Property"，New York：Commerce Clearing House，Inc. 1932. 转引自王保树、钱玉林："经理法律地位比较研究"，载《法学评论》2002年第2期。

理制度的文章纷呈迭出，引人深思，更有学者断言“经理人革命”是公司结构发展的必然。[1]中国大陆地区对经理制度的研究起步较晚，而且有很大一部分研究都直接从国外已有研究的结论出发，缺少结合中国元素的独特研判。有关经理人在社会主义市场上的权利、义务、责任等经理制度问题需要结合中国公司业的特色作出深层次的研究。至关重要的是，经理人在公司法上究竟处于何种地位，值得我们深思。

“经理人”一词，无论在大陆法系还是英美法系，在国家立法、学说、判例、习惯中的含义都相当复杂。最能体现经理人地位差异的，当然是比较各国立法表述的不同。民商分离的国家和地区，一般在商法典中规定经理人，如德国、日本、韩国和我国澳门地区等。我国澳门地区的商法典规定，“经理系指商业企业主委任以经营企业之人，该委任得按商业习惯以任何职务名称为之”。[2]这个规定的意义在于把握了经理人的实质。“商业使用人”，是日本法和韩国法上对高级职员的特有表述，范围除了经理人之外，还包括表见经理人、被委任某种类或特定事项的使用人以及出卖物品的店铺的使用人。[3]可见，从商法典的角度，经理人和商人绝不是同样的概念。民商合一的国家或地区则一般在民法典中对经理人作出说明，如瑞士、意大利和我国台湾地区等。《意大利民法典》在劳动编中将经理人规定为“接受企业主的委托经营商业企业的人”[4]。我国台湾地区“民法”债编中对经理人作了相关规定。经理人在职务范围内对公司事务负责，是“有为商号管理事务，及为其签名之权力之人”。[5]英美法系中，判例和成文法中的经理人指向更加复杂，在成文法上，“经理人”一词与我国《公司法》上的高管同义，被表述为“officer”，意指负责公司日常事务的高级职员，包括公司总裁、副总裁、司库、总经理等。[6]而在判例法上，经理人被称为“manager”，是被选任同时被授予独立经营权的管理公司事务的人，其本身拥有的独立经营权是可以干预雇

---

〔1〕 参见［日］末永敏和：《现代日本公司法 》，金洪玉译，人民法院出版社 2000 年版，第 138 页。

〔2〕《澳门商法典》第 64（1）条。

〔3〕［日］龙田节编：《商法略说》，谢次昌译，甘肃人民出版社 1985 年版，第 3 页。转引自王保树、钱玉林：“经理法律地位比较研究”，载《法学评论》2002 年第 2 期。

〔4〕《意大利民法典》第 2203 条。

〔5〕 我国台湾地区“民法典”第 553 条。

〔6〕 *Black's Law Dictionary*, Fifth Edition, West Publishing Co. , 979, pp. 97, 307.

主的营业的。[1]

以上有关经理人含义的不同立法方式，实际上已经体现了经理人法律地位的细微差别，在商法上规定经理人的国家，严格区分商人和经理人，强调经理人的主体地位，侧重于用强制性的规范来保证经理人的权力。而民法典上规定经理人的国家，是从契约关系出发来强调经理人合同相对方的地位，多用任意性的规范来配置经理人的权力。不同于大陆法上的价值定位，英美法上的经理人概念其实是不明确的，因为强大的判例法传统，在英美国家中，经理人的内涵可能更多地会随环境和立法的不同而变化。[2]相较之下，大陆法系商法典更加强调经理人的独立经营能力，注重效率；而民法典则侧重公平，以雇佣关系的方式强调所有者的企业控制力，从而使所有权和经营权的结合更加紧密；英美法上的经理人地位与其说是由法律拟制，不如说是判例法和成文法对现实的总结，所以它的情况会更加复杂多变。[3]笔者认为，商主体中经理人准确的法律定位有利于合理配置经理人权利、权力和义务、责任，有利于公司主体的制度设计，有利于治理结构有效地发挥作用。在定位经理人的法律地位时，笔者认为首先要回答的问题是，经理人权力或权利的来源是什么？按照上述大陆法中的立法区别，经理人权利或权力要么来源于法律的规定，要么来源于和雇主的约定。更深层次的问题是，经理人到底是公司的受托人还是股东的受托人？是经营者还是股东抑或是第三人拥有公司？经理人与股东会，与董事会的关系如何？

经理人的法律地位问题受到传统价值理念、公司类型、规模、股权结构和股东构成等因素的影响。不同的立法体系，不同的公司控制权归属下的公司中经理人与股东会、董事会的关系差异是相当大的。无数的公司立法规范和公司运作的实践都已经表明，经理人的独立经营权力在股权分散的大型企业中被肯定和推崇，但在一些股权高度集中的小型企业中，经理人和股东的关系用契约来调整更符合现实的需要。按照中国《公司法》上的分类情况，笔者希冀能够将经理人的法律地位通过类型化的方式来探讨，这样，将有利

---

〔1〕 See *Case*：*Braniff v. McPherren*，177 OKl. 292，58，p. 2d 871，872. U. S. Auto Ass'n v. Alexander Film Co.，D. C. Mun. App.，93 A. 2d 770，7 71. 转引自［德］查理斯：“路易斯安那州的经纪业、委任与代理：大陆传统与现代实践”，载《路易斯安那州法学评论》1959 年第 19 卷，第 777 条、第 784 页。

〔2〕 何美欢：《公众公司及其股权证券》（上册），北京大学出版社 1999 年版，第 338 页。

〔3〕 参见王保树：“商法的实践与实践中的商法”，载王保树主编：《商事法论集》（第 3 卷），法律出版社 1999 年版。

于我们更准确了解经理制度的具体发展方向。

（一）有限公司中经理人的地位

我们认为有限公司和股份公司的最大区别，不在于其法律形态的不同，而是在于其能否自由进入资本市场，是否存在外部的、分散的股东。这也就意味着，相较于股份公司，有限公司的股东人数更少，控制权相对集中，股东之间的信赖关系基础也是更加牢固的。有限公司的治理模式和结构是不同于股份公司的。然而，有限公司也不是一概而论的，根据发展阶段的不同，有限公司中经理人的地位也有差异。有学者将公司的治理结构按历史演进分为五个发展阶段，分别是一人股东阶段、多个股东同时经营阶段、职业经理人经营阶段、引进新的自然人股东阶段和引入法人股东阶段。〔1〕可以看出，即使是有限公司，因为公司发展阶段的不同而导致的股权结构的细微变化，也会引发不同的公司治理结构，经理人的地位更是无法统一。

《德国有限责任公司法》根据有限公司雇员的人数规定了三种不同的治理结构类型。对于雇员人数少于500人的有限公司，公司法定机构为股东会和经理，监事会为任意设立机构。〔2〕《德国有限责任公司法》第46条规定，股东会是掌握财务权和人事权的公司最高机构和决策中心，负责选任、解聘、免责经理和代办人。法律还规定，“在章程规定的框架下，股东确定内部职权分配，可将所有决策权收归己有，并有权对经理发布指示”。〔3〕可见，在这种类型的公司中，主要是由股东参与公司管理，经理人更多是在协助股东共同治理公司，经理人的权利完全来源于股东的授权。在公司中，经理人处于从属地位，其职能主要依据章程约定。当雇员人数达到500人至2000人时，《德国雇员代表共同管理法》规定必须建立共同管理制度，由雇员通过监事会参与公司管理。当然，这种监事会与股份公司的监事会并不相同，它其实不是与股东会和董事会一样拥有同等管理权的公司机构，而是主要起到咨询或者代表作用的组织。在这样的公司中，虽然设置了监事会，监事会并不享有经理人的任免权，经理人也不必定期向监事会汇报工作。所以，这种规模的有限公司中虽然涉及雇员的共同管理，但经理人的地位和职权仍主要是由股

〔1〕参见魏秀丽：“有限责任公司治理：一个演进的视角”，载《经济体制改革》2005年第6期。

〔2〕参见《德国有限责任公司法》第6条、第35条、第45条和第48条。

〔3〕［德］托马斯·莱赛尔、吕迪格·法伊尔：《德国资合公司法》，高旭军等译，法律出版社2005年版，第525页。

东通过协议约定。[1]但在2000人以上的有限公司中，监事会的职权相对扩大，法律规定股东不能单独决定人事问题，应由监事会共同决定经理人的任命。[2]经理人的地位涉及股东和监事会的共同决议。举德国有限公司为例，是为了说明各国公司法对于不同类型有限公司的治理结构有不同的规定，对于经理人的法律地位而言，公司规模的意义是毋庸置疑的。

综上所述，有限责任公司一般规模不大，股东人数较少，股权结构简单，公司控制权相对集中。这样的公司对董事会的需求不大，股东对公司享有绝对的话语权，可以直接控制公司董事和经理人，甚至在某种程度上，股东、董事、经理人的身份出现重合，出现“老板即经理，经理即老板”的情况。经理人的地位一般依据公司章程，由股东协商确定，具有很大的随意性。经理人与董事会的关系类似于合伙协作，并没有表现出强烈的监督制约。经理人与股东的关系更多地体现为一种基于信任而产生的委托代理关系。

（二）股份公司中经理人的地位

对大型上市公司的实证分析表明，随着经济的不断发展，现代股份公司的规模迅速膨胀，股权愈加分散，股权结构更是复杂多样。[3]

正是由于股权的日益分散，股东对公司的控制越来越力不从心，公司所有权与公司控制权分离在大型股份公司趋于常态，公司的控制权在很大程度上被公司经理人或经理层所掌握。正如伯利和米恩斯在《现代公司与私有财产》中所分析的公司数据，“1929年200家最大公司中仅有88家归于经营者控制，而到1963年则有169家，或者说84.5%的公司归于该类型。在1929年，有22家公司归于私人所有或者其所有者通过过半数股份来加以控制，而在1963年被归于该类型的公司仅有5家”。如果这种数据呈现的趋势是正确的话，经理人在大型股份公司的地位可以说空前强大，他与股东的关系不

---

〔1〕［德］托马斯·莱赛尔、吕迪格·法伊尔：《德国资合公司法》，高旭军等译，法律出版社2005年版，第598页。

〔2〕［德］托马斯·莱赛尔、吕迪格·法伊尔：《德国资合公司法》，高旭军等译，法律出版社2005年版，第600页。

〔3〕1929年，在美国最大的200家非金融公司中，有47%（94家）的公司股东在2万人以下；到1974年，最大的200家公司中只有4.5%的公司股东在2万人以下；1929年，在200家最大的非金融公司中，只有1.5%（3家）的公司股东人数在20万至50万人，到1974年这一比例提高到10.5%（21家）。参见李维安：《现代公司治理研究》，中国人民大学出版社2002年版，第85页。

再限于代理人与被代理人的简单逻辑，在此类型的公司中，公司经理人的职权更多源于立法空白下的直接延伸。换句话说，因为商业活动的灵活性和特殊性，法律无法就经营者的权力给予过多的限制，与其说在此种情形下经理人的职权边界来自法律不如说源于“法不禁止即自由”的权力边界。

实际上，公司如此迅速发展而导致的经理人地位的膨胀和法律真空是与最初法学家与经济学家设计的公司治理理想模式相悖的。在早期股东会中心主义的指导下，公司股东会是公司最高权力机关，之后股东人数过多，为了表意的方便快捷，董事会中心主义开始发声，董事会逐渐演变为公司决策中心，于是乎，公司的权力层级设计为三个层次。股东会保留重大事项决定权，其中包括董事人员的人事权，由董事会负责经理人的选择。经理人作为公司常设的管理人员执行公司的日常经营事务，并对董事会和股东会负责。如《法国商事公司法》第117条规定：“单层制下董事会和董事长协商确定授予总经理权力的范围和期限。”〔1〕《美国示范公司法》第8.40条规定，“经理由公司在章程细则中指定，或由董事会依据章程细则任免”，“董事会可在任何情况下罢免任何经理”。〔2〕我国《公司法》第49条规定，“经理对董事会负责”。《德国股份法》第82条规定，“经理会〔3〕有义务遵守章程、监事会〔4〕、股东大会和经理会以及监事会的议事规则对业务执行权作出的规定”。〔5〕

各国的公司法规范和相关实践无一不彰显了经理人在一般股份公司中理想的法律地位——董事会控制经理人。经理人与股东的代理与被代理关系被董事会所取代，在法律的设计下董事会和经理人呈现出一种强烈的监督制约关系。当然，这种监督和制约有效发挥作用的前提是强势董事会的存在。所以，面临现代公司实际发展与法制设计背离的情况，重新强化股份公司董事会变得势在必行。这也是有效定位经理人在股份公司地位的前提。目前，针对公司发展过程中，由于股权结构重大变化而导致的经理人定位异变，各国公司法都作出了相应调整，如重构董事会、重新分配董事会和经理层职权等，

〔1〕卞耀武主编：《当代外国公司法》，法律出版社1995年版，第410~411页。

〔2〕虞正平编译：《美国公司法规精选》，商务印书馆2004年版，第79~81页。

〔3〕《OECD公司治理结构原则》导言中指出双层制下的监事会（supervisory board）就是指单层制下的董事会，而经理会（management board）指的就是经理层。

〔4〕参见《德国有限责任公司法》第6条、第35条、第45条和第48条。

〔5〕《德国股份法、德国有限责任公司法、德国公司改组法、德国参与决定法》，杜景林、卢谌译，中国政法大学出版社2000年版，第36页。

如美国通过著名的《商业圆桌会议公司治理准则》重新调整董事会和经理人的职权，在此并不赘述。[1]

〔1〕 各国制定类似治理准则还有《德国公司治理原则》《比利时公司治理委员会报告》《意大利上市公司治理委员会实务准则》《英联邦公司治理原则纲要》《香港最佳做法准则》《韩国公司治理最佳做法准则》《日本公司治理论坛公司治理准则》等，载 http://www.cg.org.cn/theory/zlyz/gggszlyz-OECD.asp，最后访问日期：2014 年 7 月 12 日。

法律文化视域下澳门地区与内地著作权法之比较

余　泓*

摘　要：粤港澳大湾区的法治建设是整个大湾区战略中最重要的一环，然而在当前大湾区“一国两制三法域”的框架下，要协同实现三个法域之间的法治建设存在巨大挑战。澳门地区与内地较香港地区而言，在法律技术上有更多的相通之处。在著作权法领域，澳门地区相较香港地区，在各种国际公约的适用程度上、在著作权的法律保护程度上，与内地更为接近，因此以澳门地区与内地著作权法律制度的协调构建作为两地法治协同建设的切入口，可操作性更强，对探索粤港澳大湾区法治建设路径具有重要的参考意义。本文从澳门地区著作权法律制度的构建路径入手，对内地与澳门之间著作权制度进行比较研究，并尝试探索两地在数字化传播挑战下协调数字化著作权制度构建的路径。

关键词：法律文化大湾区　著作权　澳门法制

一、前　言

《粤港澳大湾区发展规划纲要》将大湾区的法治建设列为整个发展规划纲要的核心内容，以湾区高度来推进法治建设是实现湾区内资源要素市场化配置的制度基础，这一概念不仅涵盖了对“一国两制”基本方针的发展与延续，更是深化地方法治建设和改革的重要平台。在湾区的法治建设中，最重要的挑战在于，在现有基本法构建出的“一国两制三法域”框架内，如何在尊重

---

* 作者简介：余泓，汕头大学法学院教师。

香港、澳门两地立法独立性的同时化解三地之间的法制壁垒。这就要求湾区的法治建设必须解放思想，建立起协调三地立法工作的新机制。一方面，港澳两地在立法过程中需要加强与内地的沟通与意见交换；另一方面，尝试给予湾区内珠三角九市更大的立法权限和立法范围，这也是在新时代下中国特色社会主义地方法治建设的一次有益尝试。《粤港澳大湾区发展规划纲要》提出了打造以中华文化为主流、多元文化共存的合作交流基地，澳门地区将成为中国与葡语国家商贸合作的服务平台和文化交流中心，这使得大湾区内著作权制度的法治建设，特别是澳门地区与内地之间的著作权法律制度的法治建设变得尤为重要。著作权法律制度事关区域内文学、艺术和科学作品作者权益的保护。一方面，立法者通过对著作权及相关权利的构建与保护，对本地区文化产品的创作、文化产业的发展乃至社会文明的建设提供了法律支撑，因此著作权制度呈现出极强的政策性与地域性。另一方面，由于整个人类社群在精神文化交流上的需要超越了身份、地域等物理分割的概念，在著作权领域有许多重要的国际公约被提出（如《伯尔尼公约》、WCT、WPPT 等），受国际法和公约的约束，各缔约方在著作权制度域内立法上都采取了趋同的基本原则。

澳门地区早在回归前，已经建立了一套沿袭葡萄牙法的著作权法制度。在 1999 年后，“一国两制”的基本方针使得澳门特区的法域独立性得到保护，澳门地区继续适用与内地不同的著作权法律，在这一制度下，特区本土的文化产业得以延续和发展。但反过来说，澳门地区与珠三角地区不同的著作权法律制度在实质上也形成了文化交流的法制壁垒，妨碍了文化艺术资源在两地之间的自由流动，这变成了粤港澳一体化建设中的一大痛点。内地和澳门在文化上本就同根同源，若是能做好两地著作权法律制度的衔接，在大湾区建设中尝试构建文化产业的单一市场既可行也有益，而两地文化产业中的求同存异、开放多元也将成为大湾区文化产业的核心竞争力，将成为大湾区和世界其他主要核心湾区的优势。因此，大湾区语境下的著作权法治建设，不应只追求法律制度的融合和统一，而更要强调协调和平衡两地之间文化从业者的利益与两地公众的公共利益，同时也需要尊重和保护两地法律文化上的差异。随着《关于建立更紧密经贸关系的安排》（CEPA）及其系列协议的签署，内地和澳门两地人员往来交流进一步密切，文化上的交流与合作也更加频繁，跨地区共同创作、文化产品在两地间的发行和流通势必会愈加紧密，这种情况下，如何保护澳门本地特有的地区文化，如何增加澳门地区青年群体的文化归属感，如何在两地之间构建统一的中华文化圈，这是两地文化界人士需要考虑的问题，也是大湾区著作权领域法治建设需要兼顾考虑的因素。

在大湾区的法治建设中，澳门地区要充分利用与香港地区相近的制度文化和沿袭自葡萄牙的纯正欧陆法系法律制度文化，主动在立法水平和保护力度上与世界各国著作权立法趋势对接，协调好与香港地区乃至其他英美法系国家之间在知识产权保护方面的法律隔阂。另一方面，相比起实行英美法系的香港，澳门与内地之间的法系则更为相近，让澳门和内地之间的立法工作者选择在著作权法的领域内，以宪法和基本法为框架，探索建立两地著作权立法协调联络机制，这将极大地促进两地立法工作和文化交流的进一步深入，同时也能够为“一国两制”后30年的粤港澳地区寻找法治建设的创新路径。

二、澳门地区著作权法律制度的构建之路

澳门自19世纪开始受葡萄牙殖民统治，直至20世纪70年代这段时间里，一直被葡萄牙视为海外行省，在法律制度上直接适用葡萄牙国内法，仅在涉及华人的婚姻继承制度上有所区别。但这一时期下葡萄牙法在澳门的适用并未作本土化翻译，而是应用了葡文文本，整个司法系统的运行也只允许用葡文一种语言，法律几乎只对在澳葡人产生影响力。当时政府虽设立了专门处理华人事务的检察官制度，但当地华人在解决纠纷时更多仍是依照清朝法律或地方宗族所制定的乡规民约行事，在这一时期澳门地区实质上运行了一种二元化的法律制度。[1]至1976年葡萄牙爆发康乃馨革命，基于殖民政策的改变，葡萄牙政府开始在澳门推行非殖民化政策，同时也着手进行澳门法的本土立法工作，但仍将葡文作为澳门法律系统唯一的官方语言，这一现象直至1989年中文获得官方语言地位后才得以终结。即使是在中文被纳入官方语言后，澳门的本土立法仍以葡萄牙法的移植翻译为主。1988年，澳门开始建立本地化的法学教育，直到20世纪90年代回归前夕，澳门出现了第一位华人法官和华人检察官。[2]而澳门在当时的司法系统构成也极为简单，只存在初审法院一级，澳门当地所有再审的案件都需要到葡萄牙里斯本地区法院进行审判，司法成本极为高昂，这一现象也是直至20世纪90年代终审法院成立

---

〔1〕 刘高龙、赵国强:《澳门法律新论》(上卷)，社会科学文献出版社2011年版，第141~142页。

〔2〕 邓伟平:“过渡时期澳门法院的现状及其走向”，载《澳门公共行政杂志》1995年第8卷第2期。

后才得以终结。[1]

具体到著作权法律制度，在1967年以前，澳门的著作权法律制度与其他部门法一样，直接适用了葡萄牙国内法，因此这一时期澳门的著作权立法史实际上就是葡萄牙的著作权立法史。1867年，葡萄牙在本国第一部民法典《塞亚布拉法典》中对著作权进行了保护，由于当时该法典也传入了澳门，著作权这一概念由此也第一次出现在澳门地区。之后葡萄牙在1927年出台了《葡萄牙著作权法案》（第13725号法令），在1966年出台了《葡萄牙著作权法典》（第46980号法令），澳门地区也分别于1930年、1972年适用上述葡萄牙法律。其中，在制定1966年《葡萄牙著作权法典》时，葡萄牙已经签署加入了《伯尔尼公约》和《世界版权公约》，因此在法典的立法中也吸收了上述公约的内容，确立了以作者为中心的现代著作权保护体系。但由于时代背景限制，该法典并未对邻接权做过多保护，也并未涵盖软件著作权等由技术发展产生的著作权衍生权利，对上述权利的保护自然也在澳门地区处于法律空白。值得注意的是，澳门地区经葡萄牙国会第679/71号训令适用该法典后，一直沿用该版本法典直至1999年第43/99/M号法令公布。[2]但该法典在澳门生效期间一直仅存在葡文版本，在20世纪70年代后的葡文法律中文化浪潮中也未对该法典进行官方中文翻译，这在一定程度上造成了澳门社会中文使用者对该法典认知的鸿沟，导致著作权保护的理念并未在华人社群中得到较好的宣传。另一方面，由于华人占据了澳门人口构成的大部，法律葡文化的最直接结果是，澳门的著作权保护呈现出一种法律制度极为完善但社会整体保护程度不高的状态，这也是这一时期澳门二元化法治的体现。[3]

1985年，葡萄牙通过新的《葡萄牙著作权及其相关权利法典》（No. 45/85），将部分视听作品和广播组织邻接权纳入著作权法保护的范围内，但此时由于葡萄牙当局已经在澳门推行非殖民化政策，为保证澳门法律制度的独立性，这一法典的效力未再延续到澳门地区，这标志着澳门著作权立法工作和葡萄牙立法的分道扬镳，澳门著作权法律制度终于开始独立存在，但在一定程度上

---

〔1〕 António Manuel Panorama da história institucional e jurídica de Macau. 澳门基金会，1995。

〔2〕 颜晶晶："中西法律文化交融背景下的澳门著作权法修订"，载张生等：《自治与发展：区域一体化背景下澳门法制改革研究》，元照出版公司2012年版，第289~319页。

〔3〕 吴汉东："中国区域著作权制度比较研究"，载《中国社会科学》1998年第4期。

也使得澳门著作权法律制度处于一种落后于时代的状态。[1]同年澳门立法会通过了第4/85/M号法律和第19/85/M号法令，分别是关于对录音和录像制品的邻接权保护和本地出版物的法定存储制度。1997年，由于在知识产权保护工作上的乏力，澳门地区被美国政府列入301特别调查的优先观察名单中，存在被美采取贸易报复措施的风险。为应对这一危机，1998年通过的第17/98/M号法令将计算机软件纳入著作权保护的客体，同时扩展了音像制品邻接权保护的范围，但这一法令实施不到两年即被第43/99/M号法令所取代废止。上述三份立法均同时发布了葡文和中文版本。此外，澳门地区在20世纪90年代加入了WTO，因此Trips协定中与著作权、邻接权保护的相关条款也在澳门地区适用。[2]

澳门回归祖国后，特区立法的第43/99/M号法令《著作权及有关权利制度》取代了1966年《葡萄牙著作权法典》和同时期的其他法令，成为特区范围内唯一生效的著作权法律，但该法仍大体沿用了《葡萄牙著作权法典》的立法结构和章节设计。根据《澳门基本法》第9条关于正式语言的规定，第43/99/M号法令公布了中文和葡文两种语言文本。

纵观澳门地区著作权法律制度的构建历程，不难注意到葡萄牙的著作权文化和法理论在其中扮演着极为核心的角色。若要抛开葡萄牙著作权法来谈澳门著作权法律制度的构建是不可能的事情，但也不能因此就否定和忽视了澳门本土法律文化对著作权法律制度的影响，毕竟法的生命力不仅在于构建更在于实施。对于澳门是否存在法律文化这个问题，学界实际上是存在不同观点的。有些观点认为，所谓的澳门法律文化其实并不存在。[3]这类观点认为，在当时葡萄牙法律在澳门的使用是一种强制植入，而并未针对当地的社会现实做本土化工作。反观隔海相望的香港地区，英国在1844年就成立了立法局对其进行本土化立法，此后英国国内法不再直接适用于香港。在回归前，香港已建立了一套涵盖普通法、衡平法、条例、附属立法和习惯法的英美法法律体系，在司法运行中也允许法官律师参考引用其他英美法地区的司法判

---

〔1〕 颜晶晶："中西法律文化交融背景下的澳门著作权法修订"，载张生等：《自治与发展：区域一体化背景下澳门法制改革研究》，元照出版公司2012年版，第289~319页。

〔2〕 范剑虹："对澳门加入WTO后的著作权法律制度的一般性审视"，载《澳门公共行政杂志》2003年第16卷第2期。

〔3〕 谢耿亮："法律移植、法律文化与法律发展——澳门法现状的批判"，载《比较法研究》2009年第5期。

例作为法律推理的次要形式依据。中国香港地区作为英美法系中一个独立的法域，在保留法制独立的同时，也很好地实现了与其他英美法法域间的融合。[1]随着基本法取代了英皇制诰和皇室训令成为香港地区的宪制性文件，这一法律体系也得以沿用至特区回归后。而在澳门地区，当时政府应用葡萄牙法律主要是依照葡萄牙国会的法令要求，这只是作单纯的法律适用而并非进行法律移植，因此葡萄牙法从未真正在澳门生根发芽，仅仅是当时政府少数上层阶级用来进行殖民统治的工具。[2]

这一观点还认为，澳门地区在当时长期缺乏法律文化形成的环境。澳门法长期仅以葡文存在，整个司法体系也仅允许葡文作为官方语言，这实质上是对澳门华人基本诉权的剥夺与限制，让法律与社会中低阶层的华人间产生了巨大的隔阂。[3]此外，法律教育的长期缺位，也使得澳门本土法律人才存在巨大的缺口，难以助力法律文化的形成。[4]可以看到，澳门法律制度的中文化本土化和法律教育本土化直到回归前 10 年才逐渐起步，相比之下，回归前的香港法律体制虽同样长期拒绝承认中文的地位，但在 20 世纪 70 年代就开展了本土的法律教育。而在司法领域，虽然香港地区直到 1989 年才将中文作为香港法例的官方语言，香港地区法院和最高法院法官在审讯活动中使用中文也直到 1995 年才获准，但早在 1974 年就已经允许在裁判司署（刑事初级法院）中使用粤语或英文进行庭审。[5]相比之下，由于语言文化的隔阂，澳门本土华人在殖民时期更多依赖于社团、宗族自治解决纠纷，极少寻求法律作为解决纠纷的手段。澳门人口数量较少，社会内部需要调整的法律关系和案例样本数量较为有限，这样的环境难以提供孕育独特地区法律文化的土壤。[6]

对此，要判断澳门地区是否存在法律文化，必须要将这一命题放在全球

---

〔1〕 陈弘毅、文基贤、吴海杰："殖民地时代香港的法制与司法"，载王赓武：《香港史新编》(增订版)，三联书店（香港）有限公司 2016 年版，第 445~482 页。

〔2〕 谢耿亮："法律移植、法律文化与法律发展——澳门法现状的批判"，载《比较法研究》2009 年第 5 期。

〔3〕 朱林："论中文在澳门司法判决中的地位：基本权利的视角"，载《澳门公共行政杂志》2007 年第 20 卷第 1 期。

〔4〕 赵燕芳："澳门法律本地化之回顾与前瞻"，载《澳门公共行政杂志》1998 年第 11 卷第 4 期。

〔5〕 陈弘毅、文基贤、吴海杰："殖民地时代香港的法制与司法"，载王赓武：《香港史新编》(增订版)，三联书店（香港）有限公司 2016 年版，第 445~482 页。

〔6〕 谢耿亮："澳门法困局与出路：葡萄牙化或本地化"，载《一国两制研究》2009 年第 2 期。

化的背景下进行讨论。在全球化背景下，国家地区间的文化经济交流越来越密切，不再有一成不变的法律文化，也不再有完全独立存在的法律体系，不同法域、不同法系间交流融合、求同存异成为法制发展的一种重要手段。澳门法作为葡萄牙法在东亚地区的移植，是欧陆法系在融入东亚文化圈后产生的较为独特的一帜。正是澳门法对葡萄牙法的全盘移植，带来了法律制度与社会现实的激烈冲突，在欧陆法系高度法典化的背景下，如何综合运用法律解释和法律推理等成文法法律技术，协调和解决这种法律语言与自然语言之间、法律文化与本土文化之间的冲突，这正是澳门地区法律文化发展的基础。基本法所确立的澳门基本制度五十年不变，并不意味着澳门地区的法制与文化将完全停滞在回归前的状态五十年不作任何变化，而是给澳门地区提供了一个尊重本土历史，立足时代潮流发展，探索发展出独特的法律文化的机遇。正视澳门法中的冲突性和协调性，在未来的立法中将过去法与社会现实进行连接，这也是澳门法律文化进一步发展的价值所在。

不可否认，相比起香港、内地而言，现在澳门的法律文化仍较为淡薄。但可以期待的是，在法律本土化的实践中所获取的各种经验将成为澳门法律文化的精髓，在这一探索下，法文化与社会文化的冲突将为澳门法律文化持续注入鲜活的生命力，而这些有益经验也能够成为当前粤港澳大湾区一体化背景下湾区法治建设的参考与指导。因此，在如今“一国两制”的框架下，澳门特区著作权法的进一步发展应当摒弃全盘葡萄牙化的思想，尊重和正确认识葡萄牙法文化和法理论在澳门著作权保护工作中的价值。尤其是如今在粤港澳大湾区背景下，澳门特区提出构建大湾区与葡语国家的文化交流平台，著作权法作为与文化产业最为密切的部门法将是平台建设的重中之重，一部立足澳门实际、对接内地著作权法律制度，并对葡语国家的文化从业者有较低认知门槛的著作权法将会是该文化交流平台最有力的支撑。

三、澳门地区与内地著作权法的具体差异

（一）立法结构差异

由于澳门地区的立法活动沿袭了葡萄牙立法中极为鲜明的法典编撰传统，因此其在著作权制度立法结构上与内地有着截然不同的表现。

从法系沿革上看，内地沿袭了苏联的社会主义法系，澳门则是沿用葡萄牙引入的欧陆法系，两地都是以成文法为主的法域，所以在著作权法立法上也均

采用了成文法的形式，但具体在法规编纂的模式上仍存在很大差异。

内地著作权主要的立法包括以法律形式存在的《中华人民共和国著作权法》（以下简称《著作权法》）和与之相配套的一系列行政规章《中华人民共和国著作权法实施条例》（以下简称《著作权法实施条例》）、《计算机软件保护条例》《著作权集体管理条例》《信息网络传播权保护条例》《实施国际著作权条约的规定》等多部法律文件。此外，在《中华人民共和国刑法》（以下简称《刑法》）第217条规定了侵犯著作权罪，在第218条规定了销售侵权复制品罪，分别为著作权提供了刑事保护。[1]

澳门特区在著作权领域的相关立法有第43/99/M号法令核准的《著作权及有关权利制度》，该法规内容在2012年被第5/2012号法令重新公布，法规包括六编223条，完整涵盖了对传统著作权、软件著作权、邻接权的民事、行政和刑事保护内容。

可以看出，内地的著作权相关立法较为灵活，充分发挥了法律和行政法规这两种规范性法律文件的特点，根据实际需要对著作权进行了相应的保护。从历史上看，内地的著作权保护始于1991年《著作权法》的出台，之后经过2001年、2010年两次修正，已经较为完整地涵盖了著作权及其一系列衍生权利的保护。而在配套的行政法规上，《著作权法实施条例》《计算机软件保护条例》等法律文件的出台和多次修订也反映了内地著作权保护的时代性和政策性，这和著作权保护的要求是相适应的。此外，1997年《刑法》修订时就加入了侵犯著作权罪和销售侵权复制品罪两项罪名，这也在刑事领域为著作权提供了强有力的保护。

相比之下，澳门特区的著作权相关立法结构则较为不同。澳门特区现阶段的著作权相关立法仅有修订后的《著作权及有关权利制度》一部法律，这部法律虽未像第39/99/M号法令《澳门民法典》、第40/99/M号法令《澳门商法典》等冠以法典之名，但几乎完整覆盖了著作权及其衍生权利的全部保

〔1〕《刑法》第217条规定，以营利为目的，有下列侵犯著作权情形之一，违法所得数额较大或者有其他严重情节的，处3年以下有期徒刑或者拘役，并处或者单处罚金；违法所得数额巨大或者有其他特别严重情节的，处3年以上7年以下有期徒刑，并处罚金：①未经著作权人许可，复制发行其文字作品、音乐、电影、电视、录像作品、计算机软件及其他作品的；②出版他人享有专有出版权的图书的；③未经录音录像制作者许可，复制发行其制作的录音录像的；④制作、出售假冒他人署名的美术作品的。第218条规定，以营利为目的，销售明知是本法第217条规定的侵权复制品，违法所得数额巨大的，处3年以下有期徒刑或者拘役，并处或者单处罚金。

护内容，并以单部法律实现了民事、行政和刑事上的保护，呈现出高度法典化的色彩。显然，在这一立法模式下，澳门的著作权法律体系更为清晰，对著作权的保护也更为统一，对著作权保护手段的运用也更为统一和协调，一定程度上提高了著作权保护的效率。

但澳门特区的这一立法模式也有其缺点，高度的法典化对后续修订工作提出了更高的要求，从而导致了法律文本的更新长期停滞，在这种情况下，法概念更新更多依赖法律技术对文本含义进行新的阐释，从而适应时代的变化，但法律技术的运用在根本上并不能突破法律文本本身，这也在客观上导致法制在调整新生社会关系时出现水土不服。第43/99/M号法令自1999年公布后，到现在近20年仅做了两次修改，在数字革命的背景下，对新型著作权利的保护略显迟缓和乏力。

（二）权利范围和限制差异

在著作权的权利认知上，两地立法者也存在一些差异，这种差异源于两地著作权立法理论的不同。由立法理论造成的差异一般在传统物权法律领域上较为常见，如在物权变更上，内地民法采用的是动产交付、不动产登记的物权变动模式，这一模式沿袭德国民法的物权无因性理论。而澳门民法典中合同法部分规定了特定物之物权随合同效力设定或转移，这是一种物权合意变动模式，实质上沿袭了法国法中的物权有因性理论。这种法律理念上的差异导致了两地在物权法领域一系列的冲突，如债权行为与物权之间的关系等。[1]这类冲突的本质是不同流派法学理论对权利认知的差异造成的，随着各流派学者在几个世纪以来依各自道路对其理论的丰富和发展，最终表现为制度规定上巨大的差异。而著作权作为一种出现较晚的无形物权，各流派理论发展更快地进入到了全球化的时代，因此在发展方向上，尤其是在欧陆法系内部，较传统物权理论更为统一。[2]加上各类国际公约对缔约方的约束，不同法域间在权利变更中并未出现像一般物权变动那样的巨大制度冲突，但也并非是完全毫无差异的。

在著作权的权利划分上，澳门地区和内地虽然同样吸收了欧陆法系著作权一体两权的立法精神，但在立法方式上，澳门法延续葡萄牙法的传统严格

---

〔1〕 张礼洪："物权制度设计现代化的几点思考——以葡萄牙民法为视角"，载《环球法律评论》2012年第2期。

〔2〕 来小鹏："著作权转让比较研究"，载《比较法研究》2005年第5期。

坚持“人格价值观”，将人身权和财产权分章列举，有针对性地予以具体保护，而内地虽有人身权和财产权的概念，但在权利列举时则未作区分，仅在保护范围的补充规定上有所体现。在权利的转移上，两地的处理方式也有所不同。在第43/99/M号法令中就很明确地表述，著作人身权利是不可转让的，澳门法学界进而也倾向于认为，此种权利是不可放弃的。〔1〕〔2〕而内地在立法上则较为灵活，在这一问题上采取了“不承认、不禁止、不保护”的做法，并未对著作人身权转移作任何规定，但却较为详细地规定了财产权部分的转让和转移。这和两地在立法传统上的差异有着密不可分的联系。此外，在权利所有人的资格上，两地的认知也存在不同，第43/99/M号法令所规定的澳门著作权制度只承认自然人作为作品作者，单位作品也不能排除创作者的署名权，而内地的著作权法规定法人和非法人单位同样可以成为作品的作者。

而由于立法理念的差异，两地甚至在作品类别的划分上都存在差异，而这也导致两地对同一类客体保护力度的不同。第43/99/M号法令将艺术品和实用艺术品区别开来，并给予不同的保护年限，前者按照一般作品保护期持续到作者死后50年，后者则为作品创作后25年，同时在财产权利的转让与负担上，当事人双方未作约定时，前者推定为25年，后者推定为10年，澳门著作权法对实用艺术品的这种处理与《伯尔尼公约》的规定较为一致。而《著作权法》则直接将两者列为美术作品未作区分，在保护期上统一适用作者死后50年。但事实上，在内地2012年修改著作权法时，曾在草案中采用了将艺术品和实用艺术品分开保护的做法，但这一草案仍未通过。这体现出两地立法机关在这一问题上的认知仍存在差异。

两地在著作权立法理念上的差异也影响了对著作权法定垄断性的限制，即对著作权的合理使用制度的设计。合理使用制度是指在一定条件下，可不经著作权人的许可，免费使用作品的制度，这一制度对著作权进行了一系列限制，以求在著作权人利益和公众利益上取得平衡，因此对这一制度的研究很大程度上反映了立法者在作品传播中利益分配问题上的价值取向，在更深层次体现了不同法域立法者在利益平衡理念上的差异。

---

〔1〕 第43/99/M号法令第41条：制度。著作人身权系独立于著作财产权，属不可转让、不可放弃及时效不可完成之权利，而在作者死亡后则得按照第43条之规定被行使。

〔2〕 佩雷拉：“澳门工业产权和不正当竞争（简述札记）”，载《澳门公共行政杂志》2007年第20卷第2期。

《著作权法》在第二章“著作权”一章第四节“权利的限制”第22条规定了合理使用的制度，这一条文采用了具体列举式的立法技术，将著作权的合理使用限制在具体的12种情况下。[1]值得一提的是，该条文虽然放在著作权一章中，但条文的最后一段又特别强调，上述12种合理使用的情况也适用于出版者、表演者、录音录像制作者、广播电台、电视台的权利，即合理使用的范围不局限于第二章所规定的著作权，也包括第四章的邻接权。而在第四章“出版、表演、录音录像、播放”中未再单独对合理使用进行规定。针对个人使用的情况，著作权法将个人使用作品放在合理使用的12种情况中，在第22条第1款里进行了表述，而并未与其他11种情况作区分。同时，个人使用的范围也仅限于学习、研究和欣赏三类情况。此外，对合理使用的规定还包括行政法规中的规定，其中《著作权法实施条例》第21条为合理使用制度增加了三步检验法的补充限制、[2]而《信息网络传播权保护条例》《计算机软件保护条例》则分别单独规定了针对网络传播、计算机软件相关领域的合理使用范围。

而在澳门特区第43/99/M号法令中，合理使用被分为私人使用和自由使用两种情况，在整个著作权制度中并未对私人使用的范围做出限制。[3]与

---

〔1〕《著作权法》第22条规定，在下列情况下使用作品，可以不经著作权人许可，不向其支付报酬，但应当指明作者姓名、作品名称，并且不得侵犯著作权人依照本法享有的其他权利：①为个人学习、研究或者欣赏，使用他人已经发表的作品；②为介绍、评论某一作品或者说明某一问题，在作品中适当引用他人已经发表的作品；③为报道时事新闻，在报纸、期刊、广播电台、电视台等媒体中不可避免地再现或者引用已经发表的作品；④报纸、期刊、广播电台、电视台等媒体刊登或者播放其他报纸、期刊、广播电台、电视台等媒体已经发表的关于政治、经济、宗教问题的时事性文章，但作者声明不许刊登、播放的除外；⑤报纸、期刊、广播电台、电视台等媒体刊登或者播放在公众集会上发表的讲话，但作者声明不许刊登、播放的除外；⑥为学校课堂教学或者科学研究，翻译或者少量复制已经发表的作品，供教学或者科研人员使用，但不得出版发行；⑦国家机关为执行公务在合理范围内使用已经发表的作品；⑧图书馆、档案馆、纪念馆、博物馆、美术馆等为陈列或者保存版本的需要，复制本馆收藏的作品；⑨免费表演已经发表的作品，该表演未向公众收取费用，也未向表演者支付报酬；⑩对设置或者陈列在室外公共场所的艺术作品进行临摹、绘画、摄影、录像；⑪将中国公民、法人或者其他组织已经发表的以汉语言文字创作的作品翻译成少数民族语言文字作品在国内出版发行；⑫将已经发表的作品改成盲文出版。前款规定适用于对出版者、表演者、录音录像制作者、广播电台、电视台的权利的限制。

〔2〕《著作权法实施条例》第21条规定，依照著作权法有关规定，使用可以不经著作权人许可的已经发表的作品的，不得影响该作品的正常使用，也不得不合理地损害著作权人的合法利益。

〔3〕第43/99/M号法令第60条：供私人使用之自由。一、受保护作品可自由供私人使用，但另有规定者除外。二、下列者尤属私人使用之范围：a）专供复制作品之人自用而进行之复制；b）戏剧作品、戏剧音乐作品或电影作品之表演、文学作品之朗诵、音乐作品之演奏及其他对已发表或出版之作品进行传播之方式，只要非以谋利为目的及非在开放予公众之地点内进行。

《著作权法》相比，第 43/99/M 号法令中与合理使用制度有关的条文编排显得较为混乱。在第一编“文学及艺术之作品以及著作权”专编中并未对合理使用制度进行规定，对著作权的合理使用制度被放在了第二编“受保护作品之使用”当中，单独用了一章的内容进行阐述。而对邻接权的合理使用制度较为简单，直接用了第 173 条单个条文进行规定，而这一条文也被直接放在第三编“著作权之相关权利”的一般规定中。这样的立法模式也导致合理使用的内容在著作权和邻接权的领域存在不同。在著作权领域，第 43/99/M 号法令共规定了十四种自由使用的情况，并在第 62 条采用三步检验法的标准对自由使用和私人使用进行了限制。〔1〕但这十四种自由使用的情况实质上与《著作权法》第 22 条中第 2 至第 10 项、第 12 项的内容相同，至于第 1 项个人使用则在“私人使用”的内容中予以规定。〔2〕而《著作权法》第 22 条第 11 项与少数民族语言相关的合理使用，由于澳门地区几乎不存在少数民族出版的情况，因此第 43/99/M 号法令中也未进行相关规定。而在邻接权领域，第 43/

〔1〕 第 43/99/M 号法令第 62 条：限制及要求。一、对受保护作品的自由使用，不得妨碍该作品的一般经营，亦不得在无合理解释的情况下损害作者的正当利益。二、按上条规定使用作品时应尽可能指出作者的身份及作品的名称。三、按照上条规定被复制或引用之作品，不应与使用该作品之人本身之作品相混淆，且复制或引用之范围亦不得太广而导致该被复制或引用之作品所产生之利益受损害。四、将上条 a 项及 j 项所指的作品汇集成卷的权利，仅属作者所有。

〔2〕 第 43/99/M 号法令第 61 条：自由使用。下列情况属合法使用，无须经作者同意：a）为提供资讯之目的，由大众传播媒介以摘录或摘要方式复制不属第五条第一款所指类别之公开进行之演说、简短演说及专题研讨；b）定期选辑定期刊物之内容，将之撮要成集；c）以任何方式固定、复制及向公众传播某些作品的若干部分，只要为达到时事报导的目的而将有关部分加插在时事报导内属合理者；d）全部或部分复制某一已出版或发表的作品，只要此复制是由图书馆、博物馆、文献中心或学术机构进行，且并非为公众而进行复制，而仅限于为有关机构本身活动所需者；e）部分复制某一已出版或发表的作品，只要此复制是由教学场所进行，并在无营利目的下专为该等教学场所的教学用途而进行复制；f）在无营利目的的情况下，由图书馆、博物馆、文献中心、科学机构或教学场所藉安装于有关设施内的电脑终端机或进入受限制的电脑网络，将其收藏的作品提供予公众；g）在作品本身内引述或加插他人任何类别之作品或作品摘要，以支持本人之理论或作为批评、讨论或教学目的之用；h）在本身供教学用之作品内加插他人之简短作品或他人作品之若干部分；i）在澳门特别行政区之官方活动中及在宗教活动中演奏音乐作品或文学音乐作品，只要演奏者之演奏属无偿且如公众可欣赏该演奏亦属免费欣赏者；j）对时事文章，以及对讨论经济、政治或宗教之文章进行复制，但仅以有关复制未被明确保留者为限；k）以摄影、录像、拍摄电影或其他类似之方式将安放在公众地方之艺术作品进行固定；l）专以科学、教育或人文之利益为目的而使用非供交易之作品；m）法院及澳门特别行政区其他官方机关在对执行其公共职务属切实必要之限度内所进行之使用。

99/M 号法令只规定了五种自由使用的情况。[1]此外，第 43/99/M 号法令并未针对网络传播方式的合理使用作出特别规定，即适用于上述一般规定进行同等程度的保护。在电脑程序的合理使用情形方面，澳门地区较内地要宽泛得多，除了第 60 条和第 61 条所规定的私人使用和自由使用情况外，第 43/99/M 号法令还在第 169 条为电脑程序额外创设了数种合理使用的情形，这些特别规定内容与《计算机软件保护条例》第 16 条、第 17 条的规定基本一致。[2]

综观两地著作权法律中的合理使用制度，总体来讲，澳门地区的合理使用范围较内地更为狭窄，但在个人使用（私人使用）领域的规定则较内地更为宽松。可以看到两地立法者在作品传统传播领域的立法观念已较为一致和稳定，在对出版、录制、广播等传统传播方式上的利益平衡上能够达成一定的共识，两地虽然在立法模式和立法技术上存在差异，但在根本的制度本质设计上并不存在较大的冲突，这对于传统形式文化作品在两地间的交流和传播是十分有利的。

（三）法律概念差异

在法律词汇的运用上，虽然中文是澳门法律的官方语言，但归根结底，澳门法起源于葡萄牙法，许多法律概念、原则、理论都是从葡萄牙法中移植而来。所以，虽然澳门法中的很多表述看似与内地法律相似，但却是截然不同的两种概念。例如，第 43/99/M 号法令中规定，著作财产权的全部移转需

---

〔1〕 第 43/99/M 号法令第 173 条：私人使用及自由使用。本编规定的相关权利所赋予的保护不包括：a）私人使用；b）将某一演出、录音制品或录像制品、某一表演的声音或影像的短节录用于资讯或评论；c）作非牟利的科学或教育的使用；d）无线电广播机构为广播用途而进行的短暂固定；e）公共实体或公共事业被特许人基于记录上的特别需要或存档用途而进行的固定或复制；f）在无须作者许可而可合法使用受保护作品的同等条件 下，无须相关权利的权利人许可而使用某一演出、录音制品、录像制品或无线电广播。

〔2〕 第 43/99/M 号法令第 169 条：与电脑程序有关的自由行为。一、电脑程序非为合同主要标的者，向公众提供相关的商业性租赁无须经作者许可。二、任何人合法取得电脑程序的复制品，可无须经有关作者的许可而对该电脑程序进行为下列目的属必要的复制、翻译或改编：a）将电脑程序用于创作该程序的相同目的；b）为电脑程序制作一备份或支援的复制品；c）改正电脑程序的错误；d）观察、研究或测试电脑程序的运作；e）取得为创作其他原创程序属必需且公众不易找到的资料，而有关原创程序与第一原创程序属可共存及相互操作。三、合同规定不得排除上两款的规定，且上两款的规定不影响第 60 条至第 62 条的适用。

采用认证私文书的形式。[1]这里的认证私文书是指经澳门地区公证员形式审查签名认证双方意思表达真实的一类私权文书，被规定在第62/99/M号《澳门公证法典》中，而内地法律词汇“认证”一词却通常指涉外领事认证，这是一个涉外领事法上的概念。

与此同时，也存在着两地法律采用不同表述表达相似概念的情况。如上文所述的例子，内地公证法律体系中并未有认证这一制度，但在司法部颁布的《公证程序规则》中，对法律行为的公证仅作形式审查的出证要求，这其实和澳门地区的认证私文书是相似的概念。

在2003年澳门特区初级法院第三庭审理的一宗涉及假造复制品交易罪的刑事案件（PCC-073-02-3号案件）中，合议庭在判决中将所有扣押物“丧失归澳门特别行政区”。对于内地的法律从业者来讲，“丧失”是一个完全陌生的法律概念，但却是澳门法中一种重要的刑罚制度。“丧失”是第58/95/M号法令《澳门刑法典》中规定的一种保安处分方式，一个物被宣告丧失后，归本地区所有，这实质上就是内地刑法中“没收”的概念，而没收刑在内地刑法中属于附加刑的一种，在内地刑法中并无保安处分这一类的刑罚手段。保安处分制度是欧陆法系刑法立法中一项重要的传统制度，而澳门刑法典正是在继承葡萄牙刑法典后，延续了保安处分这一刑罚制度。[2]将没收制度表达为丧失制度，这正是澳门法对葡萄牙法一脉相承的体现。这一差异鲜明地展现了两地之间法律语言的冲突。之所以存在此类冲突，一方面是文化传统的不同，另一方面也有立法理论和法律体系上的差异。

综上所述，内地与澳门在处理著作权法的立法结构、权利范围与限制，甚至是部分法律概念上都存在着差异化的表达，这些表达不同是两地著作权立法中的历史特色或现实需要，但在根本上仍是两地法律文化，尤其是立法文化差异所导致。在大湾区法治建设的框架内，这种差异虽可能会使得两地文化产业在交流的过程中产生制度性的水土不服，但若是能够寻求建立一种司法过程中的协调性沟通机制，差异反而能够成为粤港澳大湾区文化产业多元化发展的契机，成为澳门乃至大湾区与葡语国家文化交流平台的一大助力。

---

〔1〕 第43/99/M号法令第30条：全部移转。著作财产权之全部移转，仅得透过列明作品识别资料之经认证私文书作出；如属有偿性质之移转，则亦须在有关私文书内列明报酬。

〔2〕 李梁：“中国内地与澳门刑法中保安处分制度比较研究”，载《一国两制研究》2014年第2期。

四、数字化传播对两地著作权法的影响和挑战

几乎每一次传播方式的变革都会为作者及演绎者带来新的权利，但由于著作权的法定垄断性，如何在新权利的保护和限制上取得平衡需要著作权立法者的不断探索。在世界范围内，如美国、欧盟等国家和地区为应对数字化环境下的作品传播纷纷在立法上采取了积极的态度，美国在 1998 年就出台了《数字千年版权法》（DMCA），之后在司法实践中也形成了大量的判例法来解决如“避风港原则”〔1〕，网络“爬虫抓取”〔2〕和 P2P 传播〔3〕等问题。而在欧盟，与著作权相关的立法都是以欧盟指令的形式公布，《版权指令》《数据库保护指令》《计算机软件保护指令》等文件确保了各成员国在处理著作权数字化权利立法问题上能取得一定程度的共识。为应对信息技术革命带来的传播方式变化，内地的著作权法在 2010 年进行了修订，相关的配套行政法规也在 2013 年作出了调整。而澳门特区也于 2012 年通过了第 5/2012 号法律对第 43/99/M 号法令进行了修订。

但随着作品传播全面进入数字化时代，原有的修订并未能很好地适应数字化内容分发的需求。放眼世界，处理数字时代的著作权利益平衡已经成为各国著作权法立法的新任务，包括为著作权人在数字传播下设立新的权利和对此类权利的运用做出合理限制两方面。在这一问题上，两地的立法态度存在一定差异。内地立法者采用的是增设了名为“信息网络传播权”和“软件著作权”的权利，并依照《著作权法》第 59 条的规定由国务院制定单独的行政法规《信息网络传播权保护条例》《计算机软件保护条例》进行保护。〔4〕而澳门特区的立法并未针对这一领域进行特殊立法，电脑程序被视为作品的一种，而信息网络中的著作权也仍参照传统传播模式进行保护。

在合理使用制度上，内地立法者显然认为在数字化传播下著作权受保护的程度应与传统传播方式下存在区别，《信息网络传播权保护条例》就专门对信息网络传播的合理使用列举了 9 种具体情况，这 9 种情况均在《著作权法》所列 12 种合理使用的情况之内，但在使用范围上，尤其是在个人使用方面较

---

〔1〕 Perfect 10, Inc. v. CCBill LLC, 488 F. 3d 1102 (9th Cir. 2007).

〔2〕 Perfect 10, Inc. v. Amazon. com, Inc. , 508 F. 3d 1146 (9th Cir. 2007).

〔3〕 MGM Studios, Inc. v. Grokster, Ltd. , 545 U. S. 913 (2005).

〔4〕《著作权法》第 59 条规定，计算机软件、信息网络传播权的保护办法由国务院另行规定。

一般领域有所缩小。[1]此外，在软件著作权方面，《计算机软件保护条例》第16条、第17条规定了与软件著作权相关的合理使用行为，其范围相比传统著作权的合理使用范围更为狭窄，而且这些行为要求合理使用者必须是相关软件复制品的合法所有人。[2]相比之下，澳门特区第43/99/M号法令并未对网络环境下合理使用制度作特殊规定，而在计算机软件的合理使用范围上也与内地相近。

在处理数字化传播热点议题上，相比起欧美地区，两地的立法都表现出参差不齐的情况，存在数量众多的立法空白。如数字化传播中的临时复制问题，澳门特区第43/99/M号法令就在第56条第7款中明确了偶发复制或临时复制不属于复制。而内地的著作权法及《信息网络传播权保护条例》《计算机软件保护条例》都未提及这一议题。而对于数字化传播中的“避风港原则”，内地在《信息网络传播权保护条例》第23条进行了规定，而澳门则无相关立法。而对于搜索引擎、内容聚合相关的“网络爬虫”议题，在两地都属于立法空白，但内地部分法院根据《著作权法》《侵权责任法》和《信息网络传播权保护条例》中的一般规定对一些涉及“爬虫抓取”的案件作出了判决，如北京市（2013）一中民初字第2668号判决、（2006）一中民初字第6273号判

[1]《信息网络传播权保护条例》第6条规定，通过信息网络提供他人作品，属于下列情形的，可以不经著作权人许可，不向其支付报酬：①为介绍、评论某一作品或者说明某一问题，在向公众提供的作品中适当引用已经发表的作品；②为报道时事新闻，在向公众提供的作品中不可避免地再现或者引用已经发表的作品；③为学校课堂教学或者科学研究，向少数教学、科研人员提供少量已经发表的作品；④国家机关为执行公务，在合理范围内向公众提供已经发表的作品；⑤将中国公民、法人或者其他组织已经发表的、以汉语言文字创作的作品翻译成的少数民族语言文字作品，向中国境内少数民族提供；⑥不以营利为目的，以盲人能够感知的独特方式向盲人提供已经发表的文字作品；⑦向公众提供在信息网络上已经发表的关于政治、经济问题的时事性文章；⑧向公众提供在公众集会上发表的讲话。《信息网络传播权保护条例》第7条规定，图书馆、档案馆、纪念馆、博物馆、美术馆等可以不经著作权人许可，通过信息网络向本馆馆舍内服务对象提供本馆收藏的合法出版的数字作品和依法为陈列或者保存版本的需要以数字化形式复制的作品，不向其支付报酬，但不得直接或者间接获得经济利益。当事人另有约定的除外。前款规定的为陈列或者保存版本需要以数字化形式复制的作品，应当是已经损毁或者濒临损毁、丢失或者失窃，或者其存储格式已经过时，并且在市场上无法购买或者只能以明显高于标定的价格购买的作品。

[2]《计算机软件保护条例》第16条规定，软件的合法复制品所有人享有下列权利：①根据使用的需要把该软件装入计算机等具有信息处理能力的装置内；②为了防止复制品损坏而制作备份复制品。这些备份复制品不得通过任何方式提供给他人使用，并在所有人丧失该合法复制品的所有权时，负责将备份复制品销毁；③为了把该软件用于实际的计算机应用环境或者改进其功能、性能而进行必要的修改；但是，除合同另有约定外，未经该软件著作权人许可，不得向任何第三方提供修改后的软件。第17条规定，为了学习和研究软件内含的设计思想和原理，通过安装、显示、传输或者存储软件等方式使用软件的，可以不经软件著作权人许可，不向其支付报酬。

决，深圳（2017）粤03民初第822号判决、（2017）粤0305刑初153号判决等。在上述判决中，有些判决承认了爬虫技术手段的合法性，有些判决则认为爬虫手段的运用构成不正当竞争，并触犯刑法构成非法获取计算机信息系统数据罪。

从上述分析可以看出，在数字化传播权利保护与限制上，两地在立法态度上仍存在较大的差异。内地在这方面采取了比传统著作权更为严格的要求，更多倾向于保护著作权人的利益，而澳门地区立法者采取的是与传统著作权相同甚至更宽泛的保护程度，更多地侧重于维护公共利益。这种在利益平衡中价值取向上的差异，会导致作品在两地间的数字化传播存在极大的妨碍，一方面可能让著作权人的权利获得过分扩张，而另一方面让著作权人的适当利益得不到完整的保护。对此，考虑到在互联网传播下，两地在作品的数字化传播已接近形成单一市场，两地立法者在接下来的法律修订中，应当尽可能统一对数字化著作权边界的划分原则。考虑到两地立法权的独立性，在协调机制上可吸收欧盟在著作权立法上用指令统一各国立法水平的经验，参考CEPA协议的签订模式，在粤港澳大湾区建设领导小组的协调下，由粤澳两地行政机关签订原则性框架协议，然后分别向各自立法机关作出立法提案。在立法形式上，考虑到大湾区的区域划分，澳门可直接采用一般法律的形式，而内地可由广东省政府向广东省人大提出《广东省信息网络传播权保护条例》的立法草案，以地方性法规的形式进行立法。

另一个必须关注的问题是在数字化传播热点议题上，两地的立法都表现出极大的滞后性，但这些问题在司法实践中又变得愈发常见，由于两地都属于成文法地区，即便存在相关判决也无法作为判例法被引用，这导致此类案件的裁判结果极大程度取决于断案法官对著作权法律制度中一般性规则的运用以及法官自身的价值趋向与自由心证。这种情况下，对于此类议题虽不至于形成法律上的“真空”，但实质上也构成了法律上的“低气压”，仍是一个亟待解决的问题。

对于这一问题，考虑到法律稳定性延续的需要与数字化传播变革的迅猛，两地可以充分利用现有制度，在立法时机不成熟前，选取部分关乎数字化传播热点议题的司法观点在司法系统内予以推广，供广大法律工作者参考。具体来说，在内地可选取部分典型案例采用最高人民法院指导性案例的形式发布，对于较为成熟的可直接出台相关的司法解释。在澳门特区则可以采取司法见解的形式，对于部分符合特别上诉条件的更可采用统一司法见解的形式发布使其具有强制力。在裁判思路上，两地法院可互相借鉴，在考虑本土司法现实的前提下，宜采用统一的价值趋向。待到立法时机成熟之时，两地立法机关可以将其抽象化为法律条文并上升为法律。

必须认识到，进入数字化时代后，原有“一国两制”下，内地与澳门地区原本被物理关口隔绝的作品出版市场随着互联网的繁荣被彻底连通，两地作品数字化单一市场的形成成为一种可能，而传统海关知识产权保护制度在互联网语境下显得乏力。因此，在处理数字化带来的一系列版权保护新议题，如新闻作品的数字化使用、网络直播、滑稽模仿的合理限度、合理使用的种类等时，两地更应该注重保护范围的一致性和保护力度的协调性，做好沟通和协调，共同处理好这种法律条文与数字化传播现实需要的冲突。这既需要两地立法者在立法技术和价值取向上进行交流，也需要两地法律工作者在法律推理、法律解释等法律技术的运用上互相借鉴与学习。

环境法

生态文明时代生态修复法治研究新论

吴　鹏[*]

摘　要：随着生态文明时代的到来，生态修复技术实践与法律制度实践已经成为环境保护实践研究的一个新方向。然而，生态修复法学理论严重滞后于现有实践，以至于实践中竟然将生态修复法律制度认为是一种环境赔偿或补偿制度的附属品，更有将生态修复法律制度引入某种特殊民事侵权研究范畴的趋势。问题之根节应在于：一是对生态修复内涵和外延的认识不足，认为生态修复仅仅只是环境治理的手段，而不是维护生态系统的重要举措，这恰恰是两个层面的问题；二是对生态修复法治研究的重要意义估计和认识不足，削弱了生态修复法治建设的宏观性和战略价值；三是对生态修复法学理论研究的忽视，仅从环境要素治理的片面目的和价值追求出发进行生态修复具体制度的设计，造成相应制度建设与生态文明的时代呼唤相背离。为此，应当更加深刻认识生态修复的重要意义，从生态文明的战略高度重新架构生态修复法学理论。

关键词：生态文明　生态修复　生态修复义务

从历史的角度来看，每一次法学的进步或者说法治建设的进步都深受自然科学进步的影响。例如，19 世纪上半叶，自然科学取得的巨大成就为实证主义法学的产生奠定了坚实的基础。实证主义法学希望通过自然科学研究方

---

* 作者简介：吴鹏，汕头大学法学院副教授，中国政法大学环境与资源保护法学博士。主要研究方向：环境与资源保护法学、生态修复法律制度、能源法学。

项目支持：国家社科基金青年项目“美丽中国与环境法治视阈下的生态修复法律制度研究”（项目号：14CFX045）；汕头大学科研启动基金资助项目“生态修复法学理论研究”（项目号：STF18005）。

法的引入，推动法学研究的变革，改变形而上学的自然法研究。这种努力显然适应了当时的情势，也符合民族文明的进步方向。因此，这次法学的变革成果是丰硕的，至今还影响深远。相同的，当今自然科学，尤其是环境科学与生态学的产生和发展对于人类文明的进步亦影响深远，因此它们应当能够引导并带动法学的再一次变革，而这一次变革将会是更为深刻的。但是，一种新生观念或思想的萌芽与发展，必然伴随着对旧有一切的挑战与重塑，困难重重，也曲折无数。生态修复观念的产生对于法学研究的影响也都充斥着某种变革的激荡，却又明显被束缚和平复。不论是关于生态修复是什么的问题，还是生态修复法治如何建设，抑或是生态修复具体制度的构造，以及生态修复法治研究应当包括哪些内容，其基本范畴为何，都存在这样或那样的迷茫，甚至于不清楚如何去进行法学研究。

一、生态修复法治研究创新的意义

生态修复是社会生态系统修复与自然生态系统修复相结合，即社会修复与自然修复密切协作，综合推进的复杂过程。只认识到其中的某个方面，或者仅进行一个方面的法学研究都不是真正意义上的生态修复法治研究。需要重点澄清的是，生态修复法治研究是生态文明时代的法治研究，虽源于传统法学，却应当变革前一时代法学的基本认知。

（一）从“人与人”到“人与自然”

不论是何种传统法学观点，都将人及其社会作为研究的核心，认为人与人的关系才是法学研究的核心范畴。这对于前生态文明时代的社会现象乃至人类发展所面临的诸多社会现象来说都是可以理解的和被一以贯之的。然而，时间进入 21 世纪，尤其是生态文明时代，孤立看待人类社会已不能满足时代发展的要求，或者已经严重偏离事物发展的轨迹。生态文明是一种超越前世文明的社会发展形态。这一时代的核心内容就是如何正确看待人与自然的直接关系。如果说工业文明解决环境问题的主要手段是对人与人的关怀，那么生态文明所倡导的理念，则已经将人与自然的直接关怀放到优先的位置。这是两个完全不同的发展思维或者说时代核心价值取向。这种转变，传统法学并不适应，或者说其所固守的传统人与人关系，再到人与人化自然关系的人类中心利益思维，已经与时代核心价值趋势相背离。生态修复是生态文明建设的重要措施，它是摆脱了工业文明时代烙印的新生技术和理念。如果再用固有的传统法学研究思维看待它，可能不合时宜。

（二）从环境要素治理到生态系统整体维护

传统环境法所要解决的问题或者说核心研究范畴是环境要素的污染防治问题。这一研究的主要内容是将人对环境要素污染的防治义务与人的利益最大化相结合，是人对自然索取利益最大化的法学研究路径或者说思维。这种研究或者说法治发展轨迹，符合工业文明时代对于人类环境保护这一时代主题的迫切需求。然而，正如工业文明逐步向生态文明过渡这一时代趋势一样，旧有的以环境要素治理为主的环境保护理念也在向着生态系统整体维护理念全面过渡。环境要素的防治已经远远不能适应生态系统整体维护的需求。从“头痛医头，脚痛医脚”的要素治理到生态系统整体的修治，是一种自然科学技术的飞跃。而正是这次自然科学技术的飞跃，才催促着社会科学研究的整体变革。自然科学理论率先觉醒，产生并发展了崭新的生态修复理念，又势必带来生态系统整体维护理念的社会化变革，进而催生崭新的生态修复法治研究思维或路径。这是自然科学推动法学研究变革的又一次过程，更是从传统环境法学研究更新到生态文明法学研究的一次彻底革新。

（三）从社会秩序到生态系统秩序

秩序是人类建立法律制度的初衷，以秩序代替无序，以制度规范人类社会，以一般道德约束人们的普遍行为，是传统法学研究的逻辑基础。然而，正如博登海默指出的，人类对秩序的追求，时常会为偶然情形所阻碍，有时还会被普遍的混乱状况所挫败。这种规律层面上的混乱与失调的情形似乎在人类生活中要比在非有机的自然界中发生得更为频繁。[1]因此，秩序性的规范对于人类社会的作用与自然法则对于自然界，尤其是生态系统的作用是没有可比性的。自然界的秩序或者说生态系统的秩序相比人类社会的秩序更为恒定，换句话说，自然规律对于生态系统的作用远远高于人类法律的作用。这意味着，人类法律制度根本不能成为生态系统的秩序载体。故而，传统的以人为核心的法律制度根本维系不了，甚至会危害生态系统运行的秩序。换言之，如果说生态修复是一种生态系统秩序的重建，并且在这一秩序建构中人类秩序必须给予生态系统秩序足够的尊重，那么生态修复法学围绕传统法

〔1〕［美］E. 博登海默：《法理学：法律哲学与法律方法》，邓正来译，中国政法大学出版社 2017 年版，第 240 页。

学秩序思维而展开的所谓研究，就不能称为真正意义上的生态修复法治研究，而更应当称为人类社会生态系统修复法学研究。人类社会生态系统的修复也恰恰只是生态系统整体修复，即生态修复的一个方面而已。[1]

(四) 从“法益”到生态系统“利益”

生态修复法治研究将不再是以人的基本诉求或者说利益关怀为核心，它也将不再以人之利益弥补为核心内容。传统法学理念中，法律诉求以利益为核心是在所难免的，继而会有关于法益学说的产生。关键问题是这种已经法律化的利益并不是广泛的和毫无差异的，而是人类自认为理性之人才可以拥有的。所谓法益“是根据宪法基本原则，由法所保护的，客观上可能受到侵害或者威胁的人的生活利益”。[2]该定义实际上排除了非人类，或者说非理性物种，甚至是非人类物质的存在。以至于只要说到利益，就一定是人类所特有的。非人类物质存在皆为利益的客体。不少学者也将法益概念引入环境法研究中，进而将环境利益属人化。如果这里的“人”指的是人类社会整体，或者人类共同体，这种认识尚有一定合理性。但是如果把环境保护的利益归为私人利益，进而进行所谓的利益弥补，那仍然是人与人之间财产或权利纠纷的传统法学研究范畴。然而，将生态系统整体的维护所带来的利益，仅仅归结为人与人之间某种权利或财产利益的相互交换妥协，实难理解。问题是，现今司法领域普遍充斥着那种弥补了人的利益即等同于弥补了生态系统整体利益[3]的人类中心主义情绪。而人类中心主义又恰恰与生态文明时代的主题或者说主流环境伦理认识基础极不相符，甚至根本背离。事实上，在环境法学中“法益”理论依然是传统法学人与人关系的延续，根本无法涵盖生态系统整体所固有的，而被刻意忽略的与人类类似的利益问题。由此，生态修复如果仅仅只是对人类社会，甚至是个人某种权利或财产性利益的弥补措施，岂不是对自然生态系统“利益”的极大蔑视？而这种蔑视带给人类社会的教训已经够深刻了。生态文明时代的法学研究就应当为这种蔑视进行必要的弥补而不是延续这种蔑视。围绕生态修复所进行的法学研究也应当进行全面调整，除了关怀社会生态系统的利益之外还应当充分尊重并实现自然生态系统

---

[1] 吴鹏：“生态修复法律概念之辩及其制度完善对策”，载《中国地质大学学报》（社会科学版）2018 年第 1 期。

[2] 张明楷：《法益初论》，中国政法大学出版社 2003 年版，第 172 页。

[3] 这里姑且使用利益这种说法，虽然人们普遍并不认为生态系统或者环境要素拥有某种利益。

的“利益”。

（五）恪守“法应时而立，法因势而立”的信念而为之革新

生态文明是生态修复法治研究的时代背景。商君书载，“法应时而立，法因势而立”。在一个崭新的文明时代，如果依然全面沿用传统法学理论来看待新生的领域或事物，既是辜负这个时代，更是违背法治发展的基本规律。生态修复是生态文明时代一个崭新的学科领域，虽然它产生于传统的环境科学，但其核心内容或理论已经更新为现代生态学思想，并且随着环境与生态界限迥异而越来越泾渭分明，开展以生态系统整体维护理念为核心的生态文明建设，才更能凸显与工业文明时代环境保护主题的根本差异性。生态文明思想从中国特色社会主义建设的实践出发，以马克思主义作为理论指导，扎根于社会主义制度的土壤，追求集体的长期利益以及人类和自然界和谐持续的发展，将生态环境的“自然价值”与“经济价值”统一于人民的利益之中，从而完全超越了人类中心主义与生态中心主义的狭隘视野。[1]习近平总书记在党的十九大报告中也指出，人与自然应当是一个生命共同体。也就是说，生态文明的核心价值观认为人与自然关系中，“以人为本”不是否定生态系统整体核心价值存在，同时生态系统存在的价值反而应当体现在人类社会的存在上，这是密切联系、辩证统一的。这需要我们在通过科学技术等手段改变人类文明存在和发展轨迹的同时，也要对人类自身不合时宜的思想进行全面革新，以崭新的共同体理念看待生态文明建设过程中法学思想和法学研究的革新问题。生态修复是生态文明时代的重要技术措施，也更是一种崭新的生态系统整体维护理念。如果沿用人类中心主义的传统法学思维，则是与生态文明的社会实践根本背离的。

总之，生态文明时代，生态修复法治研究的视野不能局限在传统法学的研究范畴之中。虽然，生态修复法学理论尚在襁褓，并不能离开滋生思想的传统法学土壤，但并不意味着生态修复法学理论及其具体制度的建构就必须沿用传统法学的基本路径。在这个新的形势与时代条件下，不仅是生态修复法学理论与具体制度建构实践不可以固守本分，就是法学本身都不可能再忽视社会思想、伦理、经济的巨大变革而反生态化、墨守成规。法学的生态化

---

〔1〕周光迅、李家祥：“习近平生态文明思想的价值引领与当代意义”，载《自然辩证法研究》2018年第9期。

是这个历史时期内的必然趋势，生态修复法治研究唯有勇往直前，切不可后退禁锢。

二、创新生态修复法治研究始于概念求索

法律概念与法律规范同为法的要素之一，部门法理论体系化建构“往往是从本部门基本概念入手的”。然而，“尽管如此，目前法理学界对于法律规范的关注度和研究的深度却远远超过法律概念”。[1]事实上不仅是法理学，在环境法学领域中亦是如此。这就产生了一个显著问题，一些反映时代价值取向的概念往往无法引起法学的共鸣，甚至可能引起排斥。这与法律本身的滞后性有关，但却顽固地出现在法学研究中，其实是混淆了二者的根本区别。质言之，实在法只不过是行为或现象的落实，而法学研究则是需要与行为和现象并行甚至引领它。法学概念的凝练与价值反映，代表着这种落实，更代表着一种引领，将法学概念研究固化为实证主义法律制度研究是本末倒置，也是对法律技术主义方法论的盲目崇信，更是传统法学难以在生态文明时代勇于革新甚至畏惧革新的根本病源。

（一）法律关系概念的固化难以“对话”生态文明时代

前生态文明时代之所以会产生如此严重的环境问题乃至生态危机，最大的因素就是因为人们乐于认为人是理性而至高的物种，地球的万事万物都应当服务于人及其社会。但是事实证明，这种自封的意识观念完全脱离人与自然关系的实质。现代环境伦理学则索性将其统论为传统的人类中心主义，并加以深刻批判、反思，试图探讨人与自然的正确关系。其中较为典型的有现代人类中心主义、生态中心主义、深生态学等，这些理论虽然核心观念不尽相同，但反对那种自大的传统人类中心主义则成为共识。反传统人类中心主义的现代伦理学主流观点，正在创造并深化上述共识，逐步形成生态文明时代一种重要的价值取向。如果法治研究在处理人与自然关系问题上，依然延续那种传统人类中心主义的价值取向，显然是不可理喻的。然而，自然应无条件服务于人的利益，自然无利益、动物无权利等价值观念显然已充斥于传统法学的固化思维之中。“法律关系就是人与人之间的社会关系”始终是传统法律关系概念的基础，“人与自然的关系依然需要通过人与人的关系来实现”，

〔1〕 雷磊：“法律概念是重要的吗”，载《法学研究》2017年第4期。

似乎都已经是固有的和不可推翻的法学真理。这种法学理念不可能与现代话语权下的环境伦理甚至生态文明时代进行对话。

（二）“环境”概念嬗变的启示

正如“环境”这个众所周知的概念一样，其语词产生之初是五花八门，各有定论。但随着某种伦理观念的引导，尤其是反对人类中心的核心价值趋向形成之后，这一概念越来越回归其应有内容。譬如，之前环境科学所界定的环境是指围绕人群周围的空间及影响人类生产和生活的各种自然因素和社会因素的总和。[1]这里的环境依然是以人为核心的。然而，随着环境伦理学对于人类中心的普遍反思，使得环境科学不得不对该概念进行必要修正。环境即被理解为“影响人类生存和发展的各种天然的和经过人工改造的自然因素的总体，包括大气、水、海洋、土地、矿藏、森林、草原、野生动物、自然遗迹、人文遗迹、自然保护区、风景名胜区、城市和乡村等”。这是我国环境法对于环境概念的界定，也是法学关于环境保护研究的一次决定性尝试。它将自然与人的关系归结于环境要素与人之间的关系，同时它也尝试将环境看成是一个除人类之外的整体，已经具有现代生态系统概念的雏形。

但是，这个概念的产生实际上反映出法治研究在初面环境危机时所遇到的严峻问题。其一，人们所认知的环境依然是人的附属，虽然进行了一定的修正，试图尽量弱化这种反环境伦理潮流的观念，却跳不出为人无条件服务的利益圈子。其二，将人类社会完全排除在环境之外，虽然可以论证人们对环境所具有的义务，但更多的是家长式的和利己主义的，一旦使个人利益获得某种弥补就可以抛弃人类整体甚至环境的利益。将人的利益独立于环境的利益之外，这是反人类中心价值取向的缺失，只能使人们更加孤立于共同体之外，也更容易逃避广泛的、应然的生态系统整体维护义务。其三，孤立的环境要素治理虽然可以以局部的环境改善带来环境整体的某种程度好转，但却是不可持续的。因为环境要素总和是静态的、分散的组合，而不是相互联系具有能动因素的组合。这种孤立的、静态的环境要素的存在价值并不能通过人的利益的实现而体现出来，反而容易使人产生可以用财产等物质利益进行弥补的错觉。而事实上，环境要素之间、社会与环境之间以及人与自然之间的关系远远超越了这种静态的关系的存在。也就是说，人与自然的共同体

---

〔1〕 方如康主编：《环境学词典》，科学出版社2003年版，第1页。

肯定不是人和自然的要素叠加体，而是人类社会与自然之间某种共同利益互动存在的关系综合体。孤立的环境要素治理只会催生并使得人与人之间以环境的利益为媒介进行物质利益交换的合法化，并最终导致环境的利益为人的利益牺牲的后果。当前，实践判例中只注重损害赔偿金额而完全忽略环境治理结果的现象已经值得我们警醒。

诚如斯言，法律关系概念、环境概念等法学概念的错置，或者说落后于现代环境伦理观的价值取向，已经将环境法学研究引入一个与生态文明时代不相适应的角度，更难以激起环境法学对传统法学生态化革新的荣誉感与使命感。因此，生态修复的法学研究必须从概念研究入手，改变环境概念错置状态所带来的缺失。生态修复法治研究应当以能够反映时代特征的概念及价值取向为基础，积极应对法治研究在面对环境危机时所显现出的三个严峻问题。

三、生态修复法治研究的创新表现于义务之探

现有环境法研究往往从环境损害救济手段的角度看待生态修复，并将其视为人的环境权益弥补手段，对其在生态环境损害赔偿判例中担负的法律救济责任角色深信不疑，甚至推崇备至。实际上这是徘徊于生态修复概念不解的泥坑，把生态修复固化为生态环境损害赔偿法律责任，而非人类共同的义务。准确地说它既是一种义务也是一种法律责任，只不过它成为传统意义上的法律责任的路径依然不确定。但是，如果成为义务的前提不具备，又何谈成为该义务基础上的法律责任？因此，需跳出现有法律责任的认知顺序，从生态修复义务履行能力、生态修复义务产生的原因以及生态修复义务主体的确定等方面展开必要之探讨。

（一）生态修复义务履行能力

有能力履行义务是义务得以落实的前提和基础。因此，考察谁有能力履行生态修复义务与探讨谁该承担生态修复义务同等重要。生态修复义务的履行能力应当取决于三大因素：一是生态修复概念及其内涵的界定，二是生态修复义务产生的原因，三是生态修复义务主体的确定。第三个因素一般通过谁应当履行生态修复义务的研究予以厘清。

关于生态修复概念和内涵，又分为两大核心研究内容：

第一，如何看待生态文明时代这一社会背景，将直接决定如何正确认知

生态系统。如果仅仅将生态文明看作是人类文明进化的必经过程，在这一过程中人们普遍认识到对自然的不当行为，并通过各种措施约束自己的不当行为，换取人与自然片刻安宁，从而达到更长远对自然的索取目的的话，那么该观念只能算是生态文明理念的初级阶段。这种观念往往将环境要素的污染防治看作是主要手段，只满足于浅生态的治理理念，进而把简单的地表复绿等自然生态系统的修复步骤，看作是生态修复的全部过程。从本质上说，这种观念还是将自然看成是人的仆从，把人看作是人与自然关系的核心，进而将人完全排除在生态系统概念及其内涵范围之外。但是相比较传统的人类绝对的核心，这种观念的进步意义也是明显的，即它普遍承认了人对生态系统的保护义务。只不过这种义务的实现还是以人的意志为规则，只要是对人有利的就可以将其归入这种义务，并且这种义务最终生成的法律责任也落实在人的财产或权利利益之上。

第二，如何看待生态系统将决定如何科学认知生态修复，进而确定生态修复的法学内涵。如果把人排除在生态系统之外，则仍然实现不了从生态系统整体角度看待生态文明的目的。生态文明本身就已经决定了人离不开生态系统整体的范畴。习近平总书记一再强调人与自然的和谐关系，其实就说明生态系统是包含了人和社会在内的一个和谐整体，抛开人和社会谈论人与自然的关系甚至生态文明都是片面的。既然生态系统是自然与人及其社会的和谐系统，也可以说生态系统的整体是自然生态系统与社会生态系统有机结合的系统。〔1〕如是说，生态修复是生态系统整体范畴的修复，就只能是包含了自然修复与社会修复的有机过程。〔2〕

（二）生态修复义务产生的原因

传统法学认为法律责任就是针对违反法律规定行为而进行的制裁。也可以归结为违反第一性义务而应产生的第二性义务。但是，制裁的前提仅仅是违法行为，且至多也就是在主观意识上对违法行为进行“过错”归责，这并不改变针对违法行为进行同等报复的人际关系实质。一方面，从这种概念界定来看，也只不过是人与人之间的“同态复仇”，而复仇的目标是使得人的违

〔1〕 吴鹏：《以自然应对自然——应对气候变化视野下的生态修复法律制度研究》，中国政法大学出版社 2014 年版，第 44~46 页。

〔2〕 吴鹏：“论生态修复的基本内涵及其制度完善”，载《东北大学学报》（社会科学版）2016 年第 6 期。

法行为得到应有的惩罚，并教导、训诫、警告秩序的潜在破坏者不得再犯。即这种复仇或者说制裁的全部目的是让人回到人的秩序轨迹。然而，这种轨迹恰恰并不为自然所依从，相反是人的秩序游离于自然秩序轨迹之外，是人想象的所谓理想化的以人为核心的社会秩序。由此而来，即使法律对人之责任进行人之秩序的制裁，也于自然无益。有不少人认为，约束人违反自然规律的行为就是对自然最大的益处，但这个问题恐怕并非如他们推崇的那样无懈可击。那么生态修复义务产生的根源就不应被认为是违反人类自己设定的社会秩序而产生的复仇秩序。

另一方面，按照现代生态马克思主义的观点，商品的价格还应当包含“修复每个商品所造成的生态系统破坏”的成本。人对自然的剥削就体现在人通过承担很少的法律责任而将这种成本转化为针对生态系统剥削的剩余价值，即减少的“生态修复支出”来增加利润。[1]现有的生产力及其支配下的传统法律关系都是建立在商品的零生态价格基础上的，是剥削生态系统而获得的，要消除这种剥削就必须增加生态价格。而修复每个商品所造成的生态系统破坏，进而将失落于人类社会及其商品之上的生态系统剩余价值，返还给生态系统的行为就成为一种合理的义务——生态修复义务。可见利用经济学的成果解释生态修复义务的根源将变得极其顺畅。生态修复本身就是一种人类无差别的义务，而不单纯是基于损害、违法等理由。甚至可以说，因损害与违法而生的所谓修复义务也基于反对生态系统剥削的生态修复义务而存在。

（三）确定生态修复义务主体

这个问题应从三个方面来看待：一是从经济上消除对于生态系统的剥削就必须对生态系统进行修复，人类共同体应无条件履行这一义务。二是生态修复本身就是人促进生态系统功能进行必要的恢复，义务的承担者当然是有能力承担这项工程的人或组织。三是有能力履行相应义务。关于第一个方面，以国家为单位代表一定区域范围的人类共同体执行生态修复义务，这是通行的也较为有效率的方法。只是在具体的履行上，各级政府、社会参与都是人类共同体的载体。至于后两个方面，从目前的技术状态以及社会发展程度来看，国家作为义务人不为过。因为国家首先负有相应的生态系统维护义务，

---

〔1〕［英］特德·本顿主编：《生态马克思主义》，曹荣湘、李继龙译，社会科学文献出版社 2013 年版，第 125~126 页。

再者国家也比个人或其他组织都具有经济和社会管理方面的绝对优势。事实已经证明，那些所谓的以企业或个人担负的修复，不过是一种复绿类的浅生态治理，严格意义上只能算是对环境要素污染的修复。而真正的生态修复则是需要耗费巨大人力、物力以及财力的战略性工程。[1]因此，应当从各级政府如何划分生态修复义务这个角度去讨论生态修复义务主体的问题。例如，国家应当承担生态修复战略规划的义务，该义务如何分解落实为各部门相互配合的法律责任；再如，国家应当支付生态修复必须的经费，该经费来源为何、如何支付，甚至国家如何组织社会生态修复力量参与等。

总之，生态修复的最终目的不是为人服务。人的利益的满足是这一过程的附属品。生态修复的唯一目的是人与自然的平等发展，即和谐状态下的共存。正如上文所讲，生态修复法律制度的设定不能将人的义务履行目标设定为人的利益实现，更不能把生态修复义务主体简单化，从而逃避真正的生态系统整体修复义务。义务主体的不适格导致的不仅是生态修复过程的片面化，也易将生态修复手段当作是人对生态系统干涉能力的全面胜利，坚定人们继续污染环境的意志，最终危害生态系统整体。同时，对于生态修复义务的减量化认可（将生态修复看作是生态环境损害赔偿责任的一种具体措施）实际上是承认人对自然利益的绝对支配，承认人对生态系统剥削的正当性；人可以通过赔偿人的利益换取人对自然关系的和谐，而自然的利益则沦落为可以通过人的利益交换进行支付的有价产品。这类自然有价等偿思想是对生态文明理念的曲解和违背。

四、创新生态修复法治研究之未来展望

如果将生态文明时代的社会背景依然牢固建立于工业文明的认识之下，以人为核心的价值观念并不能将生态系统的真正独立价值予以清晰表达。以此伦理所产生的法律制度并不能摆脱传统伦理枷锁，并将为人无条件服务之立法价值延续在生态修复义务规范的设计之中。为避免于此，生态修复法治研究的归宿或者说正当道路应当是适应生态文明理念的、对生态系统进行整体修复的法学研究道路。它至少应当呈现如下趋势：一是逐步开始并最终实现对传统法学理念的革新。不仅包括在相关概念、价值取向、基本原则、规范与规则等问题上的法学理论创新，更包括对法是什么等核心问题所进行的

---

〔1〕 吴鹏：“生态修复法律责任之偏见与新识”，载《中国政法大学学报》2017年第1期。

有益批判。这些创新与批判必须是在生态文明理念的广泛探讨与引导之下。二是更宏观视野下生态修复法治研究的逐步完善。不再将生态修复看成是生态环境损害的治理手段，而是把生态修复作为一个更加宏观的上位概念，实现生态系统整体维护的更高价值目标。法学研究过程中应明确区分生态修复与环境污染防治、环境侵权赔偿等内容，将其作为生态系统整体维护制度的重要组成部分，使之成为独立于环境要素污染防治范畴之外的另一崭新领域。三是生态修复法独立地位的形成。这必然基于上述两大趋势的基本形成。其基础在于生态文明理念全面更新了现有法学研究视域，并推动其向着全面生态化发展，即第一趋势更新的完成。其结果则是生态修复法治研究最终实现独立发展。未来可以展望，生态修复法治研究的使命可能就是引发法学的生态化“共振”，并促成生态化法学的终极嬗变。

生态环境修复责任与传统环境侵权责任的衔接

——兼评《民法典侵权责任编（草案）》（二次审议稿）第1010条

钟卫红　林梓玲[*]

摘　要：《中华人民共和国民法典侵权责任编（草案）》（二次审议稿）［以下简称《民法典侵权责任编（草案）》（二次审议稿）］对“生态环境修复责任”进行了详细规定，此举回应了司法实践中的迫切需要，有其积极之处。然而，考虑到该责任与传统的“恢复原状”责任的差异、其保护的法益与民法保护的私益不相协调以及将其纳入民法典中将给实践造成的困难等，此规定仍有所不妥。但基于民法与环境法在价值理念上有重合之处，生态环境修复责任和传统环境侵权责任保护的利益是在同一客体上的叠加等原因，同时在《民法总则》“绿色原则”的指导下，“生态环境修复”责任纳入民法典有其可行性，但应巧用立法技术，对现有草案第1010条和第1011条进行修改，使用转介条款对“生态环境修复”责任进行规定，完成该制度与传统环境侵权责任制度的衔接。

关键词：生态环境修复　民法典侵权责任编　生态环境损害　转介条款

一、问题的提出

党的十八大以来，生态文明被提到了前所未有的高度，如同习近平同志在2018年5月召开的全国生态环境保护大会上所指出的——“用最严格制度

* 作者简介：钟卫红，汕头大学法学院讲师。林梓玲，汕头大学2016级法律系学生。

最严密法治保护生态环境”，“生态环境修复”制度便是其中一项富有特色的环境法律责任制度。自最高人民法院在《关于审理环境民事公益诉讼案件适用法律若干问题的解释》（以下简称《环境公益诉讼司法解释》）和《关于审理环境侵权责任纠纷案件适用法律若干问题的解释》（以下简称《环境侵权司法解释》）中规定该责任以来，其已逐步成为环境诉讼特别是环境公益诉讼的落脚点和突破口。以 2015 年为例，在 38 件环境公益诉讼中，有 23 件要求恢复生态环境或承担生态修复费用。

在民法典编纂的过程中，“生态环境修复”制度受到了立法机关的关注，法工委最新颁布的《民法典侵权责任编（草案）》（二次审议稿）中，第 1010 条对“生态环境修复”制度进行了规定：“违反国家规定造成生态环境损害，能够修复的，法律规定的机关或者组织有权请求侵权人承担修复责任。侵权人在期限内未修复的，法律规定的机关或者组织可以自行或者委托他人进行修复，所需费用由侵权人承担。无法修复的，侵权人应当依法赔偿损失。”同时在第 1011 条对生态环境修复费用的承担也进行了详细规定，此举是将生态环境修复制度作为一种侵权责任归入民法典中。无疑，首次在法律当中明确规定“生态环境修复责任”，其意义是值得肯定的。首先，这体现了民法典侵权责任编对《民法总则》中“绿色原则”的回应；其次，这也体现了民法典对司法实践中的热点和难点问题进行了回应。司法判决中已多次判决侵权者承担“生态环境修复责任”，然而该责任的法律依据仅限于司法解释，有所不妥；况且司法解释的规定不够详细，使得实践中常出现对该责任执行难之困境。

另一方面，纵使其有积极意义，但直接将生态环境修复制度详细地归入民法典中，仍存在不妥之处。

首先，立法者将其规定在侵权责任编中，显然是承认了生态环境修复制度是包含于“恢复原状”之中的。然而，是否可以将恢复原状包含“生态环境修复”，值得探讨。如若贸然等同，发生概念的混淆，对当前司法实践将无实际助益。

其次，正如吕忠梅教授所言，“以立法的形式确认一种新的民事责任承担方式必须有充分的理论和实践依据。将环境法制度纳入民法体系确有必要，但在民法典绿色化的过程中，始终要对该行为是否会冲击民法体系的自洽性、妥当性保持高度警惕”。民法和环境法保护的法益是截然不同的，作为保护公益的环境生态修复制度和保护私益的民法典，是否可以直接相融、贸然地将保护公益的生态环境修复制度纳入民法典中，这是否会破坏民法体系的完备、是否使民法在责任规制上有喧宾夺主之嫌、是否会使民法和环境法的定位发生错乱，是值得商榷的。

基于上述考虑，探讨把生态环境修复制度直接纳入民法典分则编将会出现哪些问题，以回应立法的困惑，是必要的。同时，如若将其直接纳入有所不妥，那么在民法典编纂之际，如何在保证民法和环境法的价值、保护的法益不相冲突的情况下，完成生态环境修复制度与传统环境侵权责任的衔接，也是值得探讨的。

二、《民法典侵权责任编（草案）》（二次审议稿）第1010条的误区

（一）误区一：与“恢复原状”责任发生概念上的混淆

1. “生态环境修复”

立法者对“生态环境修复”与“恢复原状”责任关系的理解早在2015年颁布的《环境公益诉讼司法解释》中就有体现，针对第18条规定的“对破坏生态环境的行为，原告可以请求被告承担……恢复原状……等民事责任”，第20条随即规定了“原告请求恢复原状的，人民法院可以依法判决被告将生态环境修复到损害发生之前的状态和功能。无法完全修复的，可以准许采用替代性修复方式”，同样在《环境侵权司法解释》中也有类似规定。显然，司法解释在此处认为“恢复原状”责任包含了“生态环境修复”责任。

在《民法总则》的制定过程中，可以发现立法者曾在《民法总则（草案）》一审稿的第160条第5款中，将“修复生态环境”与“恢复原状”并列，作出区分，但终究因学界意见不统一，在《民法总则（草案）》二审稿审议中将“修复生态环境”责任形式删除。对于删除“修复生态环境”的原因，立法时有不同的意见，其中有学者认为主要是考虑到民事责任中“恢复原状”可以扩展适用于污染环境、破坏生态以及荒废地域的复原。而此次《民法典侵权责任编（草案）》（二次审议稿）第1010条直接把“生态环境修复责任”写入侵权责任编，依据法律解释的历史解释、体系解释方法，可以认为立法者仍是将生态环境修复责任包含于恢复原状责任当中。

因此，从上述三个发展阶段来看，官方对生态环境修复责任的解读，似乎更倾向于认为，其是恢复原状责任的体现，为恢复原状这一责任形式所

覆盖。

2. “生态环境修复”责任不同于“恢复原状”责任

（1）何为“恢复原状”责任。

“恢复原状”在《民法总则》第 179 条中以“民事责任的承担方式”这一形式出现，属于民事责任的范畴。而关于《民法总则》中的“民事责任”，学者认为，《民法总则》的内容是从各种法律关系的共同事项中抽象出来的，而民事责任是将侵权责任和债务不履行民事责任的共通事项抽象出来规定于《民法总则》的。鉴于此，《民法总则》中的“恢复原状”责任是既包括侵权责任也包括合同责任的民事责任承担形式。而本文所探讨的乃是基于侵权行为而导致的“恢复原状”责任，故应回归到《侵权责任法》中对“恢复原状”进行解读。《侵权责任法》范畴的“恢复原状”，有广义和狭义之分，我国采用的是狭义的概念，“指将受到损害的财产修复，即所有人的财产在被他人非法损害遭到损毁时，如果能够修理的，则所有人有权要求加害人通过修理，恢复财产原有状况”。基于此定义，本文展开以下论述。

（2）“生态环境修复”责任与“恢复原状”责任的异同。

在明晰我国民法上对“恢复原状”的定义后，便可进一步分析其与“生态环境修复”的异同。作为恢复性责任承担方式，两者在性质上具同质性，即通过修复权利客体的受损害状态来救济权利主体的权利。同时，两者都是以损害的存在为前提，并且该损害的修复需具有可能性和必要性。但是，两者之间也存在着较大的差别。

第一，两者救济的对象不同。作为民法上的责任承担方式，恢复原状救济的对象是民事权利，主要是财产权，属于私益的范围；而生态修复责任救济的对象是被污染的环境和被破坏的生态，是环境公共利益，具有公益的性质。

第二，两者修复的标准不同。对于恢复原状，其救济的对象是民法上的“物”，目标是将受损之物恢复到损害前的状态，其标准是“恢复原样”；但是，“生态修复责任”所救济的是生态环境，而“生态系统处于不断的物质循环、能量流动、信息传递的过程，任何一个环节都不是民法意义上的‘物’，因此对于生态系统无法‘恢复原状’”。所以，对生态环境损害的修复目标不是“恢复原样”，而是有其自身的标准。但是，对于该标准，理论和实践中仍有所争议。例如，我国的一些立法文件将该标准规定为只要“清除污染”即可；有的规定强调生态系统功能的修复和强化；有的则要求将生态环境及其功能恢复至基线水平，可包含基本恢复、补偿性恢复和补充性恢复三种情形。而学界中，有的学者认为“生态环境修复并不是指将生态系统完全恢复到其原始状态，而是指通过修复使生态系统的功能不断得到恢复与完善”，也有的学者认为“生态环境修复责任不等于必须完成一个修复工程，可以是清除污染、排除危害、管控风险、赔偿损失等”。以上所列，是在实践和学术界较为有代表性的观点，可以看出，尽管对生态环境修复没有一个统一的标准，但是其所指向的均不是完全将生态环境“恢复原样”。

第三，两者救济的范围不同。恢复原状是一种单一责任，只需要将受损害的物质恢复至原状即可；而生态环境修复责任一般有两种形式，一是修复受到损害的自然生态系统；二是修补由于自然生态系统受到损害而导致的人与自然和人与人之间的损害，有学者将其概括为自然修复责任和社会修复责任。

第四，两者的责任主体不同。恢复原状的责任主体是侵权人，而根据《环境侵权司法解释》第 14 条第 2 款“污染者在生效裁判确定的期限内未履行环境修复义务的，人民法院可以委托其他人进行环境修复，所需费用由污染者承担”可知，生态环境修复的责任主体除了侵权者之外，还可以由有专业知识的第三方代为履行。

第五，两者的履行方式不同。恢复原状的履行方式较为狭隘，主要为修理，而不包括金钱赔偿等；而根据《环境公益诉讼司法解释》第 20 条和《环境侵权司法解释》第 14 条第 2 款可知，生态环境修复责任的履行方式，至少包括按修复方案进行修复、替代性修复和赔偿修复费用。

从两者的比较可知，生态环境修复责任已经大大超出了作为传统民事侵权责任的“恢复原状”的范围，非“恢复原状”责任所能涵盖。

（二）误区二：保护的法益不相协调

在《民法典侵权责任编（草案）》（二次审议稿）中，生态环境修复责任作为一种侵权责任形式而存在，然而，其所指向的法益却是公共利益，与侵权责任法所保护的法益不相协调。

在大陆法系国家和地区，侵权行为被认为是侵害他人权利或利益之违法行为，侵权责任是针对他人的排他性权利或利益被侵害为对象而设计的，如我国《民法典侵权责任编（草案）》（二次审议稿）第 943 条规定，“本编调整因侵害民事权益而产生的民事关系"。换言之，侵权责任法保护的法益是私益。所谓公益与私益的区分，理论界有诸多见解，从法律调整的角度来辨析，至少有三个方面的区别：第一，是否具有排他性。公共利益为社会成员共同享有，任何个体对于公共利益，不享有排他性的权利；而私人利益所指向的客体，其支配和享用的权利具有独一性和排他性，未经权利人允许，任何占有和支配都是不合法的。第二，是否具有不可分割性。公共利益具有整体性，归属于社会成员共同所有，尽管每个个体都有享用它的权利，但不能分割给个人享用；而私人利益则具有单一的归属，利益的边界是清晰的。第三，主体是否具有特定性。公共利益的主体是不特定的社会公众；而私人利益的主体是特定的。

以上述公益与私益的区分为标准考察，损害生态环境所造成的利益损害，可区分为三种情形——损害私益、损害公益以及同时损害私益与公益，其所导致的责任和救济手段也是有差异的：

一是因损害生态环境而造成他人损害的情形。在侵权责任法中，"损害事实是指一定的行为致使权利主体的人身权利、财产权利以及其他利益受到侵害，并造成财产利益和非财产利益的减少或灭失的客观事实"，依此概念，损害包括人身权利及利益的损害，以及财产权利的损害，环境侵权侵害的是私主体的人身权或财产权，所指向的利益是私益，当这种私益受到侵害时，由作为私法的侵权责任法提供救济，因损害生态环境而造成他人损害的责任实为传统立法当中的"环境侵权责任"，此处不再赘述。

二是尚未造成他人的人身权或财产权损害，仅造成生态环境自身的损害（生态环境损害）的情形。对于何为生态环境损害，我国立法尚未明确界定。用专门法对生态环境损害进行救济，欧盟走在了世界的前沿，于2004年颁布了《关于预防和补救环境损害的环境责任指令》，指令将环境损害（environmental damage）定义为"直接或间接产生的、可计量的某一自然资源的不利变化，或者某一自然资源服务功能的损害"，包括：①对受保护物种和自然栖息地的损害；②对水的损害；③对土地的损害。考察我国的法律文件，环保部《环境损害鉴定评估推荐方法》（第Ⅱ版）规定的"生态环境损害"是指，"由于污染环境或破坏生态行为直接或间接地导致生态环境的物理、化学、生物特性的可观察的或可测量的不利改变，以及提供生态环境服务能力的破坏或损伤"，中共中央办公厅、国务院办公厅印发的《生态环境损害赔偿制度改革方案》所称的生态环境损害，是指“因污染环境、破坏生态造成大气、地表水、地下水、土壤、森林等环境要素和植物、动物、微生物等生物要素的不利改变，以及上述要素构成的生态系统功能退化”，各定义虽表述不同，但所反映的侵害实质是一样的，即侵害的对象是生态环境自身，造成的利益损害是生态环境要素构成的生态系统服务功能的退化，而这种利益具备非排他性、不可分割性及主体不特定性的特征，属于公共利益。

由于侵权责任的构成必须具备“损害后果”，而损害后果是以民事权益受损作为判断依据，倘若运用侵权责任救济归属于公共利益的生态环境损害，将会产生两个问题：第一，生态环境利益是否属于私人的“民事权益”？答案是否定的。尽管有学者提出在民法中创制环境权，为环境侵害的民法救济提供权利依据，但恐怕其宣示意义大于实践意义，毕竟环境权的含义、内容以及性质都难以确定，将其民法化只会造成权利体系的混乱。既然生态环境利益不属于私主体的民事权益，生态环境损害用侵权责任法进行救济于法理无据。第二，由于侵权责任法与私主体的权益保护紧密联系，能够提起侵权之诉的请求权主体资格受到限制，生态环境利益受损，理论上每个公民都是受害人，但却不能具体化为法律上特定的受害人，造成这一问题的症结是试图用私法途径救济公法利益，生态环境利益损害的救济实为私法不能承受之重。

正因为如此，欧盟在颁布《关于预防和补救环境损害的环境责任指令》之前，曾经尝试建立一套基于侵权的生态环境损害救济的民事责任机制，但由于成员国和企业界的反对，最终出台了公法性质的、以预防和恢复环境损害为目标的责任制度。该指令明确指出，不适用于因侵害生态环境造成的人身伤害、对私有财产造成的损害或者任何经济损失的救济，而是交由成员国传统的民事责任制度和国际公约解决。我国的政策制定者也认识到了这种公益与私益保护相区分的必要性，比如《生态环境损害赔偿制度改革方案》规定，“涉及人身伤害、个人和集体财产损失要求赔偿的，不适用本方案，适用侵权责任法等法律规定”。

基于上述考察，《民法典侵权责任编（草案）》（二次审议稿）第1010条所规定的生态环境修复责任，其指向的对象是生态环境损害，保护的法益性质是公共利益，显然与保护私法利益的侵权责任法不相协调。申言之，作为民法典分则编的侵权责任编是基于传统的侵权法系统构建的，必须与民法典调整的对象、方式是一致的，保护的仍应是私主体的人身、财产安全，不可超越民法的私法属性，喧宾夺主地去承担具有公益性质的责任。若将有关“生态环境修复”责任的规定纳入侵权责任编，将面临一个逻辑上难以自洽、破坏原有法律体系的问题，从一开始就走错了方向。最理想的做法是建立专门的生态环境损害责任制度，隶属于环境法这一公法范畴。

三是不仅造成生态环境损害，也同时造成了私主体的人身或财产损害的情形。这种情况下，既有公益的受损，也有私益的受损，那么，公益通过专门的生态环境损害责任制度救济，私益通过环境侵权责任制度救济。

（三）误区三：给将来的执行造成困难

将生态环境修复责任规定在民法典中，将给未来的司法实践造成一定程度的困惑与困难。如前所述，生态环境修复责任不同于传统的恢复原状责任，生态环境修复责任具有较高的技术性要求，其恢复的标准不一，在一开始生态环境的“原状”便是难以确定，“生态环境质量具有隐蔽性，非肉眼可以判断，需要借助专业手段进行监测评估”，加上我国没有统一的环境质量档案，所以在实践中更有赖于专业机关的实地勘察确定修复的标准。同时，“在确定修改方案或者生态环境修复费用时，不可避免地需要涉及不同领域的生态环境专业知识，很可能超出法官的认知水平”；此外，在生态环境修复执行过程中，往往需要有力的监督方案促进生态修复方案按质量完成，有时需要根据生态环境的具体情况调整生态修复方案；最后，还需要对生态修复方案实施的结果进行验收，确定其是否符合验收标准，这同样涉及技术性问题。上述实践中将会出现的情况，单靠法院的力量难以担起重任，需要有专业的部门介入以及行政机关的协助才能提高效率。将生态环境修复规定在民法典中，意味着只能靠民事救济手段、通过司法途径解决，由于法院处理上述技术问题的有限性，这将会导致判决难以执行，不仅有损司法公信力，而且环境公益诉讼的目的也难以实现。

再者，即使不直接使用生态修复方案进行修复，而根据《民法典侵权责任编（草案）》（二次审议稿）第1010条和第1011条所规定的“当无法修复或无修复必要的，侵权人应当依法赔偿损失”，追究损害赔偿责任，也存在难以计算的问题，因为传统侵权法所规定的损害赔偿责任是针对私主体排他性权利或利益被侵害为保护对象而设计的，包括财产损害赔偿和精神损害赔偿，在民法上已形成相关的计算方法。而替代生态环境修复责任的赔偿费用依据草案第1011条可知，包括修复期间服务功能丧失导致的损失，生态环境永久性损害造成的损失，生态关键损害调查、鉴定评估的费用，防止损害的发生和扩大所支出的合理费用。这些显然不是传统民法的财产损害赔偿和精神损害赔偿的计算方法所能涵盖、调整的，需要专门立法规定具体的计算方法进行指导。

基于上述考虑，最理想的办法是制定专门的生态环境损害责任制度，隶属于环境法这一公法的范畴，对生态环境损害的预防与救济（包括生态环境修复责任）制度作出专门规定，并且首先交由行政机关执法，而不是由民事主体通过司法途径救济。

三、将“生态环境修复”责任纳入侵权责任编的可行性

虽然《民法典侵权责任编（草案）》（二次审议稿）试图将生态环境修复责任直接纳入侵权责任编的规定，在理论上存在误区，但鉴于短期内国家层面尚无制定生态环境损害责任专门法的计划，出于回应司法实践中迫切需要解决问题的考虑，仍不能否定此项努力的正面价值。而且，无论是从环境法与现代民法的互动关系、“绿色原则”的指导、生态环境修复责任和传统环境侵权责任所保护的利益是同一客体上的叠加，还是立法技术操作上的可行性，将其纳入侵权责任编都是可行的。

（一）现代民法的发展与环境法的发展是互相促进的

考虑两种责任的关系，不能回避它们所属的民法和环境法的关系。的确，民法保护的是私益，是平等主体之间的合法权益，近代的民法基于“平等性”，以“意思自治”为最根本的价值，法律必须保障民事主体的自由。在这一原则的指导下，“进行有害废物交易或在资源使用权转让后约定破坏性开发也应得到保护，污染和破坏环境的行为将无法得到制止……可以说，一些传统的民法制度对环境问题的形成甚至具有推动的作用”。

而现代民法的发展对近代民法的相关规定进行了修正，禁止权利滥用原则的规定，让民法在保护私益的基础上，也有了一定的界限。当环境问题威胁人类发展的时候，民法也必须为维护公共利益对自身作出一定的限制，在维护私益的同时不侵犯公益，这也是现代民法发展的精神所在。因而，作为民法组成部分的侵权法，也可以通过对环境侵权制度的设计促进环境法的实施，从而间接促进环境保护。

因此在价值理念上，因保护的价值有交叉，侵权法可以将有关环境法调

整的内容技术性地纳入其中，完成两者在价值上的衔接。

（二）《民法总则》“绿色原则”的确立为此提供了指导

历经波折，2017 年 3 月通过的《民法总则》最终确立了“绿色原则”——“民事主体从事民事活动，应当有利于节约资源、保护生态环境”。“绿色原则”的确立将对整个民法典的编纂提供指导。

对于“绿色原则”所起的作用，有学者指出，应将“绿色原则”界定为限制性原则性基本原则，“是对以自愿原则为代表的民法传统基本原则推行到极致所伴生的环境污染等问题的担忧和矫正”。在性质上属于“公的管制”的媒介，以否定绝对的意思自由为出发点，对于私人的意思自治，从外部施以影响。这一解读符合本文在上一部分所谈及的民法与环境法的互动关系，可以说“绿色原则”犹如一座桥梁，为民法和环境法的连接提供了途径。

如有环境法学者指出，学界对“绿色原则”条款的解读和释义中，也普遍认为“民法典中的侵权责任编是落实‘绿色原则’要求的典型领域”。这一观点肯定了“绿色原则”对侵权责任编的指导，也肯定了侵权责任编应该有计划地与环境保护法保护的利益进行衔接。又如有的民法学者指出，“生态环境保护原则作为外部限制原则纳入民法基本原则体系，使得民法和环境法在价值上建立一种链接，这种链接是价值平衡的需要”，这是从基本原则上肯定了将生态环境修复责任的有关规定纳入侵权责任法的做法。

（三）两者涉及的利益是在同一客体上进行的叠加

仅有理论上的可行性仍不够，还必须从实际出发，寻找传统环境侵权和生态环境修复责任的连接点。笔者认为，传统环境侵权责任保护的利益和生态环境修复责任保护的利益是在同一客体上进行的叠加，保护的价值具有共同性。虽然两者保护的具体利益不同，但是，传统环境侵权保护的私益，是以生态环境作为媒介的，而生态环境修复责任所保护的利益是以生态环境为客体的公益，两种责任、两种利益的产生，都绕不开生态环境，两者在此具有共性。

（四）立法技术上具有可行性

经过前面的讨论，可以发现，在将生态环境修复责任引入侵权责任编与传统的环境侵权责任进行衔接，具有理论上、实际联系上的可行性。但应该认识到，两者调整的利益终归是有界限的，即公益与私益的区别。在将其纳入的时候，不得打破这一界限。因此，必须考虑，在立法技术上是否有此可能性，即在完成两者的衔接的时候，不打破彼此的界限，又能让两者产生联系，达成价值上、制度上的相互补充和支持。对此，笔者认为，可以利用转介条款，把两者的衔接点加以规定，明晰两者的区别与联系，但具体的规范方式仍回归到各自所属的法律中去，这在立法技术上完全可行，笔者将在下一部分加以说明。

四、如何将生态环境修复责任纳入侵权责任编

要将生态环境修复责任纳入侵权责任编，首先要有一个意识，即在这个过程中，一方面要肯定生态环境损害的责任承担，“又要区分民法与环境法不同的调整范围，‘让民法的归民法，环境法的归环境法’”。对此，关于生态环境修复责任在侵权责任编的规定，不能采取详细的内设规定，将其视为一种私权的请求权基础，而是应该采用转介条款进行外接，完成环境法与侵权责任法的衔接、生态环境修复责任与传统环境侵权责任的衔接。

对此，应当对现有的《民法典侵权责任编（草案）》（二次审议稿）第1010条进行修正，将其修改为“行为人因污染环境、破坏生态，应当承担生态环境修复责任的，按照有关法律规定进行处理；同一行为造成他人受损的，应当依本法承担相应的侵权责任。行为人依法应承担相应的生态环境修复费用和侵权损害赔偿，不足支付的，先承担侵权损害赔偿责任”。

之所以如此修改，一方面“同一行为造成他人受损的”一句，是完成两部法律、两种法律责任的衔接，肯定了破坏生态环境的同一行为可能在造成公益损害的同时造成私益损害，明确两者的连接之处，也明确两者的区别；另一方面，“行为人因污染环境、破坏生态，应当承担生态环境修复责任的，按照有关法律规定进行处理”，这是把“生态环境修复”责任转介出去，生态环境修复责任应该怎么确定、怎么承担、修复方式、修复费用等更为细致的问题，留给环境法以及相关配套制度去规定，民法只是肯定其与自身的联系与价值。同时，最后一句“不足支付的，先承担侵权损害赔偿责任”是考虑优先弥补私主体的人身、财产损害。

这种设计，也可以在源头上达致逻辑、体系的自洽，做到在源头上与传统的“恢复原状”责任的区分。因为在使用“行为人因污染环境、破坏生态，应当承担生态环境修复责任的，按照有关法律规定进行处理”一句时，已是

明确“生态环境修复”责任不属于民法的范围，自然也与民法上传统的侵权责任承担形式“恢复原状”没有关系。如此一来，《民法总则》在二审稿删除“修复生态环境”也更加合理了。这样，民法的规范体系仍属于私法范畴，没有与环境法发生混淆，“民法的归民法，环境法的归环境法”也顺理成章，完成了价值和实践中的衔接，达到了逻辑体系上的自洽。

五、结　语

在生态文明时代，立法机关考虑将环境法领域的生态环境修复制度纳入民法典加以规制，在我国尚未制定专门的生态环境损害责任法之际，的确有其务实之处。但是，不可贸然直接将其作为一种民法上的请求权基础，否则容易与侵权法上的“恢复原状”责任产生混淆，并导致民法保护的法益错位，且将给司法实践带来执行上的困难。如果能够从立法技术上加以改进，以转介条款的方式对生态环境修复责任进行规定，既可以巧妙地将该制度纳入侵权责任法，完成该制度与传统环境侵权责任制度的衔接，也不破坏彼此的界限，时刻牢记“让民法的归民法，让环境法的归环境法”，或许将会成为更好的选择。

中华法制文化与刑辩技巧的若干问题

陈瑞林*

摘　要：中华法制文化与西方法治文化存在较大差异，律师制度的引入是中西法律文化融合的产物。总体上，由于传统法制文化上对律师的排斥，刑事辩护律师的技巧受到忽视。当代律师在进行辩护过程中特别是阅卷、调查和会见被告人的过程中，要善于发现有利于被告人的法定情节和酌定情节。如果案卷材料中找不到任何对被告人有利的情节，也并非毫无办法进行辩护，高明的辩护律师应善于帮助被告人创造有利于自己的量刑情节，如教育被告人认罪服法、坦白交代罪行、争取认罪认罚得到从宽处理，启发被告人检举揭发其他的犯罪或提供重大的犯罪线索，创造立功的法定从轻、减轻情节。

关键词：法制文化　刑辩律师　刑事诉讼

一、刑事辩护的概念

刑事诉讼中的辩护是指被告人及其辩护人针对控诉，根据事实和法律，提出有利于被告人的材料和意见，证明被告人无罪、罪轻或者应当减轻、免除刑事责任的诉讼活动。

辩护制度是现代法制的产物，是刑事诉讼中一项极为重要的制度，是法制文明的重要标志，是司法制度民主化的集中体现。我国是法制民主的社会主义国家，宪法和刑事诉讼法等有关法律均赋予被告人辩护权，为了保障辩护权的充分行使，法律规定被告人除有权自行辩护外，还有权委托辩护人为

---

* 作者简介：陈瑞林，汕头大学法学院副教授。

其辩护，如果被告人没有委托辩护人，人民法院在必要时应当指定辩护人为其辩护。古罗马的辩护士，是现代辩护律师的雏形，而真正意义上的辩护，是文艺复兴后建立起来的资本主义法律制度的产物。现代的中国辩护律师制度，则是清朝末期从日本和西方国家学习而来的。

二、现代辩护制度与中华传统文化的冲突

中国现代的律师辩护制度肇始于清末的法律改革，《大清刑事诉讼律草案》规定了现代的辩护律师制度，虽然该法律未及施行清朝即被推翻，但是该法律为民国时期刑事诉讼法典的起草提供了参照的依据，此后，中华大地上就有了现代的律师辩护制度。

在中国传统的法制文化中，既不提倡诉讼，也不提倡争辩和辩护，以孔子为代表的儒家思想主张不争不辩，主张君子讷于言、敏于行，反对巧言令色，只说不做，子曰："巧言令色鲜矣仁。"（《论语·学而篇》）儒家也反对诉讼，孔子认为社会和谐的理想状态是无讼，子曰："听讼，吾犹人也，必也使无讼乎。"（《论语·颜渊》）古之贤人教导自己子孙后代的家训家规也主张"居家戒争讼讼则终凶，处世戒多言言多必失"（《朱子治家格言》），"话说多，不如少，惟其是，勿佞巧"（《弟子规》）。道家的文化也主张不辩不争，道家的代表人物老子认为，"信言不美、美言不信、善者不辩、辩者不善"（《道德经》第八十一章）；"夫惟不争，固天下莫能与之争"（《道德经》第六十六章）。佛家也主张受辱不辩，受冤不怒，"又闻而不怒，虽谗焰熏天，如举火焚空，终将自息；闻谤而怒，虽巧心力辩，如春蚕作茧，自取缠绵；怒不惟无益，且有害也"（《了凡四训·改过之法》）。中国传统文化思想主要包括儒释道三家思想，为什么中国传统思想都反对诉讼和争辩呢？笔者以为这与我们中华传统文明主要是农耕文明有关。人与人之间关系密切，以农耕为主的村寨，人们朝夕相处，守望相助，彼此都是熟人，在这样的熟人社会里，朴实、忠厚、实干、木讷的老实人比巧言令色、花言巧语、只会耍嘴皮子功夫的人更让人放心，更受人们的欢迎。邻里发生纠纷，大家都是乡里乡亲，通过德高望重的族长或长辈解决更加经济也更加和睦，所以古圣贤的家训中教导子孙后代："忠厚持家久，诗书济世长"。而律师制度之所以会起源于古罗马，是因为古罗马文明主要不是农耕文明，其商业发达，人口流动性大，彼此都是陌生人，在这样的陌生人社会里，人们交往需要法律、契约

为凭，发生商业贸易纠纷则需要能言善辩的律师帮打官司。其实，中国的春秋时期，也曾经差点就产生一位帮人打官司的律师，但因为他的思想和行动不适应于农耕文明，所以他被消灭了。公元前545年的东周时代，中国出现了第一位“律师”，他叫邓析。在中国历史上，邓析第一个干起了律师的事。他帮人打官司，而且还收费。邓析给人印象最深的，是一个机辩的故事：

上游冲下来一个溺死的人，被住在河边的一户人家打捞上来，这个死者的儿子找上门来，要将尸体带回去安葬。这户人家于是索要天价的打捞费，死人的一方和捞人的一方谈崩了，都很纠结这件事。捞人的人慕名拜访了邓析，他请教邓析，我能要到更多的钱吗？邓析分析说，你可以找他多多地要钱，这是他唯一的父亲，他必须带回去安葬，否则就是不孝。这边捞人的人前脚刚走，那边死者家属后脚就到，死者的儿子也找上门来请教邓析，我挣钱不容易，我能少给钱吗？邓析说，你一分钱都不必给他，因为这具尸体如果你不要，其他任何人也不会要，对捞尸体的人完全没有用。邓析在当时就被斥为“以非为是，以是为非，是非无度”的诡辩之士，有人攻击他“操两可之说，设无穷之词”，说他无事生非，这因此成为他命丧黄泉的一个理由。中国正统的理论家和官家们总喜欢拿着一个假设自己绝对正确的大棒，去打压所有与自己有异见的人士，如果辩不过，干脆就消灭他的肉体。从此，中国理性思维的一点萌芽，就被扼杀在襁褓中。《吕氏春秋》说，邓析“与民之有讼者约，大狱一衣，小狱襦裤。民之献衣而学讼者不可胜数”。意思是，有大案子收一件大衣服，小案子就收短衣小裤。那个时候还没有发明钱币，只能以物易物，这和大教育家孔夫子他老人家的学费“束脩”是一个概念。邓析早出生了2500多年，那个时代是只许州官放火，不许百姓点灯的时代，官家对百姓，只能是我说你听，让你怎样你就怎样，要你死你就死，你还能辩什么冤枉？说什么过错？可是这个邓析，不光自己在那里对官家品头评足，说这不对那不好，还帮老百姓打官司，教老百姓与官家辩道理，搞得众说纷纭，出现“郑国大乱，民口喧哗”，这还了得！郑国新上任的执政者姬驷歂说也说不过他，辩也辩不赢他，干脆动用了专政工具，一刀砍了他的脑袋。于是，中国历史上的第一个律师及刚刚萌芽的律师制度，就被扼杀了。邓析和孔子生活在同一个年代，都开班办起了私学，一个教人打官司，挑词架讼，一个教人做人处事“仁义礼智信，温良恭俭让”，结果一个被杀了，一个成为“大成至圣先师、万世师表”，这很能说明农耕文明需要什么样的师表。

今天已经身为律师者和想成为律师者一定要明白，党和政府大力提倡传承弘扬中华优秀传统文化，我们要建设的是中国特色社会主义法律制度和律师制度，所以我们的任务是利用所学的法律知识，为当事人依法提供法律服务，为社会的和谐稳定服务，帮助化解社会矛盾，定分止争，而不能唯利是图，挑词架讼。只有这样，路才能越走越宽，才能真正做到服务社会，提升自我；只有这样，律师职业才能成为我们终身为之奋斗的事业，而不仅仅是谋生之工具。

三、刑事辩护的法律规定及律师辩护的优点

《中华人民共和国刑事诉讼法》第 11 条规定，“……被告人有权获得辩护，人民法院有义务保证被告人获得辩护。”这条规定表明，对被告人来说，获得辩护权是他的权利；对于人民法院来说，保证被告人获得辩护权，是它的法定义务。

《中华人民共和国刑事诉讼法》第 33 条第 1 款规定，“犯罪嫌疑人、被告人除自己行使辩护权以外，还可以委托一至二人作为辩护人。下列的人可以被委托为辩护人：（一）律师；（二）人民团体或者犯罪嫌疑人、被告人所在单位推荐的人；（三）犯罪嫌疑人、被告人的监护人、亲友。”可见根据辩护人的不同身份可以对辩护人作出分类。凡是由具有律师身份的人担任辩护人进行的辩护就是律师辩护，凡是由不具有律师身份的人担任辩护人的辩护为非律师辩护。

律师辩护是最好的辩护，聘请律师为被告人担任辩护人是当事人明智之举，这是由于律师，特别是熟悉刑事辩护工作的律师能充分了解国家有关的刑事法律法规和司法解释，也最能准确地运用有关刑事法律为被告人辩护。随着我国法制的不断健全，国家有关的刑事法律法规和相关司法解释浩如烟海。律师是诉讼的专业人士，他们能够全面掌握专业知识和相关的法律、政策，并能准确运用专业知识和相关法律规定为犯罪嫌疑人作辩护，从而充分地保证法律规定的被告人辩护权的行使。

律师辩护与非律师辩护相比，在享有诉讼权利和实际承担义务方面也有区别。辩护律师有权查阅案卷材料，调查了解案情和证据，同在押被告人会见和通信，而其他辩护人只有经人民法院许可，方能了解案情，但无权查阅案卷材料。

委托律师辩护与被告人自行辩护相比也有重大区别，效果完全不同。因为被告人在诉讼中处于被控告的不利地位，大部分被告人已被羁押，失去人身自由，自行辩护会受到主客观条件的限制。被告人无法调取证据、查阅案卷，被告人大多数缺乏法律知识、文化水平不高，表达能力差可能出现有理说不清的情况，不能很好地维护自己的合法权益；被告人即使文化程度极高，熟悉法律规定，口才很好，也不宜自己辩护，因为被告人自己高明的争辩往往会给人（特别是法官）认罪态度不好的印象，而认罪态度的好坏对处刑的轻重必有影响。司法实践中，法律专业人才成为被告后也请律师为其辩护的不乏其例。

四、对律师辩护误解的澄清

在律师业务活动中，刑事辩护是重要的一项业务活动，也是被人误解最深的一项业务活动。

（一）误解一：刑事辩护等于形式辩护

在庭审中，如果被告人及其辩护人根据事实和法律提出了影响定罪量刑的材料和意见，法官应该认真听取，认真查证核实后，再对案件作出判决。有的审判机关庭前定案，不管律师在法庭上如何辩护都是白费口舌，因此，有人将刑事辩护称为形式辩护，毫无作用，有人甚至把我国法律中规定的辩护制度比作花瓶，中看不中用，这种看法及做法无异于给法治民主的重要标志——辩护制度抹黑，是错误的和有害的。

（二）误解二：辩护就是替犯罪分子说话，为坏人开脱罪责

有一部分人不同程度地存在这种想法。上述看法是对我国辩护制度的误解，把犯罪分子和被告人统统画等号，这显然是不对的，被告人中也有无罪的人，退一步讲，对于有罪的被告人，也只能依法惩治，被告人及其辩护人依法辩护，更有利于案件的正确处理。

（三）误解三：办理刑事案件轻而易举

这主要是来自个别律师的看法，有的人甚至认为辩护律师就是“三句话律师”：“一贯表现好，认罪态度好，有悔改表现”。这种看法是错误的，也是造成个别律师代理刑事案件马虎应付的主要原因之一。实际上，刑事案件与其他案件一样，也有简易与疑难复杂之分，对任何刑事辩护案件均应认真负

责，否则必然会影响辩护的质量，也影响承办案件律师的声誉。

（四）误解四：无理强辩、夸夸其谈、哗众取宠

雄辩的口才，当然是律师必备的素质，但辩护的原则是事实和法律，辩护的宗旨除了维护当事人的合法权益外，还有维护法律的权威。律师辩护切忌故意曲解法律或歪曲、隐瞒案件事实真相的无理狡辩，更忌夸夸其谈，炫耀口才，谈些对案件处理毫无实质意义的会话。哗众取宠的辩护发言，虽能起到庭下当事人听了欢喜的结果，但同时也会造成法官和内行人对发言者的不良印象，对发言者的声誉和被告人权益的维护都会产生负面效应。

（五）误解五：公诉人和辩护人在法庭上是论输赢，比高低

这种看法是片面的，受这种观点的影响，有的公诉人与辩护人在法庭上辩论不是主要围绕案件的定罪量刑及证据的认定等问题，而是咬文嚼字，意气用事，互抓辫子，甚至进行人身攻击，这是很不应该的，也是违背辩论目的的。辩护应该心平气和、态度友善，紧紧围绕事实和法律，以理服人，发言口齿清楚、逻辑严谨、摆明观点和意见。一个律师的名气，绝不是靠发言时意气用事，夸夸其谈，使用感情色彩强烈的词语甚至有辱人格的词语得来的。

五、优秀的刑辩律师应注意的问题

刑事辩护律师在庭审时除了要精通法律法规、熟悉司法解释，能言善辩外，还要有情商，懂得进退和随机应变，重点注意如下问题。

（一）了解法官在开庭时的正常心态

法官不希望长时间坐庭，希望庭审能够按照既定的节奏有序进行、不希望庭审过程松散拖沓，更不希望庭审中节外生枝出现其他意外情况。应当说，对常年坐庭审案的法官来说，这是一种正常的心态。庭审是法官职业生涯中一项重复性的日常工作，每天的工作就是在庭上重复这些程序，而这些庭审程序又是必不可少的，当然希望律师在庭审中的发言能够直截了当阐明观点，主题明确，论证过程简洁明了，减少不必要的空话。法官最不愿意看到的是回答问题七绕八绕，发言长篇大论看似洋洋洒洒，古今中外法学论述一大堆，但是没有几句与案件争议焦点有关。有些律师明知说的都是不着边际的废话，但是为了让当事人感受到他在用心负责任地办理案件，不惜花费精力撰写长篇的辩护词，并在庭上慷慨激昂地宣读，表面上取悦了当事人，实际上没有

任何意义。

（二）刑辩律师法庭辩论禁忌

1. 与法官盲目辩论

在我国的庭审实践中，法官不是法庭辩论的一方，法官是法庭辩论的主持者。这是我们应该清晰明白的法官的角色与职能。实践证明，与法官进行辩论虽然可能会获得些许所谓的律师的尊严，但往往是以牺牲委托人的利益为代价的。有些时候，律师的强悍往往造成对被告人的量刑过重。有些时候，被告人、被告人家属解除对强悍的律师的委托也是权衡利弊、认真考量过的。当然，不排除例外，对于重大冤、假、错案，如果主持者睁一只眼闭一只眼，辩护人则必须据理力争，坚持到底，强硬辩护也不失为一种上上策。

2. 忽视法官的提问

按照审判心理学原理，法官是裁判者，法庭辩论的目的是要说服法官采纳自己的有效辩护意见。由于在我们的庭审制度中，法官在法庭上具有主动调查的职权，他们会主动就一些自认为非常重要的问题、争议性大或者没有查清的、需要加强自由心证的事实与证据进行补充发问，这些发问在很大程度上反映了法官的关注点。从这些关注点中，结合案件的争议点甚至可以判断出法官可能的倾向性意见。因此，辩护人在庭审时，应如雷达一般时刻留意法官的每一个提问。

概言之，精准记录并快速、高效分析法官的庭审发问——逆向推理、捕捉出法官的审判思路，也是辩护人综合素养的集中体现之一。

六、刑辩律师的职责

《中华人民共和国刑事诉讼法》第 37 条规定：“辩护人的责任是根据事实和法律，提出犯罪嫌疑人、被告人无罪、罪轻或者减轻、免除其刑事责任的材料和意见，维护犯罪嫌疑人、被告人的诉讼权利和其他合法权益。”可见，辩护律师的职责有以下几点。

（一）帮助犯罪嫌疑人、被告人行使辩护权

由于犯罪嫌疑人、被告人在刑事诉讼中大多已被采取强制措施，不便充分行使辩护权，无法充分维护自己的合法权益，律师担任辩护人，就是要帮助犯罪嫌疑人、被告人充分行使辩护权，依法维护其合法权益，所以律师接

案后，应认真查阅案卷，了解案情，会见被告，认真听取他的供述和解释，进行必要的调查取证，对案情进行研究讨论，出庭前应准备好问话提纲和辩护意见，参加庭审要认真，作好必要的庭审记录，根据法庭出现的新情况适当修正辩护意见。如果不认真做好这些工作，就很可能变成“三句话律师”。

（二）依法维护犯罪嫌疑人、被告人的诉讼权利

《中华人民共和国刑事诉讼法》赋予被告人广泛的诉讼权利，如犯罪嫌疑人、被告人享有申请回避、发问、辩护、最后陈述、上诉、申诉等权利，如果这些权利受到剥夺或限制，律师可以纠正和制止，必要时可向有关机关反映。

（三）给犯罪嫌疑人、被告人提供法律上的帮助

犯罪嫌疑人、被告人往往不懂法律或所知不多，律师可以通过会见或与犯罪嫌疑人、被告人通信为犯罪嫌疑人、被告人解答法律疑问，也可以代犯罪嫌疑人、被告人书写上诉状、申诉状等法律文书。

（四）出庭进行辩护

出庭辩护可以说是整个案件辩护工作的核心，也是律师在听众面前亮相，表现其辩护技巧的关键时刻，它能综合反映出辩护律师的口才、临场应变能力、思辨能力以及对法律、法理的掌握和适用能力，是对辩护律师水平高低的综合测试。除了要认真做准备外，还要注意不能抛开事实，离开法律无理狡辩。

实践中，辩护律师有时会碰到这样的问题，案卷中犯罪嫌疑人、被告人，曾交代过犯罪且有充分证据可以证实，但律师会见被告人时被告人翻供，要求律师在庭上为其作无罪辩护。对这种情况，律师应对被告人进行耐心的解释和教育，以理服人让证据说话，促其坦白交代，在法庭上争取主动，争取坦白从宽。如果被告人仍坚持无罪，辩护律师要敢于依法拒绝辩护，因为辩护律师在诉讼中是独立的诉讼主体，不是被告人的代言人或传声筒，必须忠实于事实和法律，不是被告人要求律师怎么说就怎么辩。这种情况下如果出庭为被告作无罪辩护则有违事实和法律，也影响律师在司法队伍中的威信，如果出庭作有罪辩护，虽然对得起事实和法律，但有违当事人期待，变成第二公诉人，有违律师职业道德，在不明案件真相的群众中产生不良影响。所以最好的方法是拒绝出庭辩护，但方法应适当，应先在会见时与被告人讲清

楚，并在开庭前一段时间向法庭说明，不应在开庭时当庭宣布拒绝辩护。

对于起诉书没有起诉而律师在调查中或在会见被告人时被告人说出来的漏罪，律师可以说服被告人向法庭主动交代。如果被告人不想在法庭上交代，律师不应私下报告有关机关，更不能在法庭上当庭揭发。因为辩护律师与公诉人的职责不同，律师应依法向法庭提出有利于被告人的材料和意见，并以此角度来维护法律的正确实施，而无义务向法庭提供不利于被告人的材料和意见来维护法律的正确实施。否则，就会认为律师坐上了公诉席，其造成的不良影响不是揭露一两宗漏罪所能弥补的。

七、辩护律师的权利

第一，辩护律师有权根据事实和法律独立提出辩护意见，依法提出的辩护意见不受法律追究。

第二，辩护律师可以依法查阅案件材料了解案情，可以同在押被告人会见和通信。

第三，辩护律师在执行辩护任务时，有权向有关机关、团体、企业、事业单位或个人进行调查、访问。有关单位及个人应积极配合，如实提供案件情况。

第四，在法庭审理中，辩护律师有权申请通知新的证人到庭作证，申请重新勘验、鉴定、调取新的物证。经审判长同意，可以向证人、鉴定人、被告人发问。

第五，对未生效的判决、裁定，经被告人同意，辩护律师可以提出上诉。

第六，在特定情况下（见前文），律师可以拒绝为被告人辩护。

第七，律师经聘请，可以为犯罪嫌疑人提供法律咨询，代理申诉、控告，为被逮捕的犯罪嫌疑人申请取保候审。

八、辩护律师的义务

第一，接受案件后，要认真履行为被告人辩护的义务。

第二，不能教被告人翻供、逃避审判和惩处。

第三，必须依通知按时出庭，遵守法庭规则。

第四，不能曲解法律，歪曲事实，伪造证据。

第五，不能泄露办案中接触的国家机密和个人隐私。

九、律师如何履行辩护职责

律师接受刑事案件当事人或当事人的亲属委托后，应先进行哪些工作，再进行哪些工作？笔者认为，首先应到法院查阅案卷，只有查阅案卷，才能知道公诉机关对犯罪嫌疑人、被告人起诉何罪，事实是否清楚，证据是否充分，需补充何证据，起诉书适用法律是否正确，犯罪嫌疑人、被告人是否认罪，为什么不认罪等。在这个基础上再会见被告，认真耐心地听取犯罪嫌疑人、被告人有罪的供述和无罪的辩解，并可就案卷中一些不明白之处与被告人核对。当然，对一些特殊的案卷，也可以先会见被告后再阅卷。比如案卷内容很多，头绪很乱，离开庭时间又很短，在律师要求推迟开庭时间又得不到采纳的情况下，先会见犯罪嫌疑人、被告人，听取他的意见再阅卷可能对辩护工作更有利。在时间许可的情况下，也可以看卷、会见交替进行。在了解案卷情况，听取了犯罪嫌疑人、被告人意见后，该调查访问的应该进行调查访问，询问有关证人并做好询问笔录，收集对犯罪嫌疑人、被告人有利的证据。在共同犯罪案件中，必要时可以会见其他犯罪嫌疑人、被告人，在发现新的证人并认为有让其出庭必要的，最好事先向法庭申请通知证人到庭，需要法庭提供新的物证，重新鉴定和勘验的，最好也事先向法庭申请，这样才比较主动。

在完成上述工作之后，就应该草拟辩护词。辩护词虽然是在法庭调查结束进入法庭辩论阶段才发表。但经过阅卷、会见、调查后，该如何辩护心中已有数，把辩护词写出来是必要的，是负责任的表现。有的人不起草辩护词，到辩护时想到什么就说什么，使发言杂乱无章，条理不清，甚至挂一漏万，影响辩护的效果。在辩护词起草后，最好把公诉人可能提出的辩护意见也准备一下，不打无准备之仗。

辩护律师按照出庭通知书通知的时间和地点，走上法庭的辩护席，开始参加庭审的诉讼活动，在法庭上，律师要注意维护被告人的诉讼权利，如申请回避权利、最后陈诉权利等，如果被告人诉讼权利受到限制或剥夺，律师应该依法纠正和制止；制止无效的，可以向有关机关控告。对于庭审中违反刑事诉讼法规定的做法，可以要求纠正，如没有依法在开庭前十天送给被告人起诉书的，在核实证据时只核对有罪、罪重证据而不核对无罪、罪轻证据的。经审判长同意、律师可以向证人、鉴定人、被告人（包括共同犯罪中的其他被告人）发问，但问话内容应该是法庭未审问或未查清的，如果已查清或审判人员已问过的问话，不要重复发问，当然，所问的内容应该服务于自己的辩护意见。

十、辩护意见的确立

律师提出什么样的辩护意见，是刑辩律师办理刑事案件最为关键的问题，也是最考验刑辩律师智慧的问题，要慎重考虑、认真斟酌，要紧紧围绕案件事实和法律，做到合情合理又合法。只有建立在案件事实基础上的辩护意见和有法律依据的辩护意见才容易得到法庭的采纳，才是好的辩护意见，才能达到辩护的目的——维护被告人的合法权益。如果不顾事实和法律无理强辩、纠缠细枝末节，在法庭上慷慨激昂，辩护意见却得不到法庭的采纳，这样的辩护就不能说是成功的辩护。无理的辩护最容易造成“你辩你的；我判我的”的情况，甚至使法官反感，给被告人造成适得其反的效果。辩护意见可以分为无罪辩、改变定性辩和从轻、减轻、免除处罚辩三种，试分析如下。

（一）无罪辩

律师查阅案卷、了解案情、会见被告人之后，如果认为被告人的行为不构成犯罪，就应当为被告人作无罪辩护。无罪辩护的案件可分为以下几种情况。

1. 案件事实清楚、证据充分，但依法不构成犯罪的

有的被告人的行为虽有一定的社会危害性，但还不符合犯罪概念的规定的，可以依据我国《刑法》第 13 条但书部分的规定作无罪辩护。《刑法》第 13 条但书部分规定：“但是情节显著轻微危害不大的，不认为是犯罪。”这样的案件往往就是违反治安管理处罚法的行为或违纪、违反其他法规的行为，尚未达到触犯刑律的程度。我国刑法分则规定的许多犯罪都要求同时具备“情节严重、情节恶劣、数额较大”，如《刑法》第 201 条逃税罪，第 246 条侮辱、诽谤罪等都规定了“情节严重”或“数额较大”作为划分罪与非罪的界限。又如《刑法》第 260 条虐待罪和第 261 条遗弃罪等都规定了以“情节恶劣”作为划分罪与非罪的界限，如果被告人的行为未达到情节严重或情节恶劣的程度就应作无罪辩护。此外刑法中有些财产犯罪要求财物数额较大，如《刑法》第 264 条、第 266 条、第 267 条规定的盗窃、诈骗、抢夺罪。如果财物数额未达较大的就可作无罪辩护。

按照刑法犯罪构成的要求，任何犯罪的构成都必须同时具备犯罪客体、犯罪客观方面、犯罪主体、犯罪主观方面四个条件，缺一不可。如果被告人的行为缺乏其中任何一个要件也应作无罪辩护。如《刑法》第385条规定非法收受他人财物的，要同时具备为他人谋取利益的才构成受贿罪，如果某人虽非法收受他人财物但并无为他人谋取利益，就缺乏犯罪构成客观方面要件，不构成犯罪。

我国刑法还规定了正当防卫、紧急避险等排除社会危害性的行为，这些行为表面看符合犯罪构成四要件，但法律明文规定不负刑事责任，所以如果被告人的行为属于排除社会危害性的行为也应作无罪辩护。

2. 案件事实不清、证据不足，依法不能认定犯罪的

按照《刑事诉讼法》的规定，对任何犯罪案件的认定都应做到事实清楚，证据确实充分。由于我国目前侦查技术还比较落后，有的案件重大复杂，个别侦查人员业务素质不高或受其他因素影响，有些起诉到人民法院的案件事实不清、证据不足。律师办案中碰到这样的案件，就应该作无罪辩护。过去，司法实践中碰到事实不清、证据不足的案件，审判机关往往既不判无罪也不判有罪，久拖不决，对被告人的长期关押变成无期徒刑。新《刑事诉讼法》明确规定，人民法院对于事实不清、证据不足的案件，应以指控依法不能成立作出判决。此规定为事实不清、证据不足案件的无罪辩护提供了明确的法律依据。

（二）改变定性辩

改变定性辩，是指起诉书对被告人的行为定性错误，如被告人的行为符合甲罪的特征，起诉书却指控其犯乙罪。这种情况下一般就可作改变定性辩护。实践中，如果起诉书错定的甲罪的法定刑比应定的乙罪的法定刑重或相同，律师为其作改变定性辩护是应该的，不会有争议，但如果错定的甲罪比应定的乙罪法定刑轻，律师应不应该作改变定性辩护呢？笔者认为回答这个问题应从律师的职责入手，律师辩护的职责是提出有利于被告人的材料和意见，不能提出不利于被告人的材料和意见，否则就不叫辩护而应叫控诉。在上列甲罪比乙罪轻的情况下，律师提出改变定性，就是提出不利于被告人的材料和意见。所以在这种情况下不宜作改变定性辩护，而应该从被告人认罪态度、一贯表现、悔改表现等方面组织辩护意见。

（三）从轻、减轻或免除刑罚辩

这是最常见的辩护意见，这种辩护也可称为量刑情节辩。量刑情节，是

人民法院对犯罪分子裁量决定刑罚时，据以决定处刑轻重或者免除处罚的情节。按照法律规定的律师职责，辩护律师只能提出对被告人从轻、减轻或免除处罚的情节，这些情节可分为法定情节与酌定情节。

1. 辩护的法定情节

辩护的法定情节是指法律明确规定的应当或可以对犯罪嫌疑人、被告人从轻、减轻或免除处罚的情节。

（1）可以从轻处罚的情节：犯罪以后自首的。

（2）可以从轻或减轻处罚的情节：未遂犯（比照既遂犯）；被教唆的人没有犯被教唆的罪时的教唆犯。

（3）应当从轻或者减轻处罚的情节：已满 14 周岁不满 18 周岁的人犯罪的。

（4）可以从轻、减轻或者免除处罚的情节：又聋又哑的人或者盲人犯罪；预备犯（比照既遂犯）。

（5）应当从轻、减轻或免除处罚的情节：从犯（比照主犯）。

（6）可以减轻或者免除处罚的情节：在国外犯罪已在外国受过刑罚处罚的；犯罪以后自首的犯罪又较轻的；自首且有立功表现的；个人贪污数额在 10 000 元以上不满 30 000 元，犯罪后自首、立功或者有悔改表现、积极退赃的；行贿人在被追诉前主动交代行贿行为的。

（7）应当减轻或免除处罚的情节：防卫过当；避险过当；中止犯；胁从犯。

（8）可以免除刑事处分的情节：犯罪情节轻微不需要判处刑罚的。

以上列举的八方面情节是法律明文规定的从轻、减轻、免除处罚的情节，这些情节都是法定情节，法定情节还有“可以”与“应当”之别。“可以”就是“一般情况下都应……特殊情况下也可以不……”，“应当”则是“无论什么情况都应当……”

2. 辩护的酌定情节

酌定情节不是法律明文规定的，而是从审判实践经验中总结出来的，在量刑时由法官灵活掌握酌情适用的情节。量刑时，当法定的从轻、减轻或免除处罚的情节重叠时如何选用，也往往取决于酌定情节。每个案件都有酌定情节，但不一定都有法定情节，酌定情节是法定情节的必要补充，酌定情节也是案件处理中必须兼顾法、情、理中情和理的重要体现。

司法实践中，常见的酌定从宽情节，主要有以下几种：

（1）犯罪的动机。同样是实施某种犯罪，动机可以千差万别，有的动机卑鄙、恶劣，表明犯罪人主观恶性深；有的动机并不恶劣，甚至符合一定情理，则可以要求从宽处罚。如同是盗窃犯罪，有的是为了吃喝挥霍；有的是为了赌博嫖娼；而有的确因生活穷困、饥寒交迫。因饥寒交迫去盗窃，动机就不是很恶劣，容易引起人的同情。

（2）犯罪的手段。实施相同的犯罪，手段也可以不同，犯罪的手段可以反映行为的社会危害程度，因而量刑时应酌情考虑。如同样是故意伤害，有的手段惨无人道，用浓硫酸毁容，用利器挖人双眼，有的手段很普通，如在气头上随手打人致人伤害的。

（3）犯罪的时间、地点。犯罪的时间、地点是某些犯罪的构成要件，在法律上不要求特定的时间、地点作为行为构成犯罪的要件时，时间、地点可以成为量刑的酌定情节，如社会治安好时发生的犯罪要比社会治安形势严峻时发生的犯罪危害性略小，在偏僻地方盗窃要比在公共场所盗窃的危害性小。

（4）犯罪造成的损害结果。损害结果大小是量刑的重要依据。如伤害一人比伤害多人的危害结果小，量刑时可以酌情从轻。

（5）犯罪对象。犯罪对象具体情况不同，反映出行为的社会危害程度也不同，如侵犯一般人比侵犯老、弱、病、残的人或孕妇的危害程度小，挪用、贪污一般公共财物比起挪用、贪污救灾、抢险物资的危害程度轻。

（6）犯人的一贯表现。同样是犯某种罪，有的人一贯表现好，因偶然失足而犯罪，有的人一向不务正业、经常违法犯罪，被判过刑、被多次治安处罚，这两种人的主观恶性及改造的难易程度就差别很大。主观恶性大小也是量刑的依据，对一向表现好的，应当酌情从宽处罚。

（7）犯罪后的态度。犯罪分子犯罪后态度的好坏，反映出犯罪人人身危险性的大小及改造的难易程度。有的犯罪分子犯罪后坦白交代罪行，积极退赃，主动赔偿损失，积极采取措施消除或减轻危害后果，这样的态度应酌情从宽处罚。

律师在进行辩护过程中特别是阅卷、调查和会见被告人过程中要善于发现有利于被告人的法定情节和酌定情节。如果案卷材料中找不到任何对被告人有利的情节也并非毫无办法，高明的辩护律师应善于帮助被告人创造有利的量刑情节，如教育被告人认罪服法、坦白交代罪行、争取认罪认罚得到从宽处理，启发被告人检举揭发其他的犯罪案件或提供重大的犯罪线索，创造立功的法定从轻、减轻情节，特别是对于罪该处死又无其他从轻、减轻情节的被告人，检举立功往往就是保住性命的唯一途径了。

刑　法

刑事法治视域下刑法解释论省思

赵学军 [*]

摘　要：刑法解释在实现刑事法治的过程中具有重要意义。目前在我国存在着形式解释论与实质解释论的对立。两种解释论均存在一定缺陷，不能成为指导刑法解释的有效方法。但与此同时，两者分别倡导的形式限制和实质判断的方法适应了刑事法治的现实性要求。为此，应当借鉴两种解释论的优点进行理论重构，即按照实质解释的方法进行方向指引，按照形式解释的要求进行必要限制。具体来说就是要符合法益保护和人权保障理念；刑法解释的限度要求解释结论不能超出刑法文本的边界范围，应当以文义限制、规范限制和体系限制作为限度条件。向度与限度分别独立发挥指导与约束的功能，同时通过相互配合与制约来实现解释结论的公正性与合法性。

关键词：刑事法治　刑法解释　形式解释论　实质解释论

在现代社会，刑事法治是彰显人性、保障人权和维护正义的重要途径。为了更加有效地推进刑事法治建设，其中准确适用刑事法律便成为重要一环。而成文法具有原则性和抽象性，加之文本文字又具有语义边界模糊性，这决定了刑法条文一经制定和颁行，就不可避免地要对刑法文本进行解释。因此，刑法解释的科学与合理，不仅关乎注释刑法学的发展状况，而且直接影响刑法规范在司法实践中的实现程度。从近年来刑法解释理论的研究状况来看，形式解释论与客观解释论的争执不但没有得到解决，而且有愈演愈烈之势。这说明形式解释论与实质解释论各自并非无懈可击而能有效说服对方，有必

* 作者简介：赵学军，汕头大学法学院讲师，法学博士。

要进行深度反思。

一、刑法解释论现状分析

（一）形式解释论与实质解释论的对立

在我国刑法解释理论中，目前存在着形式解释论与实质解释论的对立。形式解释论立足于人权保障理念，主张应当将刑法文本作为解释的唯一依据，严格按照法条文义进行刑法解释。这种解释体现了一种形式合理性，认为形式理性是刑事法治的前提，只要严格按照刑法的形式规定适用刑法就能实现实质价值。如形式解释论者认为，司法者只要严格依照法律规定对某一行为定罪处罚，就可以将立法上实质正义转化为司法上的形式正义，将立法上的一般正义转化为司法上的个别正义。〔1〕

实质解释论则立足于法益保护理念，主张在解释刑法时除了依据刑法文本的字面意思之外，还要考虑文本以外的情势变化，从处罚的必要性出发来考量刑法规范的法律意义。这种解释的目的是追求实质合理性，认为形式合理性未必就必然导致实质合理，只有对刑法进行实质解释才能真正实现实质价值。因此，实质解释论者认为，面对具体的个案，法官必须以追求个案正义、追求法律真理的良心去进行法律解释。当对法条做出的解释结论不符合正义理念时，不要抨击法律规范违背正义理念，而应承认自己的解释结论本身不符合正义理念。〔2〕

由于形式解释论重视对刑法进行形式的解释，因而受到实质解释论的质疑。如实质解释论者认为，“如果只是从形式上解释犯罪构成，就会使一些琐细之事都符合犯罪构成，只有从实质上解释犯罪构成，才使符合犯罪构成的行为成为严重危害社会的行为”。〔3〕与此同时，形式解释论反驳称，形式解释并不反对进行实质判断，即将不具有处罚必要性的行为予以出罪，认为这是符合罪刑法定原则要求的；相反却认为强调处罚必要性的实质解释论容易突破刑法规定，存在扩大处罚范围的危险。如该论者认为，实质上值得科处刑罚这一判断是先于法律有无规定的形式判断的。在这一实质判断的强势主导

---

〔1〕 陈兴良：“形式解释的再宣示”，载《中国法学》2010 年第 4 期。

〔2〕 张明楷：《刑法分则的解释原理》，中国人民大学出版社 2004 年版，第 11 页。

〔3〕 张明楷：《刑法格言的展开》，法律出版社 1999 年版，第 115 页。

下，罪刑法定原则遭受践踏。[1]另外，形式解释论与实质解释论在解释依据、理念目标和逻辑路径上都存在明显对立。形式解释论强调刑法文本作为唯一依据，侧重于人权保障理念，主张从文本含义推导解释结论；而实质解释论则主张还应该从刑法文本之外寻求解释依据，侧重于法益保护理念，形成了从实质判断再到刑法文本的逻辑路径。

形式解释论与实质解释论虽然针锋相对，但均具有一定的合理性。形式解释论作为一种强调刑法文本的字面含义从而根据概念推导出结论的解释理论，要求刑罚的处罚范围必须严格控制在刑法文本之内，严禁在文本以外解释应当处罚的行为。这种解释理论符合了依法定罪量刑的罪刑法定原则，从而有利于实现人权保障的刑法机能，体现了作为刑法解释理想模式的应然追求。实质解释论表现为当作为推理的前提模糊，或包含两个以上的相互矛盾的命题以及法律规范的字面意思无法涵盖案件的事实时，借助于辩证逻辑思维从中选择出最佳的命题以解决法律适用问题。[2]这种解释论注意到了成文法的局限性与具体事实复杂性的现实，体现了刑法解释中的务实态度。但同时，虽然两种理论各具特色，但作为各自相互独立存在、分别单独适用的刑法解释论仍然具有值得反思的方面。

（二）形式解释论与实质解释论的反思

1. 偏重一端导致机能失衡

法益保护与人权保障是现代刑法的两大基本机能，要求在刑法制定和适用中进行法益保护的同时，必须实现人权的保障，两者应当同等兼顾而不可偏废。如果偏重其一而弱化其二，就会造成要么秩序破坏、要么人权践踏的现象。正如有学者所指出的，法益保护和人权保障总是处于一种二律背反的关系，重视保障人权的话，就会招致犯罪的增加，对法益的保护就会被削弱；相反地，重视保护法益的话，对人权的保障就会被削弱。[3]刑法解释是适用刑法的重要途径，因而，法益保护和人权保障也同样是刑法解释中必须同时兼顾的两个基本价值理念。

形式的解释论拘泥于法律的字面含义，是一种强调尊重字面含义、注重从

---

〔1〕 参见陈兴良："形式解释的再宣示"，载《中国法学》2010年第4期。

〔2〕 李希慧：《刑法解释论》，中国人民公安大学出版社1995年版，第88页。

〔3〕 ［日］大谷实：《刑法总论》，黎宏译，法律出版社2003年版，第5页。

概念推导出结论的解释论。[1]因而，形式解释论坚持从刑法规范诠释构成要件的内涵，然后以此为标准来适用于具体的案件事实，完成定罪与量刑的刑法适用过程。显然，这种解释方法有利于避免法外施刑，从而能够有效地发挥人权保障的刑法机能。然而，这种忠实于罪名含义的解释方法，有时候在实践中难免将自己熟悉的法条含义作为解释的结论和适用法律的标准，从而将刑法条文中隐含的内容遗漏，出现放纵犯罪之嫌，破坏了刑法的法益保护机能。例如，《刑法》第116条规定的破坏交通工具罪，从通常的语义内涵来看，大型拖拉机明显不属于火车、汽车、船只、航空器等交通工具，因而在形式解释论看来，破坏大型拖拉机的行为就不能构成破坏交通工具罪。而实际上，大型拖拉机与汽车的基本性质、危害性没有重大区别，将其解释为汽车也不会超出一般民众的预测可能性，并且有利于实现相应法益的刑法保护。可见，形式解释论偏重形式的解释方法，难免出现对法益保护的疏漏。

而与此相反，实质解释论主张以犯罪本质为指导来解释刑法规定的构成要件。对于实质上值得科处刑罚但又缺乏形式规定的行为，实质解释论主张在不违反民主主义与预测可能性的前提下，对刑法作扩张解释。[2]这种解释论在处罚必要性观念指导下进行实质刑法解释，有利于促使刑法及时适应变化的社会形势，对新类型犯罪行为作出有效反应，体现了对法益保护理念的高度重视。由于该解释论对实质解释的过度关注，尽管它主张要在不违反民主主义与预测可能性的前提下进行扩张解释，但正如形式解释论所批评的那样，实质解释论在实践中极易突破刑法文本的既有规定而出现法外施刑的现象，从而弱化了刑法的人权保障机能。如对于《刑法》第263条中“冒充军警人员抢劫”的解释，实质解释论认为，军警人员显示其真实身份抢劫比冒充军警人员抢劫，更具有提升法定刑的理由。故将“冒充”解释为“假冒”和“充当”，军警人员显示其身份抢劫的，应认定为冒充军警人员抢劫。[3]而在当前的语言环境下，人们对“冒充”的理解仅限于“假冒”的认识，根本不可能将其与“充当”联系在一起，这显然是一种完全超出预测可能性的解释。或许随着用语含义的变化，在将来的某一时候“冒充”会具有“充

---

〔1〕［德］阿图尔·考夫曼、温弗里德·哈斯默尔主编：《当代法哲学和法律理论导论》，郑永流译，法律出版社2002年版，第158页。

〔2〕李立众、吴学斌主编：《刑法新思潮——张明楷教授学术观点探究》，北京大学出版社2008年版，第67页。

〔3〕张明楷：《刑法学》，法律出版社2011年版，第864页。

当”的意思，但至少在当前作这种理解是不符合预测可能性要求的，这是突破现有法律规定的解释。

所以，无论是形式解释论还是实质解释论，由于对一种价值理念的过度偏爱，在实践中必然会轻视另一重要价值理念，造成了双重刑法机能的失衡。

2. 路径单向而背离现实

形式解释论与实质解释论针对对方提出的只讲形式不考虑实质，或只讲实质而不考虑形式的批评给出了回应，认为形式解释论不是“形式的、机械的解释”，不是“不要实质标准，不要实质正义”的解释；[1]实质解释论也“并非主张超出构成要件的范围进行实质的考虑”。[2]这表明形式解释论和实质解释论都注重形式和实质两重判断标准，它们之间的区别不是要不要实质判断和形式限度，而是判断进路上的先后顺序。正如有学者所言，形式解释论与实质解释论的区别在于：“在对刑法进行解释的时候，是否先进行形式判断，然后再进行实质判断。换言之，在形式判断与实质解释判断之间形成逻辑上的位阶关系。”[3]也即，形式解释论先进行形式判断，排除法无明文规定的行为，然后进行实质判断，再排除没有处罚必要的行为；而实质解释论先进行实质判断，排除没有处罚必要的行为，再进行形式判断，排除没有法律规定的行为。

其实，究竟形式解释与实质解释孰先孰后，本无实质上的优劣之分，关键要看其是否符合现实状况。形式解释论主张先进行形式解释，再进行实质判断的解释路径，在一般情况下能够将应当处罚的行为解释为犯罪，将不值得处罚的行为做出出罪处理。然而对于特殊情形的犯罪行为而言，正如上文述及的那样，由于语义边界的模糊性，极容易对刑法文本产生不正确理解，扩大或限缩了刑法规范范围，进而导致该入罪的没有入罪，不该入罪的入了罪。这种情况下，为了准确判明刑法文本的准确含义，就需要借助实质解释预先进行实质判断，分析该特殊情形是否具有处罚必要，再考察该情形是否能够涵摄在文本的含义之内，从而得出既符合形式正义又实现实质正义的解释结论。

再来看实质解释论所主张的先进行实质解释，再进行形式判断的解释路

〔1〕 参见陈兴良：“形式解释的再宣示”，载《中国法学》2010年第4期。

〔2〕 张明楷：“实质解释论的再提倡”，载《中国法学》2010年第4期。

〔3〕 参见陈兴良：“形式解释的再宣示”，载《中国法学》2010年第4期。

径。这种解释方法正如刚才分析的一样，对于解决特殊情形的解释问题具有明显优势，它能够弥补单纯的先形式后实质的严重不足。然而，对于所有的解释问题都采用这种解释进路显然确无必要，也根本无法在实践中做到。因为在一般情况下，人们都能根据对刑法条文的理解来评判现实生活中的具体行为，并得出符合刑法正义的结论，这是预测可能性对制定法提出的基本要求。如果不加区别地对所有事项都要求先实质再形式的路径解释，由于现实行为的复杂多样，人们根本无法事先预想到全部的具体情形，进而也就难以根据这种实质解释来全面阐释具体条文的含义。如对于盗窃罪“财物”的理解，由于盗窃他人数额较大的现金、机动车、金银首饰等这些时常出现的盗窃行为已经为人们所熟知，在实践中可以直接将其对象纳入盗窃罪对象的“财物”范畴，无须进行实质判断的步骤，而且通过实质判断的方法来解释具体概念的方法，很容易以偏概全，导致在解释实践中很少应用。

可见，无论是形式解释论还是实质解释论的解释路径都不能适用于全部的场合，而实际上它们在实践中往往会交叉适用，即在有些情况下先形式后实质，在另一些情况下需要先实质再形式。如果将它们分别单独作为一种解释理论应用于解释实践，在客观上将无法应对所有的解释问题。

3. 标准模糊而不利操作

由于形式解释论和实质解释论都赞同在解释过程中实行形式判断和实质判断，但是到底如何进行具体判断，两种解释理论都存在模糊性的认识，从而导致实践中缺乏可操作性。

首先，关于形式判断的标准，一般认为只有实质解释论才以可能的语义作为解释的限度，〔1〕而实际上形式解释论也同样主张以可能的语义作为解释的边界。〔2〕这意味着两种解释理论都将可能的语义作为形式判断的限度标准。但是何为“可能的语义”，它们都没有给出明确的答案。形式解释论是一种先进行形式解释再进行实质判断的理论，其对“可能的语义”的解释是形式上的，一般来说，该理论首先考虑刑法文本的通常含义，如果通常含义不能包含所要解释的事项，则再进一步考察该用语可能具有的射程范围，但由于缺乏考察的依据，造成实际上很难有效地确定范围的幅度。而实质解释论是一

〔1〕 许浩：“刑法解释的基本立场——对实用主义法律解释观的论证”，载《东方法学》2008年第6期。

〔2〕 参见陈兴良：“形式解释的再宣示”，载《中国法学》2010年第4期。

种先进行实质解释再进行形式判断的理论，其中“可能的语义”往往会随着处罚必要性的需要而扩大语义范围，使得语义范围处于弹性的不确定状态。由于形式解释论和实质解释论都没有给出明确的形式判断标准，必然使这两种理论都面临犯罪圈划定范围不确定的指责。

其次，关于实质判断的标准，实质解释论主张根据处罚的必要性与合理性进行实质的解释。[1]而何为“处罚的必要性与合理性”，实质解释论并没有做出进一步说明，这便仍然存在模糊的认识，因为什么是“处罚的必要性与合理性”仍是需要进一步判断的问题，而且具有不同立场和价值观的人会得出不同的结论。对于形式解释论而言，其对实质判断的标准则更是模糊和抽象，因为它们仅仅是承认在形式判断之后根据需要进行实质判断，将不值得处罚的行为做出出罪处理，至于“不值得处罚”的标准是什么仍然没有明确说明。由于形式解释论偏重形式解释且缺乏对实质判断的明晰标准，在实践中往往会因缺乏有效的实质判断而出现侵犯人权的现象，导致偏重人权保障却又侵犯人权的背道而驰局面。如曾经一度热议的许霆盗窃案就是明显例证，本来一审法院根据许霆盗窃金融机构数额特别巨大的事实判处许霆无期徒刑是符合盗窃罪的形式规定的，然而“九成网友及多数专家一样，认为对许霆处以无期徒刑显属过重”。[2]显然，造成这一结果的原因就是缺乏对案件事实的实质判断，忽视了对判决结果的妥当性考虑，只是迎合了形式正义的要求而忽略了实质正义的实现。

二、刑法解释论重构

对当前刑法解释理论领域中的形式解释论与实质解释论的反思，表明两种理论均存在明显缺陷而难以有效实现对刑法解释的指导，需要遵循解释规律并在借鉴原有理论有益成果的基础上进行重构。

在刑法适用过程中，由于刑法规范的模糊和抽象以及案件事实的具体和各异，案件事实和刑法规范不可能存在一一对应的关系，需要借助于刑法解释将二者无限拉近并发生直接联系。因而，刑法适用的过程其实就是刑法解释的过程。“所谓‘解释’，就其根本来看不是一个解释的问题，而是一个判

---

〔1〕 刘艳红：“走向实质解释的刑法学——刑法方法论的发端、发展与发达”，载《中国法学》2006年第5期。

〔2〕 王琳：“许霆案背后的司法悖论”，载《广州日报》2007年12月25日，第5版。

断的问题。"[1]这就需要在刑法解释时，对刑法规范和案件事实同时进行分析和判断。而无论是对案件事实还是对刑法规范的判断，都需要按照一定的依据来进行。诚如考夫曼所言，"确定生活事实是否对应于规范事实，一直是一种目的论的判断"。[2]而且，作为被解释的规范本身也需要来自规范之外的标准对之进行分析，因为规范不能以自身作为解释自身的依据，但"超规范"的理解却并非是随心所欲而仍然是受制约的，而这种制约应来自所谓"法的精神"。[3]可见，这里作为判断依据的"目的"或"法的精神"其实就是对理想目标的追求，体现的是对解释过程的方向性的指引。因而从这个意义上来说，"刑法解释的任务就是尽量以善意将条文用语朝着正义的方向进行解释，通过解释使刑法的实然规定贴近应然，从而成为良法、正义之法"。[4]与此同时，"正确的解释，必须永远符合法律的文言与法律的目的，仅仅满足其中一个标准是不够的"。[5]也就是说，仅仅具备方向性的指引并不能得出正确的解释结论，还应当在法律文本的文义范围内进行解释，这体现的是对解释过程的限度性要求。

由此来看，正确的刑法解释应当接受方向指引和条件限定两个要求，即向度和限度。方向指引是对解释的向度性要求，条件限定是对解释的限度性要求，向度为案件事实的判断和规范含义的确定提供标准和依据，限度为解释过程不偏离法治轨道提供框架保障。向度是对刑法规范目的和理想适用结果的无限接近，表现为刑法正义；而刑法正义不是规范之外的正义，限度就是对刑法正义实现领域的划定，表现为刑法文本的范围。因此，对刑法进行解释，就是要在正义理念的引导下判断事实和确定规范含义，但是不能突破刑法文本的范围边界。

（一）坚持刑法解释的向度与限度是罪刑法定原则的基本要求

罪刑法定原则是刑法制定和适用必须坚持的基本原则，作为连接立法规范与司法适用桥梁和纽带的刑法解释自然也必须在罪刑法定的原则下进行。

---

〔1〕 苏力："解释的难题：对几种法律解释文本方法的追问"，载《中国社会科学》1997年第4期。

〔2〕［德］亚图·考夫曼：《类推与"事物本质"——兼论类型理论》，吴从周译，学林文化事业有限公司1999年版，第43页。

〔3〕 吴林生："罪刑法定视野下实质解释论之倡导"，载《中国刑事法杂志》2009年第7期。

〔4〕 参见张明楷：《刑法的基本立场》，中国法制出版社2002年版，序第2~3页、第51页。

〔5〕 Claus Roxin, Strafrecht Allgenmeiner Teil, Band 1, 4. Aufl., C. H. Beck. 2006, S. 151.

罪刑法定原则包含形式侧面与实质侧面两个方面的内容。罪刑法定形式侧面是资产阶级启蒙思想家基于自由主义的政治思想，为防止司法专横而提出来的刑法主张，体现在刑法解释上，就是主张“当一部法典业已厘定，就应逐字遵守，法官唯一的使命就是判定公民的行为是否符合成文法律”。[1]也就是说，法官必须严格按照刑法条文的文字含义审理案件，即使处理结果违背了刑法的真正目的，也不允许法官在案件中进行价值判断。在这种观点看来，是否严格符合文义成为刑法解释的唯一判断标准，严格的文义也是刑法解释不可逾越的界限，体现了对刑法解释进行限制的高度重视。然而，立法者作为社会的个体，由于受到自身和社会整体水平的限制，再加上语言文字的模糊性，“人类立法者根本不可能有关于未来可能产生的各种情况的所有结合方式的知识”。[2]将文义作为刑法解释的唯一标准和限度，法律将失去面对生活世界的开放性而成为僵死的教条，并会有导致个案正义丧失的危险。为此，罪刑法定实质侧面以实质法治为指导，要求刑法必须是具有社会正当性的法，是符合正义观念的良法。刑法内容必须是合理的、正当的，是适应社会变化要求和需要的，刑罚只处罚值得刑罚处罚的行为，对犯罪的处罚只能按照社会正当伦理的要求对其进行均衡的处罚，即体现罪刑的均衡。要求在刑法解释时，必须要考虑刑法的目的和内在价值，要把个案正义的实现作为司法实践的首要目标。

当代罪刑法定主义的理念，已经将形式侧面与实质侧面有机地结合起来，从而使形式侧面与实质侧面成为贯彻罪刑法定原则的统一要求。[3]因此，刑法解释均应维护罪刑法定原则的形式侧面和实质侧面。罪刑法定形式侧面主张对刑法解释进行严格限制，维护了刑法的安定性，实现了人权保障机能。罪刑法定实质侧面强调从有利于实现刑法价值的角度进行刑法解释，为正确阐明刑法含义指明了方向，有利于实现个案处理上的公平和正义。刑法解释的向度和限度正是适应罪刑法定原则对刑法解释提出的要求，刑法解释的向度是对罪刑法定实质侧面关于解释方向的贯彻，刑法解释的限度是对罪刑法定形式侧面进行严格限制的积极回应。坚持刑法解释的向度和限度是罪刑法定原则在刑法解释领域中的具体体现，同时，罪刑法定原则也为刑法解释的

---

〔1〕［意］贝卡里亚：《论犯罪与刑罚》，黄风译，中国大百科全书出版社 1993 年版，第 13 页。

〔2〕［英］哈特：《法律的概念》，张文显等译，中国大百科全书出版社 1996 年版，第 128 页。

〔3〕张明楷：《罪刑法定与刑法解释》，北京大学出版社 2009 年版，第 61 页。

向度和限度提供了理论源泉。

（二）坚持刑法解释的向度与限度是吸收形式解释论与实质解释论优点的结果

形式解释论与实质解释论虽然均存在不同程度的缺陷，导致了它们不能一以贯之地为得出正确的解释结论提供方法论的指引，但毋庸讳言，形式解释论与实质解释论均具有各自的理论优势或明显亮点。例如，形式解释论提出应当在刑法文本的范围内进行解释从而不能脱离刑法文义进行形式解释的观点，有利于防止刑法解释的随意性，避免了仅仅根据直觉或经验裁判案件而形成的司法不可预见性的现象发生，有效地保障了人权和维护了法治的尊严；实质解释论力主应当从处罚必要性出发进行实质解释的观点，为克服刑法条文模糊和僵化的弊端找到了解决问题的方向，有效地实现了法益保护机能和满足了刑法与时俱进的现实性要求。形式解释论倡导在刑法规定的限度内定罪量刑，追求规范内正义的理念，体现了对形式正义的追求；实质解释论倡导刑法只应当处罚具有处罚必要性行为的观念，体现了实质正义的公正价值。而无论是形式正义还是实质正义，都是刑法追求的目标，都应当成为刑法解释必须遵循的价值理念。因此，正确的刑法解释应当充分发挥形式解释论和实质解释论的各自优点，实现对已有理论成果的吸收和借鉴。

然而，形式解释论与实质解释论毕竟分属不同的理论范畴，它们的理念旨趣不同，导致了它们在逻辑进路、关注重点和方法运用上存在着明显的对立，并最终造成了某些场合下解释结论的迥然各异。例如，对于《刑法》第275条故意毁坏公私财物中的“毁坏”，形式解释论采取文义解释方法，将其理解为物理性毁坏，是一种本义解释；实质解释论采取论理解释，将其理解为效用毁损，是一种扩大解释。〔1〕因此，形式解释论与实质解释论并不能同时适用。当然，两个独立理论之间的冲突和对立并不意味着各自理论中的所有观点和方法也互相排斥，实际上，形式解释论要求对刑法解释进行文义限制的观点和实质解释论关于进行处罚必要性判断的方法并不矛盾，而且它们可以实现有机整合形成一种新的解释理论。正是基于此种认识，甚至坚持实质解释论的学者也认为：在刑法学研究中，形式解释与实质解释在不同场合

〔1〕 陈兴良：“形式与实质的关系：刑法学的反思性检讨”，载《法学研究》2008年第6期。

可能具有不同意义。[1]而且从实践情况来看，形式解释与实质解释分别发挥着不同的解释功能，在有些情形下先进行形式解释，再进行实质判断，在另一些情形下则又先进行实质解释，再进行形式解释，还有时形式解释与实质解释同时进行，形成了相互交叉、相互配合的局面。刑法解释的向度与限度理论以实质正义为方向指引、以形式正义为限度条件，这正是合理地吸收了形式解释论与实质解释论中的优势观点而形成的新的刑法解释方法，是对已有理论研究成果的继承和发展。

（三）坚持刑法解释的向度与限度对刑法解释具有重要的现实意义

形式解释论和实质解释论之所以受到质疑和批评，就是因为它们把解释过程设想得过于理想化，而没有充分考虑到现实生活的复杂性。例如，形式解释论是以制定法“完美”为前提的，认为只要按照既有的刑法规定去审视案件事实，就能在实现形式正义的同时实现实质正义，而实际上制定法远没有预想的那样“完美”；就实质解释论而言，其同样是以解释者能够不违反刑法边界为假定前提的，而实际上这种假定根本无法保证实践中的任意解释现象。刑法解释是为刑法适用服务的，应当着眼于实践目的的考量，那种想当然的抽象公式并不能在实践中提供任何解释规则。因此，刑法解释理论光有完美的设想还不能获得广泛认同，它还应当同时具备适应现实复杂多变的能力。坚持刑法解释的向度和限度的观点，克服了原有解释理论的缺陷，对适应复杂多变的解释实践更具有现实意义。

一方面，坚持刑法解释的向度，能够为做出正确的解释结论指明方向。由于语言文字的多义性和模糊性特征，在实践中经常会遇到面临多种文义发生冲突和如何进行利益衡量的问题，这种情况下作为判断依据的向度理念为解决此类问题提供了有效解决工具，可以将个案中具体正义的要求作为对法条文字含义限缩与扩张的决定因素。在文字多种可能的文义范围内，针对具体案件解释需要，对文字含义进行限缩解释，选择有利于实现刑法目的的文字含义；当一个案件运用严格的文义解释会出现一个非正义的结果时，应当充分利用语言含义的特征，尽可能扩张文字的含义，即从核心的固定含义扩张至边缘的可能含义，对法律形式进行充分的利用，让其最大限度地体现文字后面包含的价值。同时，作为解释的向度还是一种价值衡量手段，它不仅

[1] 张明楷：“刑法学研究中的十关系论”，载《政法论坛》2006 年第 2 期。

能够判断处罚的必要性，还能衡量处罚的轻重程度，为实现罪刑均衡提供有效指引。

另一方面，坚持刑法解释的限度，避免了对刑法进行任意解释而破坏法治统一的现象。在实践中，解释的向度在解决了判断依据的同时，又难以避免地出现自由解释的危险，从而出现偏离法治轨道的可能，因为“即使是在那些业经阐明的规则似乎给出了明确无误的答案的时候，只要它们与一般的正义感相冲突，那么法官就可以在他能够发现某种不成文的规则的情况下自由地修正他的结论”。〔1〕这种根据具体案件的具体情况来处理问题的方式必然产生法律虚无主义。而刑法解释的基本准则就应当是尽可能地实现“规范内的处罚正义”,〔2〕就是在刑法文字可能的含义范围内，实现刑法处罚的正义。所以，在强调法律正义、公平价值的同时，不能忽视文本形式对内在价值的限制作用，解释的限度就是为适应这一需要而采取的措施。刑法文本是实现刑法正义的形式载体和保障，脱离了形式保证的正义是一种虚无缥缈的幻想。因此，文字的可能含义是刑法解释实现法律内在价值的最大限度，所有解释结论都必须在该限度内形成，绝对不允许仅仅直接根据正义观念来判决案件。

三、刑法解释论诠释

刑法解释包含向度的价值引导和限度的文本制约两个方面的内容，向度为刑法解释提供目标方向和判断依据，限度为刑法解释提供空间范围和边界保障，它们分别发挥不同功能，各自具有相互独立的运行模式，有必要通过分解方式分别阐释各自的理论内涵和运行轨迹；而向度和限度又相互依存、相互制约，共同作用于刑法解释过程，具有一定的整合特征。

（一）刑法解释的向度

刑法解释的向度，就是沿着理想目标的方向解释刑法，反映的是一种动态过程。理想目标为刑法解释提供方向指引，具体的目标价值又成为判断复杂事实属性和确定多义条文含义的判断依据。刑法解释是对刑法规范含义的阐明，而刑法规范又是正义理念的具体化，因而刑法解释其实就是彰显刑法

〔1〕［英］弗里德利希·冯·哈耶克：《法律、立法与自由》（第1卷），邓正来等译，中国大百科全书出版社2000年版，第183页。

〔2〕胡东飞：“刑法目的对刑法解释方向的制约——基于同刑事诉讼法目的比较的分析”，载《中国刑事法杂志》2009年第1期。

正义的过程，反过来，刑法正义又成为检验解释结论正确与否的判断标准。因此，坚持刑法解释的向度，就是要“把正义理解为一种衡量法律制度实施情况的理想”,〔1〕在正义理念的引导下理解刑法、评价案件事实，作出符合正义要求的解释结论。但究竟何谓正义？“正义是一个人的认识所不能接近的理想”,〔2〕所以至今没有人能够客观地知道它的确切含义。然而，尽管各种不同的正义观存在着一些差异，但由于正义的本质根源于人的本性，具有符合人性要求的属性，因而在某种程度上都同人类的共同需要具有紧密关系。〔3〕由于人类对于刑事法治的需要与刑法目的存在紧密联系，它们之间具有很大程度的一致性，即都是为了实现刑法正义，所以，为避免难以把握的“正义”观念给刑法解释带来的无所适从，应当把作为刑法目的的法益保护和人权保障作为刑法解释的向度，以实现解释结论的正义性目标。因而，“任何解释都应当有助于实现规范内容所追求的规范目的。其他解释标准也应当服从这个目标，它们是解释者必须借以认识规范目的的工具”。〔4〕这里需要说明的是，法益保护也是实质解释论所提倡的指导理念，将其作为向度较容易被理解和接受，而人权保障虽然是形式解释论追求的价值理想，但仅仅是通过限度要求来体现的，这里将其作为向度的要素是否合适，不免会让人产生疑问。其实，不管是法益保护还是人权保障，它们作为刑法追求的价值目标，本身都同时具有价值判断的功能，而且两者针对的对象不同，将二者同时作为刑法解释的向度，能够更好地实现价值的兼顾和平衡。

1. 法益保护

刑法以保护法益为目的规定犯罪及其法律后果。“一切犯罪之构成要件系针对一个或数个法益构架而成，因此，在所有之构成要件中，总可找出其与某种法益之关系。换言之，即刑法分则所规定之条款，均有其特定法益为其保护客体。因之，法益可谓所有客观之构成要件要素与主观之构成要件要素所描述之中心概念。准此，法益也就成为刑法解释之重要工具。”〔5〕因此，以

---

〔1〕［美］乔治·P. 弗莱彻:《刑法的基本概念》，蔡爱惠等译，中国政法大学出版社 2004 年版，第 274 页。

〔2〕［奥］凯尔森:《法与国家的一般理论》，沈宗灵译，中国大百科全书出版社 1996 年版，第 8 页。

〔3〕赖修桂、赵学军:“论刑法适用中的正义理念”，载《法律适用》2010 年第 6 期。

〔4〕［德］伯恩·魏德士:《法理学》，丁小春、吴越译，法律出版社 2003 年版，第 321 页。

〔5〕林山田:《刑法特论》（上册），（台北）三民书局 1978 年版，第 6 页。

法益保护理念为向度，能够为准确阐明刑法文本的含义指明方向，具体体现在以下方面：

第一，按照法益侵害的有无，界定刑法文义的范围。法益保护是从法律内在价值的角度对社会生活变化进行的回应，特别是对于疑难案件，只有在法益保护理念的指导下，问题才能得到解决。基于法益保护的目的，刑法只是将侵害或威胁法益、值得用刑罚惩罚的行为规定为犯罪，如果某一行为侵害或威胁了法益，有必要动用刑罚手段进行惩罚，则需要将该行为解释为刑法相应文义的内容；如果相反，则不宜将其解释到文义中。对此，可能出现对刑法条文进行扩大解释的情况，如 2003 年 1~8 月，被告人李某以营利为目的，先后与他人采取张贴广告、登报的方式招聘男青年做“公关先生”，并制定了《公关人员管理制度》。李某指使他人对“公关先生”进行管理，并在其经营的三间酒吧内将多名“公关先生”多次介绍给男性顾客从事同性卖淫活动。对本案的定性，一审法官在判决书中解释说：“被告人李某以营利为目的，组织‘公关人员’从事金钱与性的交易活动，虽然该交易在同性之间进行，但该行为亦为卖淫行为，亦妨害了社会治安管理秩序，破坏了良好的社会风尚，故李某的行为符合组织卖淫罪的构成条件。”〔1〕显然，将男性之间提供性服务解释为“卖淫”突破了一般词典对该词含义的界限，说明法官在解释中考虑的不是“卖淫”的大众化意义，而是规范的客观意义。对该案的判决离不开对社会秩序与个人自由、社会利益与个人利益的判断与权衡，法官最后基于维护社会秩序和社会利益的立场做出了正确的有罪判决。这是站在如何使案件处理结果公正、合理，站在法益保护角度对法律文字进行的扩大解释。当然，根据法益保护的需要，也存在进行限制解释的可能性。例如，破坏电力设备罪中的“电力设备”是指正在使用中的电力设备，不包括尚未安装完毕或者尚未交付使用的电力设备，这里就是限制解释。因为本罪保护的法益是公共安全和电力供应安全，只有破坏正在使用中的电力设备才能侵害这一法益，否则不构成对该法益的侵害。

第二，按照保护法益的性质，限定刑法文义的内容。刑法规范是为保护法益而设置的，不同规范的内容体现着对不同法益的保护目的。不同法益自身性质的不同，影响着侵害该特定法益的行为方式。即不是任何一种行为样

---

〔1〕 最高人民法院刑一庭编：《刑事审判指导》（第 2 辑），人民法院出版社 2004 年版，第 48 页。

态都能侵害某一特定法益，而是一种法益对应着特定类型的法益保护方法，所以刑法对此做出相应的规范内容。例如，使用假币罪中“使用”一词的含义非常广泛，用假币冒充真币进行购物、用假币证明自己的信用能力、用假币包裹物品等行为都属于“使用”假币的含义内容。但是将使用假币罪中“使用”一词解释为上述含义则明显不当，因为使用假币罪被规定在刑法分则第三章第四节破坏金融管理秩序罪中，其保护的法益是金融管理秩序，即构成该罪必须是侵害金融管理秩序的行为。而用假币证明自己的信用能力、用假币包裹物品的行为显然不能构成对金融管理秩序的侵害，只有将假币作为真币用于流通的行为才能侵害该罪的法益，所以只有将“使用”一词的文义内容进行如此界定才是准确的。

鉴于法益性质不同决定法益保护的规范内容也不同，在刑法解释中就可以将不属于规范含义的内容剔除出去，以准确定罪量刑。例如，刑法分则第四章规定了诬告陷害罪，该章的目的是保护公民的人身权利与民主权利。因此，自我诬告（有意虚假告发自己犯罪）与得到被害人同意（以不判处死刑为前提）的诬告行为由于没有侵犯其他公民的人身、民主权利而不成立本罪。倘若将诬告陷害罪规定在“妨害司法活动罪”一节或者规定为独立的一章，则自我诬告与得到被害人承诺的诬告行为由于妨害了司法活动而成立本罪。〔1〕

2. 人权保障

刑法解释在重视法益保护的同时，也不能忽视人权保障的重大意义。如果一味地强调法益保护，将凡是具有法益侵害的行为都解释在刑法规范范围内，必然会导致刑罚权滥用而侵犯人权。因为人权保障主要是针对行为人而言的，忽视对行为人的人权保障意味着其可能面临公权力的侵害，当公民遭受犯罪侵害还可以依靠刑法得以保护，而遭受公权力侵害时则可能使他们丧失了任何的救济途径。正如日本著名刑法学者大谷实所言：“重视保障人权而轻视保护法益，或者相反地轻视保障人权而强化法益保护的话，都会使国民对秩序失去信赖，招致难以维持社会秩序的结果。”〔2〕同时，人权保障作为一种追求目标，同样具有价值判断的功能，能够在与法益保护理念的互动中实现价值平衡，从而为作出合理的解释结论提供方向和标准。

---

〔1〕 张明楷：《刑法学》，法律出版社2007年版，第28页。

〔2〕［日］大谷实：《刑法讲义总论》，黎宏译，中国人民大学出版社2008年版，第8页。

第一，利益衡量，防止罚不当罪。运用刑罚惩罚犯罪，体现了对法益的保护，但同时也使犯罪人的个人利益面临受到侵害的危险。因为即便是一个罪犯，如果让他承担其所应当承担的刑罚之外的刑罚，也是对其利益的侵犯。在刑事法律关系上，刑法的人权保障理念最直接的体现就是注重对犯罪人权利的保护，保证犯罪人受到其因犯罪行为应当受到的处罚，防止对其过度惩罚和滥用刑罚。日本刑法学者内藤谦认为，刑法的两大机能——法益保护机能和人权保障机能具有相互矛盾的一面：刑法保护的法益范围越广泛，公民的权利与自由就越窄，[1]为了恰当协调法益保护和人权保障之间的关系，必须对法益保护和人权保障进行利益衡量，在两者之间寻找平衡点。

（1）从人权保障的需要衡量保护法益的大小。如果受保护的法益较小，用刑法进行保护不利于行为人人权保障的，则将其排除在刑法解释之外。在发挥刑法规范对社会调节作用的过程中，应当协调好刑法规范与一般违法规范、伦理道德规范之间的关系，对于属于其他行为规范保护范围内的侵害法益行为，要坚决避免将其解释到刑法规范中来，否则就会造成对人权的侵犯。例如，轻微的斗殴和数额不大的盗窃等行为也是对法益具有一定侵害性的行为，但是这些轻微违法行为不值得动用刑罚手段进行处罚，如果硬是将其解释为犯罪行为，则不利于保障行为人的人权，也不符合罪刑法定原则的要求。

（2）对侵害和受保护双方的利益进行衡量。即使受保护的法益较大，只要用刑法进行保护会侵害被告人的基本权利，则不宜将其解释到文义范围之内。虽然法益保护和人权保障没有孰轻孰重的差别，但在现代社会，人类对安全的需要不再仅仅局限于对生命及维系生命存续的追求上，而是不断扩大到保障个人更自由地发展和人类社会共同体存在所需要的安全上。如洛克认为，“法律的目的不是废除或限制自由，而是保护和扩大自由”。[2]所以在进行刑法解释时，应当将人权保障作为衡量法益保护需要的手段，对于实行刑法保护可能限制了更值得刑法保障的基本自由权利的，法益保护应当让位于人权保障，以保证社会获得更加良性的运行和发展空间。另外，在具体的刑法解释过程中，某些犯罪构成条件的满足以及违法阻却事由的成立，都可能

〔1〕 李海东主编：《日本刑事法学者》（下），（中国）法律出版社、（日本）成文堂联合出版1999年版，第334页。

〔2〕［英］洛克：《政府论》（下篇），叶启芳、瞿菊农译，商务印书馆1964年版，第36页。

涉及利益衡量的问题，而在定罪基础上应对犯罪人处以多重的刑罚，也要在法益侵害程度和责任大小的衡量中予以确定，以避免刑罚对犯罪人基本人权的过度影响。

第二，以刑定罪，确保罪刑均衡。在解释刑法并将其适用于具体案件的过程中，一般是遵循因罪定刑的逻辑方式，即先确定罪名，再根据罪名规定的刑罚幅度裁量应处以的刑罚种类和刑罚轻重。也就是“惩罚应有程度之分，按罪大小，定刑罚轻重”。[1]这种因罪定刑的逻辑方式能够确保罪刑均衡，避免任意量刑。然而，它是以犯罪性质明确为前提条件的，而现实情况并不会如事先想象得这么简单。在司法实践中经常会遇到某一犯罪行为应当认定为何种罪名的争论，由于不同的罪名对应不同的刑罚幅度，一旦认定错误就会导致罚不当罪的结果发生，造成刑法正义的丧失。所以，此时就需要在人权保障的理念指导下，根据犯罪人应当受到的处罚程度来解释适用刑法，也就是根据预设的刑罚结果确定刑法条文，即以刑定罪。这种解释适用刑法的方法就是三段论的倒置或者倒置的三段论，这种倒置的三段论往往是先有结论，而这个结论一般是在人权保障理念指导下基于罪刑均衡的需要得出的。但是，“以刑定罪”并不是无原则的任意定罪，而是在与案件事实基本相对应的数个刑法规定中选择与事先结论相一致的规范，看该条文文字是否能包含案件的条件，如果符合，就以该条文进行处理处罚。因此，根据事先形成的结论寻找适用的法条，也必须要求法条包含案件的条件，不包含案件条件的法条仍然不能适用。下面举例说明“以刑定罪”的过程：某甲将一把匕首置于袖中，在清晨拦截到市场批发蔬菜的摊贩，每拦截一人就索要五元钱“过路费”，如果对方稍有犹豫就将置于袖中的匕首露出，被拦截的摊贩无奈只好交钱，某甲拦截了三人后被抓获。对于某甲的行为就可以适用“以刑定罪”的方法确定罪名。首先是根据某甲的行为危害大小来考量应处刑罚的轻重，从一般的社会正义观念出发，某甲的行为虽然情节恶劣，但索要钱财较少，危害后果不大，不宜处以较重的刑罚。然后分析某甲持刀威胁索要钱财的行为类型，基本上与抢劫罪、寻衅滋事罪的罪状相对应。由于抢劫罪的法定刑都在有期徒刑 3 年以上，将某甲的行为认定为抢劫罪显然导致罪刑不均衡；而寻衅滋事罪的法定刑在有期徒刑 5 年以下，符合某甲行为的量刑要求。最后，分析寻衅滋事罪的构成条件，可以将某甲的行为解释为“强拿硬要”的行为，符

---

〔1〕［法］孟德斯鸠：《波斯人信札》，商务印书馆 1962 年版，第 141 页。

合该罪的适用条件。

此外，以刑定罪的刑法解释方法不但应用于较为疑难案件的罪名确定上，而且还可将其运用于罪名确定后不同量刑幅度的选择上。刑法分则规定的大多数罪名都有多个刑罚幅度，刑法对刑罚幅度的选择也分别规定了相应的标准。然而，由于有些选择标准规定得较为模糊，如何谓“情节严重”“情节较轻”？这还需要借助“以刑定罪”的解释方法进行倒推来确定，即根据犯罪行为应受刑罚处罚的程度来决定其是否属于“情节严重”“情节较轻”。而且实践中总会存在一些特殊情形，如果按照已有的规定进行刑罚裁量就会造成事实上的量刑偏差。如上文提到的一审法院对许霆案的量刑就属于这种情况，应当说一审法院根据盗窃罪的量刑标准对许霆作出无期徒刑的判决结果是符合刑法规定的，但却导致了罪刑失衡的现象。为此，二审法院根据案件的实际情况对许霆做出了法定刑以下减轻处罚的处理，才使该案的判决回归了正义。在这里，二审法院就是将“以刑定罪”的方法运用到量刑幅度选择上，预先根据许霆应当承担的刑罚程度作出预先的判断，然后选择相应的刑罚幅度，并依照刑法规定予以减轻处罚。

（二）刑法解释的限度

刑法解释的限度，就是刑法解释必须受到一定的约束和制约，使其在被容许的范围内进行。向度为刑法解释指明了方向，有利于实现个案的正义性。而刑事法治追求的是“规范内的正义”，因而要实现刑法的正义性就不能脱离刑法本身而在刑法之外去寻找，失去约束的解释不但不能实现正义的目标，相反会带来更大的灾难。所以，对刑法解释进行限制是必要的。刑法解释是对刑法文本进行的解释，所以要以刑法文本作为解释的依据和限度。刑法文本的表现形式首先是语言文字，然后是语言文字构成的刑法规范，最后是由不同刑法规范组合而成的规范体系。根据刑法文本表现形式的上述特点，对刑法解释的限度可以通过如下方式进行：首先，刑法是以语言文字形式表现出来的行为规范，对刑法的解释和适用自然不能脱离文字含义的形式规定，即文义的限制；其次，刑法又是通过语言文字表达出来的法律规范来对刑事法律关系进行调节的，因而对刑法的解释必然也要受到具体规范内容的限制，即规范的限制；最后，不管是文本文字还是具体的刑法规范，它们都不是孤立存在的，而是处于一定的法律体系中，对刑法的解释当然还要考虑体系的影响，即体系的限制。任何刑法解释都必须受到文义、规范和体系的限制，并在上述限度内形成解释结论。但就具体的刑法解释而言，有的文义限制、规范限制和体系限制存在重合关系，即最大边界具有一致性；而在有些情况下则存在包容关系，此时需要在最小的限定范围内进行解释。

1. 文义限制

刑法解释的对象是以文字形式表现出来刑法规定，故刑法解释不应当超出文字的含义。文字的含义，即文义，存在普通含义和可能含义的划分，普通含义就是语言文字通常表达的核心意思，是一种不言自明而为人们普遍接受的文义；可能含义就是核心意思向外延伸而可能涵摄的意思，是一种需要解释才能明确而带有一定模糊色彩的含义。而模糊并不意味着不确定，恰恰能够准确地表达立法意图，保证了法律的相对稳定性。因为“立法者在立法时不可能预见到以后发生、出现的种种问题和情况，立法语言的模糊就为出现新情况、产生新问题留下了解决的余地，也为法律解释留下了空间”。〔1〕因此，德日刑法学的通说均以可能的文义作为刑法解释的最低限度，“法律的意思只能从条文的词义中找到。条文的词义是解释的要素，因此在任何情况下必须将‘可能的词义’视为最宽的界限”。〔2〕我国刑法解释理论中的形式解释论和实质解释论也均采纳这种见解。所以，对刑法解释进行文义限制，就是将解释结论限制在刑法文字可能的含义之内，可能的文义是刑法解释的最宽界限，超出可能文义的解释当然被拒绝。这就要求，在进行刑法解释时必须明确所解释刑法文字的可能含义，避免作出超出可能文义范围的解释结论。

法律是对生活事实的规范调整，生活事实是不断变化的。“因此，‘法律意义’并非固定不变的事物，它系随着生活事实而变化——尽管法律文字始终不变——也就是随着生活本身而变化。”〔3〕同时，可能的文义范围仍然没有一个绝对确定的具体界限，而是一个模糊的语义区，其具体内容取决于使用语言的语境以及社会生活的情况。但即使如此，刑法用语的可能文义范围也不是不能把握的。首先，对刑法的解释是在特定的时空内进行的，特定时期的生活事实具有一定程度的稳定性，因而可能的文义范围也是相对确定的。其次，虽然可能的文义具有一定的模糊性，但是鉴于对刑法解释进行文义限

〔1〕宋北平：《法律语言》，中国政法大学出版社 2012 年版，第 70 页。

〔2〕［德］汉斯·海因里希·耶赛克、托马斯·魏根特：《德国刑法教科书》，徐久生译，中国法制出版社 2001 年版，第 197 页。

〔3〕［德］亚图·考夫曼：《类推与“事物本质”——兼论类型理论》，吴从周译，学林文化事业有限公司 1999 年版，第 43 页。

制的一个重要目的是保障民众的预测可能性，且大众的价值判断具有相通性，对于特定语境下的刑法用语的解释即使超过了刑法用语的一般含义，也可能被大众所接受。因此，可以将民众预测可能性作为划定可能文义边界的标准，根据这个标准，即使它超出了文义的通常含义，仍然属于可能的文义范围。例如，信用卡诈骗罪中的“信用卡”的文义范围，根据通常的含义理解，“信用卡”仅指由金融机构或商业机构发行的贷记卡，即无需预先存款就可贷款消费的信用卡。而本罪中的“信用卡”则是由商业银行或其他金融机构向社会发行的具有消费信用、转账结算、存取现金等全部或部分功能的信用支付工具，显然这里的信用卡范围远远超出了其通常含义范围。最后，对可能的文义进行确定时离不开向度理念的引导，通过归纳法条所反映的事物本质并兼顾民众的预测可能性，判断出文义的可能范围仍然是可能的。如根据德国的一个有名判例，向受害人泼盐酸的行为是否属于使用“武器”，从刑法条文体现的价值观来看，化学手段与使用枪支、刀具具有本质上的一致性，将“盐酸”解释为“武器”，案件的处理结果也是符合刑法目的的，所以法官最后认定“泼盐酸”属于“使用武器”。但是，如果把被害人的头往墙上撞，“墙”是否属于“武器”的可能含义，答案则是否定的。因为“自然的语言感觉反对将一堵结实的墙，一面坚实的地板或者山崖称为工具”。〔1〕

2. 规范限制

刑法的解释不仅是对单个词语或概念的分析，在某些情况下还要揭示刑法中的隐性规定，如果只对有明文规定的文字含义进行解释，就会造成逻辑僵化而无法真正阐释刑法的内涵。所以，为了实现刑法的规范保护目的，刑法解释中需要将视野进一步放大到由语言文字表述而成的规范构造上来，通过对规范内容的逻辑分析，对刑法规范在可允许的弹性空间内进行正确解释。因而，这一解释应当受到该“弹性空间”的限制，由于弹性空间是由具体的刑法规范构造而成的，其解释的限度也就是刑法规范本身。同时，对刑法解释予以规范的限制也是罪刑法定原则的要求，按照现代罪刑法定原则，这里的“法定”是刑法规范的规定，而不是孤立的某个词语或词组的规定，意指符合刑法规范的规定，这就要求刑法解释不能超出刑法规范的界限之外。

既然刑法规范自身对刑法解释具有一定的限制性，如何理解这种规范的

---

〔1〕［德］克劳斯·罗克辛：《德国刑法学总论》（第1卷），王世洲译，法律出版社2005年版，第85页。

限制就应当从法律规范的逻辑结构中去寻找。一般来说，法律规范在逻辑意义上是由假定、行为模式和法律后果组成的，[1]假定规定有关适用规则的条件和情况；行为模式规定具体的行为方式，是法律规则的核心内容；法律后果是法律对具体行为后果的态度。三者相互联系、相互制约，共同形成了一个完整的法律规范。因此，考察刑法解释中的规范限制应该注意这三个因素的影响，避免突破刑法规范形成的限度要求。一是假定因素，刑法规范中的假定包括规则的时空范围和主体条件等，这些条件对刑法规范的内容限定了范围，这就构成了刑法解释的边界。如《刑法》第 382 条贪污罪规定的“利用职务上的便利”就是行为人实施侵吞、窃取、骗取或者其他手段非法占有公共财物行为的行为条件，这个条件限定了具体贪污行为的内容，也即“利用职务便利”的侵吞、窃取、骗取或者其他手段，而不是任何情形下的上述行为。因此，该假定条件就成为解释贪污行为内容的规范限度。二是行为模式因素，刑法规范中的行为模式一般表现为具体犯罪的行为方式，如盗窃行为、抢劫行为等。刑法规范中的行为模式同样也会对规范中的其他要素产生限制力，从而成为刑法解释中的限度内容。如《刑法》第 269 条转化的抢劫罪的规定，对于其假定条件“盗窃、诈骗、抢夺罪”是否要求达到数额较大而成立盗窃罪、诈骗罪和抢夺罪的问题，可以根据其行为模式“当场使用暴力或者以暴力相威胁”进行限定。由于这种情形下的盗窃、诈骗、抢夺行为性质已经与抢劫行为无异，因而其前提条件的行为就不需要达到成立犯罪的数额标准，即“罪行”限度而不是“罪名”限度。三是法律后果因素，刑法规范中的法律后果就是法定刑，它在刑法规范中同样能够对刑法解释起到限定性作用。如对于《刑法》第 257 条暴力干涉婚姻自由罪中“暴力”的理解，是否等同于抢劫罪、强奸罪中的暴力手段？对此种情况下“暴力”限度的把握可以从该罪法定刑的要素中找到答案。考虑到普通暴力干涉婚姻自由罪的法定最高刑为两年有期徒刑，因而这里的“暴力”不宜达到抢劫罪、强奸罪等所要求的暴力强度。

3. 体系限制

在具体的刑法解释时，不能将语词孤立地看待，法律不是从刑法条文单个语词含义中获得意义，而是在刑法体系甚至整个法律体系中，通过法律规范及刑法规范内部的相互作用而获得其在整个体系中的准确含义。整体的解

---

[1] 舒国滢主编：《法理学导论》，北京大学出版社 2006 年版，第 103 页。

释结论也许与孤立的某个语词的可能含义并不一致，但由于整体的解释结论是根据条文的协调统一和事物本质应当如此的原理得出的，因此往往在解释中取得优先地位。所以，体系解释时应坚持法律含义整体一致性原则，不应以孤立的条文解释法律，而应联系这一条文与本规范性文件中的其他条文，以至其他规范性文件来考虑法律的文字含义。〔1〕具体来说，体系限制表现在三个方面：一是受到同一法条其他语词的限制。这种限制又称为同类规则的限制。即当刑法分则条文在列举了具有确定的构成要件要素之后，后面使用“等”“其他”等概念时，对于“等”“其他”必须作出与所列举的要素性质相同的解释。〔2〕例如，《刑法》第237条第1款规定：“以暴力、胁迫或者其他方法强制猥亵他人或者侮辱妇女的，处5年以下有期徒刑或者拘役。”根据同类规则，这里的其他方法仅限于与其前面列举的暴力、胁迫性质相同、作用相当的强制方法，而非泛指一切其他方法，否则必然扩大处罚范围，违反罪刑法定原则。二是受其他刑法条文的限制。在解释刑法时要将所解释对象置于整个刑法体系之内进行解释，注意其与其他刑法条文之间的协调，否则容易造成刑法条文之间的相互矛盾，从而有损刑法的正义性。例如，1992年12月11日最高人民法院、最高人民检察院《关于执行〈全国人民代表大会常务委员会关于严惩拐卖、绑架妇女、儿童的犯罪分子的决定〉的若干问题的解答》中，将拐卖妇女、儿童罪的“儿童”界定为不满14周岁的人。在解释拐骗儿童罪中的“儿童”时就要受到拐卖妇女、儿童罪法条的限制，应该将其也解释为“不满14周岁的人”。三是受到宪法规定的限制。宪法是国家的根本大法，任何法律都不得与之相违背，否则要么无效，要么被废除。当解释结论在刑法范围内具有合法性，但是与宪法的规定相违背时，是不能被采用的。为防止解释结论违反宪法，在刑法解释时必须注意以下要求：不能得出与宪法规定及其精神相冲突的解释结论；对于宪法要求保护的法益，刑法应当保护；在对涉及公民基本权利的刑罚规定进行解释时，必须慎重地考虑，防止为某一低层次的规范目的不当限制了公民的宪法权利。

（三）刑法解释向度与限度的整合

从前文的论述中可以看出，向度与限度对刑法解释分别发挥着指导与制

〔1〕陈金钊：《法律解释的哲理》，山东人民出版社1999年版，第275页。

〔2〕参见张明楷：《刑法分则的解释原理》，中国人民大学出版社2004年版，第29页。

约的功能，具有相对的独立性。然而，对于任何一个完整的刑法解释过程而言，向度与限度又是共同发挥作用的结果，彼此不可分割，呈现出“你中有我、我中有你”的状况。如从大的方面来说，解释过程中需要向度提供方向指引和判断标准，还要通过限度的制约来保障刑法解释始终处于法治的轨道；从小的方面来说，具体限度边界中可能语义范围的确定也离不开向度与限度的双重作用，通过价值判断和国民预测可能性的互动来合理确定最宽的语义界限。因此，向度和限度在刑法解释中处于同等的地位，它们在作用上没有轻重之分，在顺序上没有先后之别。首先，向度与限度在刑法解释中同等重要，缺一不可。没有向度的解释就会迷失方向，没有限度的解释就会葬送法治。任何解释如果缺少向度或限度其中之一，都不能保证解释结论的公正合理，即使在解释中单纯依靠向度的指引直接得出符合限度要求的解释结论，或者相反，即单纯根据限度准则而直接得出符合正义要求的解释结果，这其中也隐含着对解释结论是否符合限度或向度的检验过程，只是这种检验证成了解释结论，而没有通过限度或向度对该结论进行再次修正。这个过程中看似另一解释步骤的作用没有真正发挥，实际上它依然在起作用，只是不明显而已，否则，解释者也不敢轻易地发表自己的解释意见，并能得到社会的广泛认同。因此，有人提出实质解释补位原则，即只有在形式解释不能解决问题，或者形式解释的结论明显不妥当时，才需要采用实质解释的结论。〔1〕这种观点否定了向度与限度同时发挥解释功能的事实，显然是不能成立的。其次，向度与限度在刑法解释中没有固定的逻辑顺序，不分先后。正如前文对形式解释论和实质解释论单向逻辑顺序的反思中所指出的，形式解释论提出的先形式再实质和实质解释论实行的先实质再形式的解释路径并不符合全部解释活动的实际情况，在具体的解释过程中，往往有的需要先明确限度，再进行实质判断，而有的则需要先进行实质判断，再进行限度限制，还有的则需要通过向度和限度的反复运用才能最终完成解释过程。因此，向度和限度在实际解释中不应该存在先后顺序上的逻辑差别。

但是，向度与限度同等程度地发挥刑法解释作用的现实，并不意味着两者总是处于和谐状态。实际上，向度和限度还经常产生对立和碰撞，而且，真正复杂情形下的解释结果正是在两者的对立冲突中产生的。向度和限度之间的对立和冲突主要表现为两种情况：一是成文法的局限性决定了刑法不可

〔1〕 参见吴林生：“罪刑法定视野下实质解释论之倡导”，载《中国刑事法杂志》2009 年第 7 期。

能对所有犯罪都能作出毫无遗漏的规定，肯定会存在实质上值得科处刑罚或特别处罚[1]，但是缺乏形式规定的情形；二是成文法的特点决定了刑法条文可能包含不值得科处刑罚或特别处罚，可能会存在符合刑法的文字表述，实质上却不值得科处刑罚或特别处罚的情形。这两种情况的冲突体现了向度与限度之间的对立性一面，当两者之间产生冲突时，就必须在实质正义与形式合法之间进行取舍。

第一种情况主要表现为依照实质的正义观念，有些具有严重社会危害性的行为，应当受到有罪追究，或者对其予以特别处罚，但是即使对法条文字的含义进行最大限度的扩张，仍然存在不能被文字的可能含义所包含的情形。如妇女强迫男子与其性交的行为，男子对成年男子实行鸡奸的行为，拐卖成年男子的行为等。在这种情况下，就需要衡量实质正义与形式合法的价值轻重。在决定是否将上述行为入罪或特别处罚时，仍然应该坚持实质正义的向度要求，并不得违反形式合法的限度条件解释模式。首先，对上述行为入罪或特别处罚，符合正义的价值理念，然而这些行为没有被刑法文义所包含，所以这种正义是一种规范之外的正义。其次，罪刑法定的精神实质是为了约束刑罚权，防止法外用刑而侵犯人权。如果不对刑法的解释进行必要限制，不仅国民的预测可能性将成为一句空话，而且个人自由和人权也会时时处于被剥夺的危险之中。由于上述行为没有被刑法明令包含，对其入罪或特别处罚不利于约束国家的刑罚权，容易导致侵犯人权或法益保护不力的可能。所以，对于实质上具有科处刑罚或特别处罚必要，但是缺乏形式规定的行为，考虑到将这些少数例外情况作为犯罪处理或特别处罚会产生破坏法治的后果，只能将这些行为交由立法来解决，在法律修正之前，对这些行为不作刑法评价。

第二种情况主要表现为有些行为由于不具有或者只具有很小的社会危害性，依照通常的正义观念，不应当作为犯罪处理，但是刑法条文却明确规定，应当追究行为人的刑事责任。在这种情况下，同样面临如何处理向度与限度的关系问题。首先，处罚这种行为不符合正义理念，如果将其进行出罪考虑则并不违反刑法的正义目的。其次，如上文所言，形式罪刑法定的实质精神

---

〔1〕 这里的“特别处罚”是指从宽或从严处罚，包括刑法总则中关于法定量刑情节以及刑法分则中关于不同量刑幅度和从重、从轻、减轻处罚的规定，如《刑法》第279条第2款规定：“冒充人民警察招摇撞骗的，依照前款的规定从重处罚。”

是限制刑罚权，保障行为人的人权免受不法侵犯。如果将上述行为进行出罪处理，并不与罪刑法定原则相违背，相反如果对虽然符合刑法的形式规定但不具有惩罚正义的行为进行入罪解释，则既丧失了刑法的正义性要求，也违反了形式合法的精神实质。对此，可以运用《刑法》第13条但书的规定，通过将犯罪构成要件作实质化的解释而达到出罪的目的，或者根据《刑法》第37条，对于犯罪情节轻微不需要判处刑罚的给予免予刑事处罚。如在刘某某伤熊案中，刘某某的行为虽然符合故意损坏财物的形式规定，但是法官认识到刘某某“对作为一种财物的伤害远远没有达到需要用刑法进行调整的程度”，如果按照该罪定罪处罚,“他知道这样的决定对被告人是不公平的”。[1]最终，法官选择了《刑法》第37条的规定，在认定刘某某构成故意毁坏财物罪的情况下，对其免予刑事处罚，合理地解决了不值得科处刑罚但又在形式上有罪的对立情形。

四、余　论

刑法解释不能超越法律文本，但作为解释者的眼光又需要游离于法律文本之外，去借助正义赋予的智慧之光来洞察生硬法条之下的柔性之美。任何一种解释理论都不能直接提供现成的答案，它需要通过解释者的创造性解释实践来揭示生硬法条背后隐藏的真理，唯有如此才能得以强化刑法的刚性力量，从而不断激发现实刑法对迅猛变化的社会的适应力，并终将使正义的社会变得更加令人向往和期待。

〔1〕 吴丙新：《修正的刑法解释理论》，山东人民出版社2007年版，第237页。

犯罪人格在定罪中的运用探究

黄　哲　赵学军*

摘　要： 在定罪中应否考虑人格因素一直备受学界热议。实际上，定罪中引入犯罪人格因素进行考量具有充分的刑罚基础和刑罚根据，而且它是实现刑罚目的、实现处罚标准一致和应对现实难题的需要。在具体运用时，应将犯罪人格因素作为犯罪构成中的犯罪主观方面内容进行考量，坚持犯罪人格与行为危害兼顾原则，即只有两者兼具的情况下才能定罪处罚。判断犯罪人格应当将罪过心理（故意、过失）和期待可能性作为基本要素，将行为危害大小、前科和罪后表现作为辅助要素。同时，还要注意避免违反禁止双重评价原则和妥善处理犯罪人格与危害行为的关系。

关键词： 犯罪人格　定罪　运用

自日本学者团藤重光和大塚仁两位教授创立人格刑法学以来，在定罪中应否考虑人格因素的话题一直备受学界热议。近年来，随着犯罪学、心理学等学科的蓬勃发展，刑事一体化观念深入人心。刑法是以犯罪作为规制对象的社会规范，而“犯罪的根本原因在于犯罪人的‘人格’，人格是引发犯罪人犯罪的原动力和决定因素”。〔1〕在此背景下，人格因素应否成为定罪的依据便再次成为不可回避的话题。与此同时，司法实践中出现的“好人”（缺乏犯罪人格倾向的人）被定罪的现象也不断考验着刑事司法运行，如基于防卫目的对侵害者造成伤亡的案件。为此，非常有必要深入探讨定罪中的犯罪人格问题，以便为刑法的良性发展提供依据。

---

* 作者简介：黄哲，汕头大学法学院 2017 级硕士研究生。赵学军，汕头大学法学院讲师，法学博士。

〔1〕 梅锦：《人格在定罪量刑中的运用探究》，法律出版社 2017 年版，第 1 页。

一、刑法中的犯罪人格概述

鉴于在刑法中，尤其是在定罪中研究犯罪人格具有重要意义。那么就有必要明确何谓刑法中的犯罪人格，以便为进一步研究奠定基础。世界上每一个人都拥有属于自己的独特人格，这就是为什么不同的人会对事情有着不同的选择。而要探讨用于定罪的“犯罪人格”，则必须先对刑法中犯罪人格概念的起源进行探讨，并对犯罪人格所依据的刑法学理论——人格刑法学进行学术评析与价值判断。

（一）刑法中犯罪人格的起源与概念

1. 刑法中犯罪人格的起源

一段时期以来，刑法学理论的发展就是一场刑事古典学派与刑事近代学派论战的历史，犯罪人格的概念也在这场历史的混战中诞生。当刑事古典学派在对封建刑法的批判中建立起自己的理论学说，就成了近代刑法学史上的第一个刑法学派别。“封建的刑法制度以法与宗教道德的不可分性、基于身份的不平等性、罪刑臆断主义、刑罚的残酷性为特色。”〔1〕在对封建刑法主观归罪或者客观归罪的根本问题进行大力批判的历史语境之下，以行为刑法观为基础的刑事古典学派应运而生。刑事古典学派将犯罪原因解释为人性自由、意志自由和功利主义，在此犯罪原因理论的驱使下，该学派认为行为人一切的外部表现皆是其自由意志引起的，刑法所调整的也只是行为人的犯罪行为对社会造成客观的损害。刑事古典学派立足于保障人权和通过刑罚的报应性来维护社会的正义价值不受侵犯的出发点，在犯罪论上坚持着行为一元论的观点，认为因此在早期的刑事古典学派的理论中，犯罪人格是一个不存在的概念，因为其无法回归到犯罪本质的角度去看犯罪问题，就更不用说考虑行为人的犯罪人格。刑事古典学派的学者对犯罪人格这一概念毋庸置疑地持明确的反对与忽视态度。

而真正将刑法中犯罪人格的概念搬上历史舞台的是刑事实证学派。由于19世纪后半叶的西方社会逐渐由资本主义向帝国主义过渡，青少年犯罪不断增加，财产犯罪率急剧增长，常习犯、累犯的比例显著上升，刑事古典学派的那一套以行为为中心的理论，已经无法适应当时社会，无法解决当时社会

〔1〕 马克昌主编：《近代西方刑法学说史》，中国人民公安大学出版社2008年版，第1页。

所面临的严峻问题。于是基于对刑事古典学派犯罪原因理论的批判，刑事近代刑法学派打着保卫社会的旗号，进入刑法学理论的视野。刑事近代学派的学者认为人的意志是由个人原因与社会原因共同决定的，在自然法则的支配下，人是不存在平等自由意志的。同样的犯罪也不一定会有同样的犯罪原因，因此该学派认为刑罚正当性的根据不是犯罪行为的危害性，而是不同行为人存在不同的人身危险性大小，正如德国学者李斯特所说，“判处刑罚的轻重应根据罪犯人身危险性的大小来决定”。[1]所以，刑事近代学派最早将犯罪人格因素带入刑法学理论中，只不过刑事近代学派使用的是犯罪人的“人身危险性”这一概念。刑事近代学派的创始人龙勃罗梭通过实证测量和对尸体的解剖，将研究犯罪的方向转向了犯罪行为人，并在此基础上提出了“天生犯罪人理论”。另一代表人物李斯特提出了“人身危险性”的刑法学意义上的概念，认为在适用刑罚的过程中，“不仅对犯罪行为本身，而且对犯罪行为中表现出来的危害社会的行为人的个性作出否定评价”。[2]在最重要的刑罚本质观点上，刑事近代学派另辟蹊径，反对犯罪人的自由意志论，而主张犯罪人的根源是其人身危险性，基于此观点就能将对犯罪的研究形成由外向内的转变，使得人格因素得到重视。可以说，在刑法中的犯罪人格问题上，刑事近代学派往前迈进了一大步，这也正是刑法中犯罪人格概念的起源。

2. 刑法中犯罪人格的概念

认识犯罪人格的概念的，需要对心理学上的人格做出界定与区分，明确刑法中的犯罪人格与心理学上的人格所存在的本质性差异，才能避免概念上混同的现象。

（1）人格的内涵。实证刑法学派是刑法上犯罪人格概念的起源，但是人格的概念却最初起源于心理学的发展与研究。若想对犯罪人格的概念有更好的理解，则必须先对心理学中的人格概念做出相互关系的区分。《现代汉语词典》对“人格”这一词的解释有三种：①人的性格特质的总和；②个人的道德品质，如人格高尚；③享受权利和履行义务的主体资格，如不得侵犯公民的人格。英语“Personality”一词，来源于拉丁文的“persona”，在拉丁语中为“面具”(mask）的意思。人格的概念一般也包含两重含义：一是外在“我”，即显性的自我；二是内在“我”，即隐性的自我。人格的这两重属性，必须是

〔1〕 马克昌主编：《近代西方刑法学说史》，中国人民公安大学出版社 2008 年版，第 164 页。

〔2〕［德］李斯特：《德国刑法教科书》，徐久生译，法律出版社 2006 年版，第 170 页。

内外兼顾的，因为有些外在“我”是来自内在“我”的。所以要看清一个人的人格，不能只看行为人的外在表现，还应发掘行为的内在部分。

（2）犯罪人格的概念。人格是每一个社会主体通过先天和后天的感知所形成的特有的身心组织，是人对整个世界的态度。因此，每个人看问题的角度不同会使得人格内涵的范围广泛化。我国多数学者认为，刑法中的人格认定需要借助心理学上的研究成果。更有学者认为，“在刑法中采用心理学上的人格概念，不但可以为缓刑、减刑、假释等刑法制度提供理论根据，还为未来刑罚执行方式的革新——行刑社会化指明方向”。[1]但是心理学与刑法学的研究对象在本质上是存在一定差异的，将心理学中的人格直接套入刑法中对犯罪人进行定罪是不合适的。在心理学广泛的人格内涵中，并非所有的人格都是需要经过刑法来调整，实际上刑法的谦抑性就决定了刑法所需要调整的只是其中的很小部分，即犯罪人的犯罪人格。

法律不强人所难，法律对人民群众有着最低限度的要求。有些人的人格不健全，其行为即使受到道德的大力谴责，只要没有触犯刑法中规定的犯罪行为，就没有理由加以制裁。要探究犯罪人格在定罪中的运用，需要给予人格一个刑法学意义上的概念。不同的学者对人格的概念有着不同的界定，比如张文教授认为，“犯罪人格是指个体在遗传基因尤其是后天社会生活条件的作用下形成的，显著偏离于正常人格的、相对稳定的危害社会行为倾向的身心组织”。[2]梅锦教授对人格的定义为，“刑法学意义上的人格是指行为人对刑法保护价值所持有的一种态度，包括敌视的态度和积极的态度”。[3]陈兴良教授认为，“犯罪人格是一种严重的反社会人格”。[4]通过对学者所提出的概念的研究，我们认为为了将人格更好地应用于定罪中，刑法所关注的犯罪人格，是指通过一系列犯罪行为所表现出来的与刑法所维护的国家基本秩序相背离的人格态度。[5]其基于以下四点理由：第一，从犯罪的本质上来讲，每一个犯罪人的犯罪行为都具有犯罪人格。犯罪行为与犯罪人格统一，在定罪中才能显现刑罚的意义。如果依据行为刑法观只是将犯罪的实质理解为犯罪

---

〔1〕 胡东平：“人格导入定罪研究”，武汉大学 2010 年博士学位论文，第 7 页。

〔2〕 张文：“行为刑法危机与人格刑法构想”，载《井冈山大学学报》（社会科学版）2014 年第 5 期。

〔3〕 梅锦：《人格在定罪量刑中的运用探究》，法律出版社 2017 年版，第 34 页。

〔4〕 陈兴良：“犯罪存在的个体解释”，载《中外法学》1995 年第 4 期。

〔5〕 下文中如未特别指出，所探讨的“人格”或“人格态度”即是刑法学意义上的犯罪人格。

的社会危害性，那么侧重行为危害性的观念必然陷入唯结果论的泥沼，进而忽略行为的人格自我性。犯罪人格的提出，对研究社会的危害性与人格的自我性的集合具有重大的意义，这是推进定罪正当化与合理化的重要一步。第二，从刑罚的正当性来看，拥有犯罪人格的犯罪行为才能对行为人进行定罪，那些没有犯罪人格的人，即使实施了危害社会的行为，也不能将其纳入犯罪的范畴，这就可以合理地解释正当防卫、紧急避险与期待可能性理论的合理性。正当防卫、紧急避险与期待可能性理论之所以不被认定为犯罪，实质上就是因为犯罪行为不是在犯罪人格的主导下实施的，因其欠缺刑法所惩罚的犯罪人格，所以不能认定为犯罪。第三，犯罪人格是行为人实施犯罪行为时的内在真实表达。正是因为这一原因，在司法实践中就不能只看犯罪行为，而应杜绝客观主义和唯结果论所带来的不公平不公正的现象，应根据外在的客观行为来探讨行为人的内在真实的犯罪人格。第四，从犯罪人格所具有的功能来看，如果离开了犯罪人格的概念，就难以回答犯罪生成的前置性问题，难以回答个体的犯罪倾向性从何而来，以及在大致相同的社会环境下，为何有的人犯罪有的人却遵纪守法。进一步讲，犯罪人格具有可测量性，可以有效针对实施初犯的犯罪人进行预防，为初犯的预防提供理论指导。犯罪人格概念是划分犯罪类型、识别犯罪危险人群的重要根据，我们无法否认以犯罪人格为基础的“犯罪人类型”的客观存在，通过对具体犯罪行为人的人格特征进行分析，可以确定偶发性犯罪人和习惯性犯罪的区分，有效采取措施进行再犯的预防。

（3）犯罪人格与人身危险性的关系。通过对以上犯罪人格概念的分析，可能会有人说犯罪人格实质上就是人身危险性的代名词，本质上是属于同一概念。确实，在对犯罪人格的探究中，人身危险性是一个无法回避的概念，而自刑事近代学派学者基于社会防卫的理论提出了“人身危险性”的概念以来，刑事处罚的目光就从犯罪行为转向了犯罪人，即刑罚的根据就是犯罪人的人身危险性。尽管人身危险性对促进刑法学的发展具有积极的意义，但是这一理论仍存在对刑法的评价不够全面和在刑法中定位不准的不足。如犯罪人一贯表现较好，是犯罪人获得从宽处罚的情节，但很难说该情节表明犯罪人具有“弱的人身危险性”或“负的人身危险性”。也有学者认为，人身危险性的概念本来就是与罪刑法定原则相背离的。[1]从两者的关系来看，人身

---

〔1〕 参见韩轶：“刑罚裁量视野中的人身危险性论纲”，载《法律科学》2001年第6期。

危险性是犯罪人格在定罪中运用的正当性保证。"犯罪人格与人身危险性是整体与部分的关系，人身危险性是犯罪人格中刑事责任性质的另一个侧面。"[1]行为人的人身危险性的内在根据就是犯罪人格，人身危险性的衡量标准实质上也是犯罪人格，犯罪人格的评价标准之一也是人身危险性。相较于人身危险性，犯罪人格是属于其之上的概念，从这个角度上来说，人身危险性只是犯罪人格的一个部分，犯罪人格的范围要涵盖人身危险性。

犯罪人格的提倡在刑法中之所以比人身危险性的概念更合理和有效，除了人身危险性理论自身的缺陷性外，也有犯罪人格概念本身的优势。这两个概念的功能在刑法学理论上存在一致性，即都可以用来预测检验犯罪人的再犯可能性，但是由于犯罪人格有具体的可测量性，[2]并拥有科学的人格测量方法，且人格测量方式主要包括自陈式测量表、投射测验、主体测验和行为评估法四种，在刑法理论上，犯罪人格可以解释已然之罪，也可以预测未然之罪。而人身危险性由于过于抽象，无法很好地反映犯罪人的人格特征，也不具有可测量性。因此，犯罪人格的概念显得更加合理并有效。

（二）犯罪人格的刑法学术思想与价值评析

犯罪人格概念的提出与研究，不是毫无刑法学理论根据的。犯罪人格的概念植根于人格刑法学的研究理论，人格刑法学在刑事古典学派和刑事近代学派论战中建立起来，力求找到一条兼顾行为与行为人的折中道路，并产生了科学的理论成果——人格责任论、人格行为论和人格量刑观。

1. 犯罪人格在刑法中的学术思想

在人格刑法学的理论中，最先得以发展的是人格责任论。人格责任论由麦耶尔首创，提出"动机免除责任，性格承担责任"的说法。而让人格责任论形成理论体系的是日本的团藤重光教授。他认为，人尽管会受到环境的制约，但在这种制约之下人仍具有行动的自由，人的这种行动自由还可以在某种程度上反作用于素质和环境，即人的意志不是绝对的自由。因此，团藤重光教授认为责任的基础不仅在于具体的行为，而且在于行为者背后的人格。他将责任要素进一步区分为人格所形成的责任和行为的责任，认为二者在现实生活中有不可分割的关系，二者结合才能称为人格责任。人格责任论的责

[1] 胡印富："论刑法中的犯罪人格"，西南政法大学 2015 年博士学位论文，第 30 页。

[2] 翟中东：《刑法中的人格问题研究》，中国法制出版社 2003 年版，第 41 页。

任分两个层次判定，责任的第一层次是行为责任，行为责任是指现实的责任，即行为时行为人的人格态度；第二层次是人格形成责任，在行为责任的背后，应当认定形成人格的责任。由于人格态度具有连续性和一致性，行为时的人格态度与过去的人格形成过程密不可分，人格的特性体现于各种各样的表现行为中，而过去种种的表现行为组成了人格形成的过程。

人格责任论在日本得到团藤重光教授的重视，其弟子大塚仁教授在此基础上进行了深入研究，引入人格概念来解释刑法学的各理论部分，系统地建立了人格刑法学的理论。大塚仁教授在继承和发展人格责任论的基础上对影响行为人责任的认定进行了深入探讨，并提出了在确认是否存在责任要素之后，判断行为人依据自己的人格所做出的行为是否承担责任的三个判断标准：第一，行为人应当具备承担责任的能力；第二，在犯罪构成要件中罪过心理的基础上，须认定故意的责任或过失的责任；第三，需要承认合法行为的期待可能性。在确认存在责任后，就要确认责任的大小和轻重，在确认责任的程度时需要考虑责任能力程度、期待可能性程度以及行为人过去的人格态度是否应当承担的责任。

与此同时，大塚仁教授赞同用人格行为论来理解犯罪的基本概念——行为，并针对有些学者提出人格行为论中的行为不好判定，对此概念进行批判与质疑。大塚仁教授认为应当补充“人格主体现实化”的内涵和范畴，有必要在人格行为的主观方面和客观方面增加若干要素。[1]首先，在主观因素方面，增加“有意性”的内容，把“有意性”理解成行为人的主体性表现的心理态度就是人的身体动静。其次，在客观因素方面，增加“具有社会意义”，限制认识事实的范围。这一限制要素一方面可以弥补人格行为论中的行为仅为无色的事实状态，将行为附上“具有一定的社会意义”这一刑法所认同和保护的规范价值色彩；另一方面通过“具有一定的社会意义”作为限制，进一步明确不作为的行为性，只要附加事实上的社会意义的不作为，就可以将那些没有社会意义的、无法受到刑法规制的个人身体动静排除出行为的这一范围，从而更好地界定行为的社会意义。最后，大塚仁教授依据刑罚具有的双重属性，认为刑罚的绝对性要求量刑时考虑罪刑相适应的报应原理，即对行为人科处的刑罚与其所犯罪行的轻重相符。而若想取得刑罚与罪行轻重相符的较佳效果，在确认罪行轻重时应当参照犯罪行为的危害性大小和责任轻

〔1〕［日］大塚仁：“人格刑法学的构想”，张凌译，载《政法论坛》2004年第2期。

重程度。犯罪危害性的大小则体现在行为侵害法益的程度以及行为人违反社会伦理规范程度上，而责任轻重程度的确定需综合考察责任能力、期待可能性以及故意、过失等因素。在犯罪危害性和责任这两种要素的轻重中，人格刑法学要求确定刑罚的轻重必须以责任的轻重为核心，这便是量刑中的责任主义，也是人格刑法学的特色之处。

2. 犯罪人格在刑法中的价值评析

人格刑法学作为当前刑法理论一个极其重要的成果，其价值就在于契合了刑法理论发展的趋势，成为刑法理论的创新与前沿。但是相较于已经拥有一套完整的理论体系的行为刑法和行为人刑法而言，人格刑法理论在体系完备、逻辑紧密、理论充分等方面还有不少差距，大塚仁教授创建的人格刑法学仍是如此。所以，虽然人格刑法学将发展的基石打在行为与行为人因素的结合部，并以人格为核心重新建立了整个刑法学，将新的解释内涵融入行为论、犯罪论、责任论和刑罚论的部分，但还存在理论上的缺陷与不足。其中最为显著的不足就是行为和人格并重的思想并没有完全贯穿定罪和量刑两个部分，人格因素在量刑阶段确实发挥了实质性的作用，但在定罪阶段却只是发挥了辅助性的作用，即定罪中考虑的人格仅为行为评价服务，这就显得行为与人格不是平行的，很大程度上也无法解决当前实践所面对的问题。

二、犯罪人格在定罪中运用的理论依据与必要性分析

为了解决当前司法实践中的问题以及行为刑法理论的不足，有必要在人格刑法学说的基础上进一步探讨犯罪人格引入定罪机制的问题。然而，犯罪人格能否引入定罪机制需要进行理论上的分析和实践上的验证。为此，下面将从理论上对犯罪人格引入定罪机制的正当性进行理论分析，并对当前司法实践现状进行考察，以便为进一步在定罪中运用犯罪人格创造条件。

（一）犯罪人格在定罪中运用的观点

我国刑法理论界对犯罪人格的研究虽然不够深入，但是在犯罪人格是否能在定罪中运用的问题上，向来都存在分歧与争议。总体来说，在当前的理论上，“否定论”“出罪论”和“法定论”成为犯罪人格在定罪中运用的几种争议性的观点。首先，持否定论观点的学者站在行为刑法观上，认为定罪的唯一根据是行为的社会危害性，而犯罪人格只是量刑与行刑个别化的根据，故犯罪人格对于定罪不能起到任何作用。其次，持出罪论观点的学者认为犯

罪人格在定罪中的作用是单向性的，只在排除犯罪的时候发挥作用，在认定犯罪的时候无法体现其功能。最后，持法定论观点的学者站在刑事近代学派行为人刑法观的立场上，通过对人身危险性这一概念的认识，指出单向的出罪论在逻辑上存在的不足，因而指明人身危险性具有出、入罪的双向功能。但是犯罪人格比人身危险性具有更大的合理性与功效性。虽然说法定论比出罪论从刑法的发展趋势上看已经有巨大的进步，但可惜的是它未能准确理解犯罪人格的概念与功能，未主张将犯罪人格导入定罪。

（二）犯罪人格在定罪中运用的理论依据

对于犯罪人格能否在定罪中得以运用，本文的观点是肯定的。若法定论已经指明人身危险性具有出、入罪的双向功能，那么与人身危险性成部分与整体关系的犯罪人格就没有理由不能在定罪中得以运用。并且，犯罪人格在定罪中运用，有其合理且正当的理论依据。

1. 犯罪人格在定罪中运用的刑罚基础

刑事古典学派和刑事近代学派由于对刑罚所坚持的立场不同，导致在其他的刑法问题上存在许多对立观点。也正因如此，双方在犯罪论问题的基本理解上几乎背道而驰。正如张明楷教授指出的："旧派与新派在刑罚论的根本对立是报应刑论与目的刑论；报应刑论与目的刑论的对立不仅影响了对具体刑罚制度的取舍，反过来也影响了对犯罪的认识。"[1]基于对人格刑法学的理解以及当今社会的需求，犯罪人格在定罪中运用的刑罚基础实际上体现了预防刑论的观点。

报应刑论是刑事古典学派所主张的观点。报应刑论认为，"我们之所以需要刑罚，是因为需要对犯罪行为的恶害进行报应，以对犯罪人受到惩罚造成的痛苦和对犯罪人的指责进行平衡，只有这样，争议的观念才能得到实现，除此之外，刑罚并没有其他的目的"。[2]由于在刑事古典学派的理论中，犯罪人格是一个不存在的概念，所以与此相适应的报应刑论无法成为犯罪人格在定罪中运用的基础性理论，而且单纯的报应刑论并不利于法治国家的发展，也不利于刑罚制度的建设。

我国刑罚的目的在于预防犯罪，犯罪人格之所以要在定罪中加以考虑，

---

〔1〕 张明楷：《刑法的基本立场》，中国法制出版社 2002 年版，第 44 页。

〔2〕 赵秉志主编：《刑罚总论问题探索》，法律出版社 2002 年版，第 10 页。

实质上也是为了刑罚目的的需要，与预防刑论的目的不谋而合。所以预防刑论是犯罪人格在定罪中运用的基础。预防刑论，又叫目的刑论，包括一般预防与特殊预防。一般预防的理论观点认为，刑罚的目的在于预防社会上的一般人实施犯罪。国家制刑、量刑和行刑可以使一般人知道刑罚带来的痛苦远大于犯罪获取的快乐，以达到使人有所畏惧，不敢触犯刑律之效果。〔1〕而特殊预防理论观点则认为刑罚的最终目的是预防曾经接受过刑罚制裁的犯罪人之后再实施犯罪，即预防犯罪人的再犯可能性。无论是一般预防还是特殊预防，在本质上都是与犯罪人格概念的精神相吻合的，犯罪人格概念的提出实质上就是为了调节当前司法实践中过于重视客观行为，而忽视人的主观犯罪人格的情况。但是从犯罪人格在定罪中运用的角度来看，预防刑论只能做理论基础，而不能作为定罪的刑罚根据，这是由预防刑论自身的理论局限性所决定的。

一般预防在理论上的局限性主要体现在：第一，一般预防的立法效果不一定对犯罪人有威慑效力。费尔巴哈的心理强制说是一般预防的理论基础，“心理强制说的威吓是法律上的威吓，强调在立法上表现出来”。〔2〕在当前的司法实践中，有很多法律或者法律相关行业的人员实施了犯罪行为，他们都懂法，但或许只是存在侥幸心理，希望自己的犯罪行为不被发现、不受到法律的制裁。所以，在很大程度上，一般预防更加要求行为人的守法自觉性，然而这个自觉性太过于模糊与脆弱罢了。第二，或许会推行“治乱世用重典”的刑事政策。一般预防强调以刑罚的严厉性来压制犯罪的发生，这就有可能违反个别责任的原则，而主张一般责任，这也很有可能导致刑罚越来越严厉但犯罪越来越多，这与人格理论产生的效益是不相符的。第三，不利于犯罪人的改造。一般预防理论将刑罚执行效果之考量完全取决于旁观者的心理感受，反而与犯罪人自身毫不相关。这显然不利于被执行人自身的人格之改善与再社会化目的之达成。

同样，特殊预防在理论上也存在局限性。特殊预防论强调具有再犯可能性的人是刑法的惩罚对象，那么没有说明对实施了严重危害社会行为的行为人的处理方式，并不利于公民守法意识的培养和对法律应当有的忠诚度。而且在特殊预防论的要求下，人身危险性就成为再犯可能性认定的唯一标准，

〔1〕 参见赵秉志主编：《刑罚总论问题探索》，法律出版社 2002 年版，第 11 页。

〔2〕 马克昌主编：《近代西方刑法学史》，中国检察出版社 2004 年版，第 93 页。

而人身危险性本身就存在理论上的缺陷。一方面容易导致刑罚的滥用而不利于人权的保障，另一方面依人身危险性科处刑罚，刑罚权不受限制，预防效果也会大打折扣。

2. 犯罪人格在定罪中运用的刑罚根据

单纯的报应刑论或者单纯的预防刑论都无法满足时代的要求，真正适应犯罪人格能在定罪中产生效用的应是一种更加适合时代发展的综合性理论，即既要考虑报应也要考虑预防的并合主义刑法理论，而这一理论是犯罪人格在定罪中运用的刑罚根据。并合主义刑法理论是实现刑罚统一化的基础性理论，总体来说，便是主张在刑罚中既有预防的目的，又有报应的目的。即在预防犯罪的过程中，其方法具有报应的理念，但这又是具有正当性的。预防犯罪所具有的正当性需要由正当的手段来实现，这手段必须是有益于社会的，否则就是不正当的。报应与预防两者共同制约着刑罚的创制与运用的活动。因此，并合主义刑法理论总的规定是，刑罚必须兼顾报应与预防的效果，而且正当的惩罚只能是以公正的惩罚方式来预防犯罪。以上三种刑罚观，即报应刑论、预防刑论、并合主义刑法理论中，报应刑论在理论上存在较大的局限性，而且在刑罚观上采取报应刑论，其犯罪观会以行为刑法观作为支撑的理论依据，在定罪时会只考虑危害行为的因素而忽视犯罪人格。因此，这种刑罚观无法使犯罪人格在定罪中得到运用。在刑罚观上采取预防刑论，虽然会使得在犯罪观上倾向于行为人刑法，但可能会得出为了预防而只考虑犯罪人格因素的现象，从而就违背了“无行为则无犯罪”这一刑法准则，起不到保障人权的效果。并合主义的刑法理论所追求的目的是将报应和预防都作为刑罚的考虑因素，在犯罪观上会主张定罪时要兼顾行为因素和行为人的犯罪人格因素，这就既坚持了“无行为则无犯罪”，又实现了将人格导入定罪之中的效果。总体来说，并合主义理论比其他三种理论更具有说服力，而且将其刑罚观推进到犯罪观之中，更能合理地厘清定罪中行为与犯罪人格之间的关系，这使得犯罪人格导入定罪有了坚实的刑罚理论根据。

（三）犯罪人格在定罪中运用的必要性分析

并合主义刑法理论是犯罪人格在定罪中得以运用的理论依据，但是犯罪人格如果在定罪中无法起到推进刑法进步的作用，那么这一概念的提倡就会显得没有意义。反过来说，我们之所以提倡犯罪人格应在定罪中运用，正是因为犯罪人格概念无论是对当前的刑法理论研究还是刑事司法实践都具有重要意义，有其不可或缺的必要性。

1. 风险社会下转变刑法研究范式的需要

近年来，随着我国社会经济快速发展，不容忽视的犯罪问题也日益严重。当前各国都面临犯罪率持续增高的问题，这是由于风险社会的到来造成转型与变革，进而也导致社会矛盾增多与激化。随着恐怖主义犯罪、网络犯罪甚至一些新型毒品犯罪等现象的增多，若仍然深陷只注重客观危害行为的旋涡中，只会站在行为刑法观的立场，在结果无价值论、法益侵犯说及客观违法性理论的基础上停滞不前，那么应对当前风险社会的环境必然会弊大于利。“中国的刑法学研究表面的繁荣背后，潜伏着危机，唯一的出路是进行研究范式转换。”〔1〕而刑法中犯罪人格的提倡，是在当今的风险社会背景下，一条转换研究范式的刑法学出路，也是为了更好地让刑法提前介入社会安全治理与预防犯罪。正如近年来刑法修正案中的预备行为正犯化现象，也说明单纯的客观主义刑法观已经无法适应当前的社会发展需要，因而定罪中发挥犯罪人格因素的作用正是适应刑法理论转型与变革的需要。

2. 实现刑罚目的的需要

刑罚的目的是国家意志的表现形式。国家将刑罚制定出来就是为了在适用和执行刑罚时，能够达到预期的效果。目的的确定性会为行为指明道路，也是评判一个行为是否有效的重要标准。在刑法理论范畴内，如果不对刑罚目的投入一定的重视与关注，那么再费尽心思去讨论犯罪人格如何在刑法学领域能起到何种重要的作用是没有意义的。因此，要探讨犯罪人格在定罪中的运用，从而将犯罪人格在刑法领域中得以运用，就必须先探讨刑罚的目的到底是什么。

当前刑法学界的通说观点认为，“刑罚最直接的目的是预防犯罪，包括一般预防和特殊预防两个方面”。〔2〕犯罪人格在定罪中的运用毫无疑问是为了实现刑罚目的的需要，对具有犯罪人格的人进行处罚，是最直接的预防犯罪的方式。首先，犯罪产生的根源就在于犯罪人格。一个人之所以会实施危害社会的行为，原因有两个方面：其一，行为人缺乏辨认能力或者控制能力，例如醉酒；其二，行为人具有相应的辨认能力和控制能力，但是却具有犯罪人

〔1〕 周光权：《刑法的向度》，中国政法大学出版社 2004 年版，第 13 页。

〔2〕 陈忠林主编：《刑法总论》，中国人民大学出版社 2016 年版，第 208~214 页。

格。[1]其次，刑罚的目的对刑罚适用具有决定性的作用。[2]刑罚的根据最终应该落实到行为人的主观可以控制的部分，即行为人对刑法所保护价值的人格态度上。至于是否适用刑罚，关键要看行为人的犯罪人格的有无。最后，对具有犯罪人格的人进行处罚，能有效地防止犯罪人再犯，通过刑罚的改造，降低累犯的可能性，从而达到刑罚真正意义上的预防犯罪的目的。

3. 实现处罚标准一致的需要

大塚仁教授的人格刑法学理论的一大局限性就是只在量刑中提倡人格的概念，而在定罪中只将人格认定为对犯罪行为的辅助。这无法实现在刑罚过程中处罚标准的一致。

犯罪人格因素在量刑中的运用不仅体现在司法实践中，而且在刑法学理论上也得到了支持。有学者明确提出，“我国量刑根据由行为刑事责任与性格刑事责任构成，前者是量刑的基本根据，后者则是量刑的补充根据”。[3]有学者认为，“量刑的根据应是客观危害与主观恶性的统一。客观危害是犯罪行为对社会关系所造成的侵犯或者威胁，主观恶性则是指犯罪分子通过犯罪行为以及罪前、罪后的表现所体现出来的敌视、蔑视社会的一种恶劣性格或者恶劣属性”。[4]也有学者认为，“在量刑上，刑罚一方面应与罪行的轻重相适应，另一方面应与犯罪人的人身危险性相适应”。[5]

在法律根据上，我国刑法实际上也存在考虑犯罪人格的规定。在从重处罚情节上，《刑法》第 65 条规定，累犯应当从重处罚；《刑法》第 349 条规定，对于缉毒人员或者其他国家机关工作人员包庇毒品犯罪分子的，要从重处罚。在从轻处罚的情节上，《刑法》第 29 条规定，被教唆之人未犯被教唆之罪的，对教唆犯可以从轻处罚。在减轻处罚上，《刑法》第 24 条规定，对于中止犯造成损害的，应当减轻处罚。在免除处罚的情节上，《刑法》第 351 条规定，种植毒品原植物，但在收获前自动铲除的，可以免于处罚。由此可见，法律上规定的量刑情节，很大程度上是行为人的犯罪人格因素考量的问

[1] 参见梅锦：《人格在定罪量刑中的运用探究》，法律出版社 2017 年版，第 77 页。

[2] 参见陈兴良：《刑法哲学》（下），中国政法大学出版社 2009 年版，第 441 页。

[3] 王良顺：“论量刑根据——兼及《刑法》第 61 条的立法完善”，载《法学家》2009 年第 5 期。

[4] 胡学相：《量刑的基本理论研究》，武汉大学出版社 1998 年版，第 84 页。

[5] 张明楷：“结果与量刑——结果责任、双重评价与间接处罚之禁止”，载《清华大学学报》2004 年第 6 期。

题。行为人通过犯罪行为所表现出来的犯罪人格倾向，就是刑罚处罚的根据；犯罪人格较小，那么则减轻处罚；若行为人的犯罪人格小到不需要法律去惩罚，那么就有免于处罚的空间。

在量刑中，既然理论和实践上都考虑犯罪人格，那么犯罪人格的概念也可以在定罪中加以考虑。其理由有三：第一，从逻辑上看，刑法发展到现在，刑罚一直都是学者研究的重点，而刑罚的基础就在于定罪和量刑，如果在对犯罪人施行刑罚的时候考虑犯罪人格因素，那么从定罪与量刑的不可割裂性来看，定罪中也有理由考虑犯罪人格。定罪与量刑是不可割裂的，定罪与量刑具有密不可分的关系，都是为刑罚而服务的，那么在定罪中考虑犯罪人格具有天然的逻辑正当性。[1]第二，在定罪中考虑犯罪人格，更能有效节约司法资源，达到刑事司法利益最大化。定罪是惩罚的前提，量刑是惩罚的具体化，表现都是剥夺犯罪人权益，法官将犯罪人定罪后，才进入到量刑阶段。若在定罪中考虑犯罪人格，如果犯罪人格的犯罪倾向较小，不需要对其进行定罪，那在司法程序中就没有必要进行量刑；那些犯罪人格的犯罪倾向较大的，在定罪中就加以考虑，并结合不同的罪名确定不同的刑罚。这使得司法程序的效率大大提高，进而不会浪费司法资源去做无谓的工作。第三，这是实现处罚标准一致的要求，也是罪刑相适应的需要。犯罪人格在定罪中运用，使得司法裁量的功能更加明确，所以作为量刑的依据也应当作为定罪的依据，否则就容易导致逻辑不通和前后矛盾。

4. 应对实践难题的需要

当前我国不少学者无论是在理论上还是在实践中都主张刑法客观主义的立场。理论上有学者就认为刑法学想要得到更好的发展，司法实践要更加公平公正，就应该站在客观主义的立场上。[2]进而在实践中，也促使“无行为则无罪”的观念深入人心。刑法客观主义是刑事古典学派所坚持的立场，该学派坚持行为刑法观，认为犯罪是对社会有害的行为，如果没有客观的行为，就没有犯罪，行为所造成的结果成为行为刑法观在犯罪认定中的探究对象。

若单纯地坚持客观主义刑法观，在理论和实践中都存在局限性。首先，对客观行为过于重视，行为人在主观上的犯罪倾向性就得不到应有的关注。在处刑上，行为的危害程度就决定了科处刑罚的轻重，在司法实践中就造成

〔1〕 参见陈兴良：《刑法哲学》，中国政法大学出版社 2004 年版，第 158 页。

〔2〕 参见陈兴良、周光权：《刑法学的现代展开》，中国人民大学出版社 2015 年版，第 41 页。

忽略行为人实际情况的后果，盲目处罚会导致冤假错案的增多；由于看不到行为人的人身危险性，也可能会导致找不出犯罪的实质原因，进而也无法找出对犯罪有效的遏制手段。其次，着重强调对危害行为的报应，与社会的发展趋势就会背道而驰。如果只是对犯罪行为进行报应，那只是片面强调刑罚的作用，进而也就忽略了刑罚还具有的预防效果。最后，客观主义过于注重行为的认定而忽略了行为人的主观因素，这也可能会导致在犯罪的认定上，不能很好地解释正当防卫、紧急避险和期待可能性理论，使得正当防卫的认定标准争议不断。客观主义是将刑法介入犯罪的时间往后推延，即等待严重的社会危害结果发生之后，再进行刑罚的惩罚，这对有效地预防犯罪所起到的作用是微乎其微的，如果刑罚只有限制的机能，那也只不过是单纯地为了惩罚而惩罚。

与客观主义刑法观相对立的是主观主义刑法观，由于主观主义刑法观存在的最大问题就在于具有侵犯人权的危险，所以也不是应对实践难题的有效方法。而将犯罪人格引入定罪，是主客观相统一的要求，能有效避免客观主义刑法观和主观主义刑法观的局限性。

“主观恶性与客观危害的统一，就是社会危害性。社会危害性是已然之罪的本质属性，有必要加以科学界定。”〔1〕行为人的社会危害性绝不能仅仅通过行为的危害性来进行判断，而应该结合主观上的犯罪人格来界定，这是主客观相统一的要求。而主客观相统一，由于同时考虑了行为的报应性与犯罪人格的预防性，就很好地解决了正当防卫、紧急避险、期待可能性、再犯可能性等问题，确保既能打击犯罪又能预防犯罪，所以运用犯罪人格就是使这一目的实现的最好方式。

三、犯罪人格在定罪中的具体运用

通过前文分析，将犯罪人格运用到定罪机制中，不但具有充足的理论根据，而且也是应对司法实践难题的现实需要。既然如此，应当在定罪中构建运用犯罪人格考量的机制，以实现犯罪人格对定罪合理的制约和有效的保障。

（一）犯罪人格在定罪中运用的具体方法

犯罪人是危害行为与犯罪人格的统一体，对犯罪人进行定罪，既离不开

〔1〕 陈兴良：《刑法哲学》（上），中国政法大学出版社2009年版，第160页。

客观的危害行为的考察，也离不开犯罪人格的判断衡量。犯罪人格在定罪中得以运用，需要遵循客观危害行为与犯罪人格兼顾的一般原则，而在衡量犯罪人格的标准上也应有其认定的方法。

1. 犯罪人格在定罪中运用的一般原则

客观危害行为与犯罪人格兼顾原则是犯罪人格在定罪中运用的一般原则，这是刑罚理论根据的要求。报应与预防，并不是谁主谁次的问题，而是同等重要，这是并合主义刑法观理论的要求，也是犯罪人格在定罪中运用的最终刑罚依据。单纯考虑行为的报应与单纯考虑犯罪人格的预防都无法成为最终的刑罚依据。理论的单一性的缺点注定会造成结果的不公正性，报应与预防的统一才是真正符合刑法理论发展与适用的基石。大塚仁教授尽管也赞成人格责任，却主张人格形成责任只能在量刑阶段考虑，定罪阶段只需考虑行为责任，从而使人格在定罪中没有真正发挥作用，其原因在于他在理论中强调应以报应为主，预防为辅，一旦两者无法兼顾，就会产生保留报应而放弃预防的冲动，从而在定罪中不考虑人格。

所谓客观危害行为与主观犯罪人格兼顾，是指定罪需要考虑犯罪人格，必须以预防犯罪为目的，以实现刑罚的目的性，同时又必须考虑行为的危害以确保定罪的该罚性。也就是说，在定罪的环节上必须统筹兼顾行为与犯罪人格，不能顾此失彼。应既避免因行为而为惩罚而惩罚的盲目性，又避免因人格为预防犯罪而滥用刑罚，不致陷入只要目的正当就可以不择手段的误区。根据并合主义的刑罚理论对犯罪的这一理性要求，在确定犯罪时，必须既考虑行为的应受刑罚惩罚性，又考虑犯罪人人格上应受且能受刑罚遏制性，即不但要考虑行为是否具有严重的危害性，而且应考虑其犯罪人格上是否具有刑罚遏制的必要与能否为刑罚所遏制。只有在此原则的基础上，才能真正发挥犯罪人格对定罪的有效作用，既不放过每一个应受刑罚惩罚的行为，又能很好地通过遏制犯罪人的人格抑制犯罪，从真正意义上达到保障人权的效果。

2. 衡量犯罪人格的要素

犯罪人格在定罪中运用的一大问题就是如何判断犯罪人格的有无，即需要明确判断的标准是什么。经过对一般原则的分析，判断犯罪人格有无的标准分为基本标准和辅助标准，基本标准是罪过心理（故意、过失）和期待可能性，辅助标准是行为危害大小、前科和罪后表现等。

（1）基本要素。在定罪过程中，用以衡量犯罪人格的因素可考虑以下方面：①罪过心理。从犯罪人格与罪过心理的关系上来看，犯罪行为人的主观恶性表现为罪过心理。罪过心理是犯罪人格的组成部分，并在主观责任中得以体现，承载着定罪的重要功用。因此，犯罪行为人在实施犯罪时的主观罪过心理是其犯罪人格最直接的体现方式，行为人实施犯罪的动机与目的体现其罪过心理的严重程度，而罪过心理是衡量犯罪人格的基本标准。〔1〕对于犯罪而言，行为人可能是故意的心理，也可能是过失的心理，这都直接体现了行为人犯罪人格的大小程度。行为人持故意心理去实施犯罪，这就反映出行为人用一种积极或者消极放任的心理态度去追求危害结果的发生，这体现出行为人较为强烈的犯罪人格；而拥有过失心理态度的行为人对危害结果的发生存在着不够谨慎的态度，没有尽到应当注意的义务，相较于故意来说，所体现的犯罪人格的程度就较小。故意与过失表明行为人在犯罪时罪过心理的程度大小，而一般的情况下，通过罪过心理来判断犯罪人格要遵从以下规定：第一，故意心理的犯罪所显示出来的犯罪人格要比过失犯罪强烈；第二，直接故意中显现出来的犯罪人格比间接故意强烈；第三，过于自信的过失低于间接故意的犯罪人格；第四，疏忽大意的过失显示出来的犯罪人格最低。②期待可能性。期待可能性是指在实施行为的情况下，若能期待行为人实施合法的可能性，就不能实施违法的行为。〔2〕期待可能性的有无直接关系到责任的有无，如果犯罪人实施了犯罪行为，但在当时情形之下，行为人只能选择做出违法行为，那么法律也无法期待行为人去做出合法的行为，那么从这个立场上来看，很难看出行为人有较强的犯罪人格。而期待可能性是犯罪人格在定罪中运用的另一个衡量的基本标准。这一标准的具体运用主要也是为犯罪人格在定罪中的出入罪功能所服务的。例如在紧急避险中的经典教学案例，一妇女傍晚在山路上遭遇一男子抢劫，好不容易挣脱之后逃到一户人家避难，好心的女主人收留了该妇女并安排与其女儿同床休息，后来男主人回来后得知他傍晚抢劫的妇女就在自己家中，两人合谋欲将妇女杀害，女主人告诉他，妇女睡在外侧，女儿睡在里侧，但这番对话不小心让未入眠的妇女听见了，情急之下跟其女儿换了位置，睡到了里侧，最终女儿被杀害。由于这个案例在理论中存在争议，有的人认为不能成立紧急避险，因为紧急避险所保护的法益要小于损害的法益，应认定为故意杀人罪；有的人认为同样是

---

〔1〕 参见梅锦：《人格在定罪量刑中的运用探究》，法律出版社 2017 年版，第 106 页。

〔2〕 参见陈兴良、周光权：《刑法学的现代展开》，中国人民大学出版社 2015 年版，第 246 页。

生命权的保护，只要不大于损害的法益就行，所以认定成立紧急避险，应认定为无罪。而将期待可能性理论引入到犯罪人格的判断中，这个案子就能得到更好的解释。由于妇女在当时的情况之下没有其他的选择，在自己的生命受到被侵害的危险时，法律不能要求她做出其他合法并且有效的行为，而且在犯罪人格的判定上，一个刚遭遇抢劫的妇女，很难认定她是一个拥有着极强犯罪人格的人，这就很显然，对妇女认定为紧急避险更能保护法益，更加有利于社会的稳定。所以判断犯罪人格的有无，期待可能性理论是另一基本标准。

（2）辅助要素。行为危害大小、前科和罪后表现是判断犯罪人格有无的辅助标准。①行为危害。就犯罪行为与犯罪人格之间的相互关系来看，犯罪行为的实施必须要有犯罪人格的支配，犯罪行为的危害性程度也反映了犯罪人格的强度，犯罪人格的外在表现是犯罪行为，犯罪人格是犯罪行为的内在指引。从这个角度来看，行为的危害性大小，有助于判断行为人的犯罪人格。②前科。犯罪人格具有稳定性，以至于在很长的时间里很难通过自身的约束进行改变。这就足以说明，为什么会存在累犯，为什么会有多次盗窃、抢劫等情形发生，归根结底都在于犯罪人格具有的稳定性特征。刑罚的目的在于预防犯罪，为了更好地预防要考虑犯罪人格。一般来说，如果行为人的惯常表现是良好的，在很多事情上具有相对正面的表现，具有较低的危险性甚至没有反社会性，只是不小心实施了犯罪行为，对于这种人，如果只是触碰到立案标准的边缘，就可以不认为是犯罪，具有出罪的效果。但是如果行为人存在多次盗窃、抢劫的行为，且屡教不改，这表明行为人的犯罪人格的倾向性较大。在量刑中之所以要对累犯从重处罚，其根本原因就在于行为人在实施犯罪之前就体现出较强的犯罪人格，而这是判断犯罪人格的辅助条件之一。③罪后表现。犯罪是一个整体性的过程体现，犯罪之后的表现同样能够反映出犯罪人的犯罪人格。关于行为人罪后的行为表现，可以从自首和立功等方面来体现犯罪人格的大小。

根据我国刑法规定，自首是犯罪行为人在实施犯罪后具有自动投案、如实供述自己罪行的情形。一般情况下，对于有自首行为的犯罪人要对其从宽处罚，这是由于行为人在犯罪后具有悔过的心理态度，是对自我行为勇于承担责任的表现。法律上支持这种行为，这从另一个侧面也体现出行为人的犯罪人格的危害性相对较小，即使在行为时，行为人在罪过心理的支配之下实施了较为恶劣的行为，但犯罪后的自首行为，却能体现其悔过态度，并促使其积极接受调查，配合司法机关的工作。在犯罪后的这个阶段，由于犯罪人格的危害性较小，所以就具备了予以从宽处罚的空间。但从另一个角度上看，自首后犯罪人格的危害性程度降低也并不是绝对的，并不是所有的自首行为都体现出行为人犯罪人格的危害性出现降低的情形。若行为人一开始为了避免更严重的刑罚，就计划在杀人之后通过自首的行为来达到从宽处罚的目的，使自己的利益最大化，那么在这种情形之下，不但不能反映出行为人犯罪人格较小的特征，反而是其犯罪人格较强的体现。另一个罪后的表现是立功。立功在很大程度上也是体现出与自首相同的悔过态度，从而来降低行为人的犯罪人格的危害性。立功的体现方式是犯罪人通过揭发或者提供线索等方式，使得案件得以顺利侦破的行为。由于立功与自首在犯罪人格的运用上具有较大的相似性，所以在此就不多加论述。

（二）犯罪人格在定罪中运用的具体路径

犯罪人格以一种什么样的方式在刑法理论中运用，即其在刑法理论中应处在什么样的位置，是首先要解决的问题。由于各个国家的犯罪构成论体系的区别，这一问题的解决思路会有所不同。德国和日本等大陆法系国家对犯罪人格在定罪中的运用问题的研究比较深入。由于德、日等国家在犯罪论的构成体系中采用的是三阶层的体系，即认定犯罪必须符合该当性、不法性与有责性，只有满足这三个要件的行为才能称为犯罪行为。而德国和日本的犯罪人格在定罪中的运用实践是在三阶层中的“有责性”中加以考虑，因为有责性的判断，是检验行为人是否应负担刑事责任的标准。例如李斯特主张将人身危险性纳入定罪范畴，其落脚点就在责任方面，而日本的团藤重光等人主张的人格责任论，也是从责任入手将人格因素导入刑法理论。

关于我国刑法理论中犯罪人格应如何在定罪中适用，目前国内的适用具体路径主要有两条。第一条路径是将犯罪人格作为与犯罪构成并列的要素来构建新的犯罪构成理论。主张这条路径的学者认为，在当前我国的平面四要件的犯罪构成理论之下，每一个要件都是归责的要素，每一个方面都需要做出评价，而犯罪人格是行为人通过犯罪行为所展现出来的罪过心理特征，这不是能在某一个要件中去加以考虑的因素，这是一个综合性的、多方面的评价，所以犯罪人格与平面四要件本身就是无法融合的，因此犯罪人格不能作为现行犯罪构成要件中某个要件的内容，而只能与现有的犯罪构成要件整体并列。[1]主张这一观点的学者主要是张文、刘艳红等教授，他们也提出了犯罪人格运用的制度设计，即在认定犯罪时，形成“以客观行为为前提，以犯罪人格这一主观性质的事物为补充的机制，即形成‘客观的危害社会行为+主观的犯罪人格’这样一种二元的定罪机制”。[2]因此，在二元定罪机制下，客观的危害行为与主观的犯罪人格共同成为认定犯罪的不可或缺的因素，缺少任何一方面都不能认定为犯罪。但如果行为人的行为本身就不具有违法性，即使存在犯罪人格，也绝对不能纳入定罪的考量范围。[3]正因为他们提出的二元定罪机制，试图用新的定罪理论去打破原有的犯罪构成理论，因此就有学者提出“张文教授的人格刑法学是一种较为激进的，也是较为张扬的人格刑法学”。[4]该观点力图通过转换我国刑法中平面四要件的犯罪构成体系，建立起新的二元定罪体系，这在很大程度是对当前刑法学的突破，但其局限性就在于，在这样的二元定罪机制下，犯罪人格仍然只是危害行为的补充，危害行为仍然是定罪的主要考虑要件，所以在很大程度上，犯罪人格的作用并没有那么重要。这仍无法突破人格刑法学理论的局限性，无法做到刑罚标准的一致化。

第二条路径是将犯罪人格作为现有构成要件中主体要件的内容。而主张这种路径的学者认为，犯罪人格是一个综合性的概念，是通过客观危害行为所展现出来的对立人格态度，加上我国耦合式的犯罪构成理论，同时避免“牵一发而动全身”的后果，在原有制度的基础上，只能从犯罪构成的要件中寻找落脚点来考虑犯罪人格在定罪中运用的问题。“由于我国的刑法理论中，犯罪构成是定罪的标准，为了维护这一标准，如果将犯罪人格作为与构成要件并列的要件定罪，显然是与基本理论相冲突，而且有法外定罪的嫌疑。”[5]主张这一观点的学者主要是翟中东教授，他认为，从犯罪人格的特点上来看，若将犯罪人格在现有的犯罪构成理论下进行运用，那么只能在犯罪主体中去加以考虑，形成“犯罪主体+犯罪人格”的定罪机制。这条路径在当前刑法制

---

〔1〕张文、刘艳红、甘怡群：《人格刑法导论》，法律出版社2005年版，第220~221页。

〔2〕张文、刘艳红、甘怡群：《人格刑法导论》，法律出版社2005年版，第67页。

〔3〕参见张文：“以行为为中心还是以犯罪人为中心——关于犯罪论体系根基的思考”，载《中外法学》2001年第5期。

〔4〕陈兴良：“人格刑法学：以犯罪论体系为视角的分析”，载《华东政法大学学报》2009年第6期。

〔5〕翟中东：《刑法中的人格问题研究》，中国法制出版社2003年版，第109页。

度下有其合理性，但是否只能在犯罪主体这一要件中进行犯罪人格的判断，则值得进一步探讨。

从这两条路径来看，我们更倾向于将犯罪人格作为现有构成要件中主观要件的路径。理由有三：第一，我国当前的四要件犯罪构成体系是符合当前国情的。关于犯罪构成体系，刑法理论上存在大陆法系递进式犯罪论体系、英美法系国家双层次的犯罪论体系和我国及苏俄耦合式的犯罪论体系三种。[1]三种模式各有优点也有其局限性。就当前中国犯罪现象不断增加的情形下，四要件构成理论能加大犯罪圈，更好地打击预防犯罪。第二，我国刑法四要件犯罪构成理论应当维护，这是认定犯罪的标准和规格。如果按照第一条路径，将犯罪人格作为与犯罪构成并列的要素来构建新的犯罪构成理论，那么必将打破我国刑法的稳定性，会导致其与其他刑法理论相冲突的现象。第三，犯罪人格在四要件构成理论中拥有立足载体。四要件犯罪构成理论包括犯罪主体、犯罪客体、犯罪主观方面和犯罪客观方面，将犯罪人格在犯罪主观方面这一要件中进行考量，具有明显的妥当性。犯罪主观方面考虑的就是行为人犯罪时的主观要素，如果一个行为人若要被判定为犯罪，那么这个行为人应是一个有犯罪人格的人，犯罪人格通过犯罪主观方面进行衡量将是最好的体现方式。

目前在刑法学理论中，关于犯罪人格在四要件犯罪构成理论中运用的具体路径，最具有代表性的是翟中东教授提出的“犯罪主体+犯罪人格”的模式，但是我们认为，若将犯罪人格因素在犯罪主体这一犯罪构成要件中去考虑，那么在犯罪的主观方面中又要将故意与过失重新进行评价，这样会导致对同样的罪过心理进行双重评价，要么会使犯罪主观方面这一构成要件失去作用，要么就不符合保障人权的要求，对一个罪过心理进行两次评价。

四、犯罪人格在定罪中运用应注意的问题

上文对如何在定罪中具体运用犯罪人格的探究，为发挥犯罪人格对定罪的约束功能，进而实现刑罚目的和人权保障创造了有利条件。然而，犯罪人格在定罪中的运用，同时可能存在其他需要协调解决的问题，需要加以进一步分析探讨。

---

〔1〕 参见陈兴良：《口授刑法学》（上册），中国人民大学出版社 2017 年版，第 117~119 页。

（一）重复评价的禁止

犯罪人格因素在量刑中考虑已经成为刑法学理论的通说，但如果犯罪人的犯罪人格已经在定罪中得以运用，那么犯罪人格因素就不能作为量刑的评价因素，这是禁止重复评价原则的要求，也是保障人权的需要。禁止重复评价原则，是指禁止对同一犯罪事实情节在定罪和量刑时作出二次甚至二次以上的刑法评价。[1]这一概念就要求不能在定罪和量刑中对危害行为和犯罪人格进行同时评价，只能选择要么在定罪中要么在量刑时进行评价。例如，《最高人民法院、最高人民检察院关于办理盗窃刑事案件适用法律若干问题的解释》第2条规定："盗窃公私财物，具有下列情形之一的，'数额较大'的标准可以按照前条规定标准的百分之五十确定：（一）曾因盗窃受过刑事处罚的；（二）一年内曾因盗窃受过行政处罚的……""曾经因盗窃受过刑事处罚"和"一年内曾因盗窃受过行政处罚"都足以说明盗窃行为人犯罪人格的危害性较大，其盗窃行为的认定也因此降低，即若行为人所盗窃财物不足刑法规定的最低价值要求，则不构成犯罪，但若其具有盗窃罪的前科或一年内因盗窃受过行政处罚，则成立犯罪。定罪上的运用使得本不应该构成犯罪的行为成为犯罪行为，那么这一情节在量刑中就不能再加以考虑。有些学者主张这是量刑的条件而不是定罪条件，但从这一规定可以看出，因为行为人多次盗窃，犯罪人格的危害倾向性较大，降低定罪标准而对行为人进行定罪的后果显然比作为量刑的后果更为不利，那么在量刑中再强加认定也显得毫无意义了。但是因犯罪人格因素让原本不构成犯罪的行为构成了犯罪，并同时在量刑上加重处罚，这显然违反了禁止重复评价原则。这种情况下，应将此时的"累犯"作为定罪情节进行评价，而不再将其作为量刑情节。若仅将此时的"累犯"作为量刑情节而排斥定罪情节，将得出行为人无罪的结论，更莫提加重量刑。

（二）犯罪人格与危害行为的关系处理

在司法实践中，客观危害行为与主观犯罪人格可能会因为案件的特殊性而产生冲突。例如在正当防卫和紧急避险的案件中，行为人可能有危害行为但是不存在犯罪人格。当危害行为与犯罪人格兼顾的一般原则存在冲突时，

---

〔1〕 陈兴良："禁止重复评价研究"，载《上海政法学院：法治论丛》1993年第6期。

就要求在危害行为与犯罪人格兼顾的一般原则的基础上，需要有补充原则，以方便正确处理危害行为与犯罪人格的关系。而我们根据并合主义刑法观，结合报应与预防的统一，提出以下三条补充原则：危害行为限制犯罪人格原则、有利让步原则和折中调和原则。这三条补充原则与上文提到的一般原则，共同构成犯罪人格在定罪中运用的核心内容。

1. 危害行为限制犯罪人格原则

危害行为限制犯罪人格原则是指当行为人的危害行为在危害性程度上达不到定罪标准的，不论其犯罪人格的主观恶性有多大，也不论能否实现预防犯罪的目的，都不应对行为人进行定罪，这是保障人权的必然要求。危害行为对犯罪人的人格具有绝对限制性，犯罪人格的判断在任何情况下都必须不违背危害行为认定的规定。当发生犯罪人格与危害行为之间的冲突具有不可调和性的情况下，在定罪中只能舍弃其对犯罪人格进行预防的需要而服从对危害行为进行报应的价值。如果不遵从这一原则，很容易导致思想定罪的不公正现象出现，陷入主观定罪的泥沼。因此，对于因危害行为与犯罪人格的不同情形，而在定罪问题上可能发生的冲突，采取舍犯罪人格而保公正价值的选择，是危害行为限制犯罪人格的必然要求。

2. 有利让步原则

有利让步原则的一般规定是：当危害行为与犯罪人格存在冲突时，在对行为人犯罪人格的遏制比危害行为进行报应更有利于个人与社会的情况下，应该允许不服从对危害行为进行报应的需要而服从对犯罪人格进行有效预防的目的。如果按照前述行为限制犯罪人格原则，即对预防犯罪的目的追求在任何情况下都必须绝对服从根据危害行为来进行定罪的要求，对危害行为与犯罪人格的冲突，解决的唯一选择只能是让刑罚绝对舍弃犯罪人格的预防性，而对危害行为进行绝对的报应，那么，犯罪人格的预防性与能动性便荡然无存。而要使犯罪人格的预防性作为目的具有独立意义与价值，便必须对行为制约人格原则予以必要的修正。所以就定罪而言，当危害行为与犯罪人格的存在相冲突时，若行为人的犯罪人格危险性很小，对其不予以惩罚比对其予以惩罚更有利于预防犯罪的刑罚目的，可以考虑舍弃对危害行为进行报应而考虑犯罪人格的有效预防而不予定罪。

3. 折中调和原则

危害行为限制犯罪人格原则与有利让步原则，是解决危害行为与犯罪人格冲突的重要原则。但严格说来，其均是对危害行为与犯罪人格兼顾原则的修正性的例外，因而与并合主义刑法观存在一定出入。因为其不是在一定程度上舍弃对犯罪人格的预防性，便是在一定程度上舍弃对危害行为的报应性。因此，这两条原则必须严格限制在危害行为与犯罪人格的冲突具有绝对不可调和的情况下才可适用。只要危害行为与犯罪人格之间的冲突存在调和的余地，便不应适用这两条原则，而应求助于另一条原则，即折中调和原则。所谓折中调和原则，即在危害行为与犯罪人格相冲突的情况下，通过一定的方式，使二者得以兼顾，有机地统一于一体，而不至舍此求彼。

在上述各项原则中，危害行为与犯罪人格兼顾是最主要的原则，因而是定罪的首要的指导性原则。其他原则总体上都是危害行为与犯罪人格兼顾原则的修正，是该原则的例外。它们均源于报应与预防的冲突性规定，是在两者难以完全兼顾的情况下，解决危害行为与犯罪人格冲突的不得已而为之的手段。

综上所述，上述适用原则中应当首先考虑危害行为与犯罪人格兼顾原则，对两者同时予以考虑，使刑罚既得之报应又得之预防，这是最常见亦即最佳的模式。如果产生危害行为报应与对犯罪人格的预防的冲突，应视具体情况分别适用其他三条原则。如冲突表现为考虑犯罪人格的规定对个人有利但对危害行为进行报应对个人不利，在冲突具有可调和性的情况下，应适用折中调和原则，采取有利于个人的折中调和方式兼顾双方的需要，以解决冲突；在冲突不具有可调和性的情况下，则应适用有利让步原则，舍弃不利个人的危害行为报应价值，服从有利于个人的预防性需要。如报应与预防的冲突表现为预防不利于个人但报应有利于个人，那么，唯一合理的亦即绝对的选择便只能适用危害行为限制犯罪人格原则。因此，危害行为与犯罪人格兼顾原则适用于不存在冲突的一般情况，而其他原则只适用于存在冲突的例外情况，后三者与前者构成修正与被修正、补救与被补救、一般与例外的关系。

古代赎刑对当代未成年犯罪人刑罚执行制度的镜鉴

赵漪萍[*]

摘　要：古代赎刑制度从产生到废止已有两千多年历史。从赎刑的沿革可总结归纳其类型分为身份赎和非身份赎，非身份赎又可分为过失赎、疑罪赎和责任能力赎。不同赎刑类型有相对应的原则，其中所蕴含“慎刑”“怜恤”的合理原则，与当代未成年犯罪人刑罚执行所贯彻的理念相似。本文汲取古代赎刑制度的精华对我国未成年人刑罚执行的困境提出了具体解决方案：一是引入社区服务刑替代管制；二是将恢复性司法理念引入我国未成年人刑罚执行当中。

关键词：赎刑制度　未成年犯罪人　刑罚执行

一、中国古代赎刑沿革及其特点

（一）古代赎刑沿革

赎刑制度是我国古老的刑罚执行制度。赎刑，是对犯有一定罪行的罪犯，在其缴纳一定数量的钱财或者从事一定量的劳作之后就可以抵免原判刑罚的制度。赎刑的基本属性是替代刑，它不是一种独立的刑种或正刑，不属于财产刑的罚金，而是依附于正刑的行刑制度。赎刑的起源说法不一，有学者认为起源于夏，有学者则认为是西周。本文比较认同郭淑华学者依据《吕刑》中的“大辟疑赦，其罚千锾，阅实其罪”的记载认定赎刑起源于西周。

西周时期，当嫌疑人的犯罪事实存在疑问，难以认定时，解决的办法就

---

* 作者简介：赵漪萍，汕头大学法治文化研究中心研究员。

是疑罪从赎。对可能被判处“五刑”的犯罪嫌疑人，如果犯罪事实无法得到印证，则不予执行刑罚，从而以金钱替代五刑。秦代赎刑制度得到了进一步的发展。秦代赎刑与身份、等级紧密相连，体现在其赎刑中“金赎”适用对象仅仅是有身份地位的特殊阶级，同时秦代出现多种赎刑方式，如为官府劳作。汉承秦制，但也有所变化，赎刑适用范围限制较为严格，其次赎刑与罚金已完全分开，罚金已作为单独刑种适用。汉初赎刑的种类增多，如赎迁、赎耐、赎黥等。汉朝的赎刑适用对象原则上是对全体百姓一体适用的，但由于等级森严，鲜少有普通百姓赎免死刑的案例发生。隋朝《开皇律》对赎刑做出了更为详细和全面的规定，其规定五刑皆可赎，但只适用于官在九品以上的罪犯。唐律除“十恶”不给予赎罪，其余五刑皆可准予收赎。《唐律疏议》对赎刑适用做出了更加具体和严格的规定。赎刑的适用对象不仅仅是特权阶级，更根据恤刑思想扩大到老幼废疾者。《唐律疏议》蕴含了很多对近现代未成年人有现实意义的原则和规定，成为我国第一部系统规定有关未成年人犯罪和保护未成年人问题的法典。从宋至明，各朝法典都有隋唐对赎刑的相关规定，并结合社会实际活动作了进一步完善。赎刑在明代得到了广泛的适用和推广，除《大明律》有赎刑的基本规定外，还陆续颁布了一些单行条例，即律赎和例赎相互补充。赎刑也分为收赎、纳赎和赎罪三种。明朝对于赎刑的拟定、执行、监督各个程序都进行了严格的规定，为赎刑现代镜鉴提供了经验。清沿用明制，但到光绪年间，清朝模仿西方进行法律的移植，从当时的刑法中废除了赎罪、收赎、纳赎。自《大清新刑律》开始，在中国的法典中赎刑制度不复存在。

（二）古代赎刑分类及蕴含原则

中国古代的赎刑可分为身份赎和非身份赎，非身份赎又可分为过失赎、疑罪赎和责任能力赎。支撑赎刑制度不断发展完善的基本原则有三，分别是身份等级限制、恤刑、罪过相适应，以下结合对应赎刑类型分别进行论述。

赎刑中身份赎的记载基本贯穿了整个赎刑的发展历史。睡虎地秦墓竹简《法律答问》中说，“内公孙毋爵者当赎刑，得比公士赎耐不得？得比焉”，明确指出宗室后裔即使无爵位者，犯了罪也可以同有爵位者一样具有赎罪的机会。之后《北齐律》规定了赎刑的适用对象为“流内官及爵秩比视、老小阉凝并过失之属”，相比起普通百姓，有品官身份的特权贵族是赎刑适用的一大群体，据此也有学者认为赎刑比其他刑名更具有强烈的阶级属性。本文认为，结合中国古代的历史背景和设赎的动机与效果方面来考察，以身份地位赎罪不能体现法律的公正，其背后的身份登记限制的原则更有违法律面前人人平等原则，故不具有现实借鉴价值。

过失赎和疑罪赎都是中国古代罪过相适应原则典型的体现。过失赎是基于主观“过失”依法裁判定罪量刑后可以用规定赎罪方式替换刑罚的一种赎刑类型。过失赎的相关认定和标准到唐代时期总结得较为完善。《唐律》规定，过失杀人，可以赎罪；《大明律》也规定过失杀“依律收赎”；《大清律例》“过失杀伤收赎图”中对过失杀收赎有更加详细的叙述。过失赎体现了罪过因素对定罪量刑的影响，故意犯罪与过失犯罪因为赎刑的介入得到不同的对待。疑罪赎是赎刑体系中最早出现的，周穆王时命吕侯作吕刑，于是确立了疑罪用赎的法律规定，即“五刑之疑有赦，五罚之疑有赦，其审克之……”《唐律·断狱律》中规定，审判中遇到“虚实之证等，是非之理均，或事涉疑似”的案件，均“各依所犯以赎论”。值得关注的是，虽然古代的疑罪用赎是有罪推定的结果，与疑罪从无和无罪推定原则根本性质不同，但其体现的罪过观趋于近现代刑罚。罪过原则是根据行为人过错和主观恶性进行审判，这个原则贯穿古今刑罚，也是刑罚的基本精神。

责任能力赎，也称为“老幼疾赎”，体现的是中国古代典型的“恤刑”的原则。西周《吕刑》规定的“五罚之赎”是我国赎刑的萌芽状态。有学者在评述《吕刑》这一规定时说道：“至于周而律之繁极矣，五刑之属至于三千，若一按之律尽从而刑之，何莫非投机触罟者？天下无完肤矣。是以穆王哀之，而五刑之疑各以赎论。”由此可见，赎刑最原始的目的在于怜恤、恤刑。西周之后将恤刑的原则应用于刑罚，成为中国赎刑制度的重要指导思想。《唐律》中《名例律》规定“老小及疾有犯”，“诸年七十以上、十五以下……犯流罪以下，收赎”。元代法律规定，“诸年老七十以上，年幼十五以下不任杖责者赎”。再如《大清律例》规定，“老幼废疾天文生及妇人折杖，照律收赎”。

将身份赎所蕴含的身份等级限制原理从赎刑制度中剔除之后，非身份赎和其背后所蕴含的恤刑原则、罪过相适应原则便显示出了赎刑的现代价值，表现在其能够体现“慎刑”的理念。刑罚制裁是最为严厉的措施，故应当对其适用更为严苛的标准，做到既能有效地打击犯罪，又不能滥用刑罚。中国古代的疑罪赎就体现了“慎刑”这一理念，当罪行模糊、不确定时，疑罪赎找寻了一条道路，疑罪赎可能会放过真正的罪犯，但至少不会因此而滥杀无辜。这一点与美国的一些刑事案件审判及其背后的原则在一定程度上相似。前段时间备受国人关注的刘强东“性侵”案件，美国明尼苏达检方在调查后认定现有证据不足以支持性侵指控，于是决定不予起诉。另一方面女方律师表示会提起民事诉讼，这就意味着刘强东面临民事赔偿。对于这种情况，美国多有先例，类似还有国际货币基金组织前总裁卡恩的“性侵门”，以及最为著名典型的辛普森“世纪审判”，都是以刑事无罪、民事和解收场。在此类型的案件中，高额的民事赔偿在普通百姓心中，性质更加接近于一种“赎罪金”。“疑罪从无”与“疑罪从赎”有异曲同工之妙。在中国古代社会历史条件下，并无“疑罪从无”原则产生和运用的可能，“疑罪从赎”是当时的最好制度安排。美国的司法机关在坚持“疑罪从无”原则的同时不放弃以民事诉讼手段实现正义，传统中国古代“疑罪从赎”也是在罪与非罪之间寻求的一条中庸之道。中国古代的赎刑制度与美国司法实践印证了中外法制智慧的暗合，同时也向我们揭示了“疑罪从赎”可以作为一种思路在现代法制框架下具有现实的积极意义。结合我国的刑事附带民事诉讼制度，因罪案而提起的民事诉讼，一旦犯罪事实在刑事审判中得不到认定，受害人的民事索赔也将落空。重新审视中国古代的赎刑制度，挖掘其中可为当下所用的价值，在新的历史条件下，一定程度上创造性地运用这一古老制度，不失为破解当前司法难题的有益尝试。

中国古代的赎刑制度体现了怜恤的理念，使赎刑适用于多方面的犯罪，尤其是罪过相对较小、在主观方面是过失或者未造成严重后果的犯罪。同时它将一些特殊人群，比如老人、未成年人和残疾人单独作为一个群体给予赎罪的照顾，体现了实质上的公平。尤其是对未成年人没有使用传统的报复惩罚观念，在同等犯罪行为下，未成年犯罪人相比起成年人有更多的机会适用赎刑，替代原有刑罚。中国古代对年幼无知者、年老残疾者使用赎刑，体现了刑罚的宽容、怜恤精神，对他们给予刑罚执行上的变通而不执行原判刑罚，这不是刑罚的特权思想和意识，而是源于刑罚所应有的宽容精神。古代对于未成年人“慎刑”“恤刑”的思想与现代未成年人刑法执行所贯彻的理念有很多的相似部分，赎刑对当代未成年犯罪人刑罚执行具有历史镜鉴。

二、我国当代未成年人刑罚执行的困境

（一）我国未成年人刑罚执行制度概要

我国对于未成年人罪犯适用的刑罚种类分为主刑和附加刑。主刑有无期徒刑、有期徒刑、拘役、管制；附加刑有罚金、剥夺政治权利。在主刑方面，只有未成年犯罪人罪行极其严重的，才可以适用无期徒刑。对已满 14 周岁不满 16 周岁的人犯罪一般不判处无期徒刑。可见未成年人罪犯适用除了死刑以外的所有主刑，无期徒刑是最为严厉的监禁刑惩罚，有期徒刑和拘役在对未成年人罪犯的适用上与成年人并无差异，但在判处刑罚时可依据从宽原则进行处理。管制是我国独创的限制自由刑，是对罪犯不予以关押而采取限制其一定自由，由公安机关和社会群众监督的方式对其改造。在附加刑方面，附加刑罚金与没收财产刑都属于财产刑的范畴，基于现实中鲜少有未成年人有独立的财产，法律虽无明文规定其家属承担缴纳罚金的义务，但在实际判例中也默认了未成年人家属为未成年人罪犯缴纳罚金的行为。关于剥夺政治权利的附加刑，也只适用于上文所提及的罪行极其严重的未成年人。

在我国司法实践中，针对未成年人犯罪刑罚绝大多数适用有期徒刑、拘役、管制和罚金四种刑罚，罚金是附加刑，故本文将从这三种主刑入手分别阐述其现实执行的弊端。有期徒刑和拘役都是限制自由刑即监禁刑，管制和罚金是非监禁刑。在我国出于对未成年人的保护，将未成年和成年犯罪人员分开监禁。对判处监禁刑的未成年犯罪人执行刑罚的场所是未成年犯管教所，属于监狱的一种类型。未成年犯管教所作为关押未成年犯罪人的专门机构，其行刑任务有惩罚目的和教育矫正目的。教育矫正体现为对未成年犯罪人进行的管理、教育、培训等方面的活动。惩罚体现为对于未成年犯罪人人身自由的剥夺，通过关押与社会隔绝，预防其再次实施危害社会的行为。对判处管制的未成年犯罪人，不剥夺其人身自由，但须依法实行社区矫正，执行机关由地方社区矫正机构进行，即县级司法行政部门。对判处罚金刑的未成年犯罪人，由原审人民法院执行。

（二）我国未成年人刑罚执行制度的弊端

对于判处未成年人监禁刑，一直都有学者从学理和实践角度批判其对未成年人的不良影响。有期徒刑和拘役刑的最显著区别在于刑期，有期徒刑刑

期较长而拘役刑期较短，两者都是通过剥夺犯罪人的自由，强制其进行劳动、接受教育的方法对其进行身体、思想上的改造，减轻其社会危害性，使犯罪人可以顺利地回归社会。对于监禁刑，尤其是较为长期的有期徒刑，最大的弊端就是对犯罪分子进行集中关押使其更加容易互相学习犯罪经验，很难避免“交叉感染”，这个弊端对于未成年犯罪人体现得更为明显。未成年犯罪人生理心理尚不成熟，行为和想法容易受到外界影响。当其所处环境与社会隔绝，较长时间无法接受良好的教育，与同为犯罪的未成年群体在一起，反而会为其提供交流相处的机会。在司法实践中，未成年犯管教所的矫正效果并不理想，针对未成年人独特的生理、心理状态进行有效的疏导和教育有待提高，且教育水平低下，对未成年罪犯回归社会和以后的学习、工作带来较大的影响。当犯罪人刑满释放后又很难被社会接受，难以顺利融入社会和新的群体，再犯的概率就再一次增加了。拘役刑是介于有期徒刑和管制之间的一种短期剥夺人身自由的刑罚，由就近公安机关执行关押。因为拘役刑的短期性，其不仅有有期徒刑的弊端，更由于时间较短可能导致未成年犯罪人无法达到悔改、预防不再犯的效果，反而增强了未成年人犯罪标签化的程度。判处拘役刑的往往也是罪行较轻的犯罪分子，据此短期监禁对未成年犯罪人往往达不到惩戒和教育的作用，还使其遭受社会的歧视，更加无法融入社会，继而有可能产生报复心理。故也有学者点评说拘役的矫正效果差，在消耗大量社会资源的情况下没有产生刑罚应有的效果。在实践中，我国每年被判处拘役的未成年犯罪人仅占当年审判的未成年犯罪不到 10%，适用率不高。

我国司法实践中一直坚持着对未成年犯罪人尽量判处非监禁刑的原则。管制是我国独创的限制自由刑，对罪犯不予以关押，而采取限制其一定自由，由公安机关和社会群众监督方式对其改造。缓刑是附有一定条件的暂缓执行刑罚或不执行原判刑罚的一种制度。缓刑不是具体的刑种，本身不是刑罚，只是刑罚的一种执行方式。

管制和缓刑都存在以下几点弊端：第一，由于我国刑法在立法上的不足，未能将未成年犯罪人和成年犯罪人在适用缓刑、管制制度上进行实质的区分。表现之一在于犯管制和缓刑的法律效果，并未给予未成年犯罪人特殊规定，刑满后与成年犯罪人一样“罪犯”的身份无法消除。第二，管制和缓刑适用的条件认定未体现未成年犯罪人的特点，且缺乏具体科学的评价标准。管制和缓刑考察的内容是一般性的规定，考察流于表面，造成很多未成年犯罪人未能得到应有的惩罚和矫正。第三，管制和缓刑监督考察的主体混乱，疏于监管的现象常见。基层组织、社区组织由于缺乏明确的任务、职责，往往没有能力负担起监督的责任，同样也不能达到教育改造未成年犯罪人的目的。

我国《未成年人保护法》明确了对待未成年犯罪人的原则：坚持教育为主、惩罚为辅，实行教育、感化、挽救的方针，这与中国古代赎刑所蕴含的恤刑、慎刑的思想一脉相承。但是对未成年犯罪人持宽容的态度不等于不惩罚已有犯罪行为的未成年人，处罚的谨慎性、宽容性必须与处罚的严肃性结合起来，否则将违背刑法罪刑法定、罪责刑相适应的基本原则。因此在这里重点强调的是双向保护的原则，即兼顾保护未成年人的利益和保护社会的利益。该原则要求在未成年人刑罚制度中，不能一味地强调未成年人利益而忽视社会利益，既要求体现刑法对惩治犯罪、维护社会利益的作用，同时又要注意适用群体的特殊性以及刑罚的程度，不能只从维护社会利益出发，而对未成年犯罪人适用过于严苛不符合其承受范围的惩罚。对待未成年犯罪人的刑罚惩戒目的应当将矫正教育放在首要位置，惩罚是其次。但对未成年犯罪人处以必要的刑罚是必然的结果，司法机关通过判决其应承受的刑事惩罚，使其反思自身的罪过，吸取教训，可有效地预防再次犯罪，对其他未成年人也能起到震慑作用，由此降低未成年人的犯罪率，从而促进社会稳定。作者从中国古代赎刑制度中发现，将赎刑加以现代的“改造”适用于未成年人犯罪刑罚执行，可以解决一些当代未成年人刑罚执行固有的弊端，从而兼顾保护未成年人和社会利益，实现惩罚和教育的双重目的，更好地贯彻“双向保护原则”。

三、赎刑制度对当代未成年人犯罪刑罚执行制度的借鉴意义

综上所述，现有的刑罚制度和刑罚执行制度并不能很好的平衡未成年人利益和社会利益。然而作者发现当代世界对于未成年人刑罚所提出的比较先进的刑罚执行方式和执行理念都与中国古代赎刑制度有相通的地方，故结合古代赎刑制度，提出解决我国当代未成年人犯罪刑罚执行困境的措施：第一种是引入社区服务刑替代管制，类似中国古代赎刑制度用劳作来替代本刑；第二种是将恢复性司法理念引入我国未成年人刑罚执行当中，其中有关协商赔偿的部分，类似于中国古代赎刑制度所规定的限制范围里用规定的金钱来替代刑罚。作者认为中国古代传统赎刑制度加以适当的改进便更能兼顾未成

年人利益和社会利益，使得我国未成年人刑罚执行制度更加的完善。

（一）引入社区服务刑替代管制

早在中世纪时期的德国就出现了公益劳动替代罚金刑，发展到 17 世纪，西欧众多国家也相继出现了关于“劳动刑”或者“强制劳动”的相关记载。在 20 世纪下半叶，世界众多法治发达的国家就开始寻找能够替代传统监禁刑罚的方法，刑罚非监禁、多样化已经成为众多国家司法改革的方向，英国、美国、俄罗斯先后出现了社区服务刑替代监禁刑和罚金刑，这与我国数百年前用劳动、苦役替代本刑的性质是一样的。当前世界很多国家都在本国范围内设置了社区服务刑，并对其进行了详细的法律解释和法律规定，吸收和借鉴国外相关社区服务刑的先进经验对弥补我国刑法体系具有现实意义。

社区服务刑，也称为社区劳役刑，是非监禁刑罚方法的一种，根据现有的制度和其他国家的相关规定，总体来说是司法审判机构判处犯罪人在相关社区机构的监督之下，在特定的区域环境进行一定时间或者数量的公益活动，具有强制性和惩罚性的劳动惩戒。根据英国 1972 年《刑事司法条例》的规定，法官可以根据相关法律的规定判处犯罪人必须在法律规定的社区完成一定时间与数量的公益性质的服务劳动，以此对犯罪行为给社会集体和被害人个人造成的损害进行补偿。英国适用社区服务刑的对象主要为 16 岁至 20 多岁的罪行轻微主观恶性较小的犯罪人。美国现在的社区服务刑主要的适用对象是轻微犯罪和未成年人犯罪，犯罪人可以通过社区服务刑获得一定数量的薪金从而用来赔偿其犯罪行为所造成的各种损害，在美国社区服务刑更多地被看作是一种赔偿机制。1984 年我国香港地区正式通过“社区服务令”，明确规定适用社区服务刑的犯罪人必须是被可能判处适用传统监禁刑的 14 岁以上的人，并要求法庭要根据各个机构与组织的考察结果与建议认为犯罪人可以适用社区服务令的，对其判处与犯罪人相适应的社区服务劳动。由此可以看出，根据各国和地区的立法规定，适用社区服务刑的一般都是人身危险性较小，所实施的犯罪行为社会危害性较小，且偏向于未成年人的犯罪人。

从学理的可行性分析，根据法律应对未成年人判处管制刑时，可以用社区服务刑替代。之所以选择管制这一刑罚种类是因为管制和社区服务刑都适用于轻微的、社会危害性较小的未成年犯罪人。对于判处有期徒刑和拘役的未成年犯罪人已经不再符合这一条件，故排除；对于适用缓刑的未成年犯罪人，又因为缓刑本质不是一种刑罚种类而是一种刑罚方式，不具有本刑的属性，继而无法替代。用社区服务刑替代管制有以下三点优势：第一，社区服务刑可以避免管制的弊端，将所犯罪行较轻的未成年犯罪人劳动地点设在其所处的社区，让其在自己熟悉的环境里接受监督、改造，提供给犯罪人更好的矫正环境，从而达到更好地教育改造目的。第二，充分利用了社会资源，提高了社区对未成年犯罪人的接受度，同时也增强了包括未成年犯罪人在内的所有居民的社会责任感。第三，节省了刑罚执行资源，有利于更加合理地分配行刑资源，从而反向推进刑罚结构多样化、轻缓化。

从实践的可行性分析，当今未成年人轻罪的大量增加提供了适当的制裁对象满足基本的刑罚裁量的要求，未成年人社区矫正制度保证了社区服务刑的有效执行。社区服务刑给予未成年犯罪人多一个选择，可以使其不被贴上“犯罪”的标签。如果社区服务刑可替代管制，在实践中应该注意：在审判过程中，法官在判处犯罪人进行社区服务时，不仅要判断犯罪人的主观恶性，罪行是否轻微，是否适用劳动刑从而能使其悔过；同时要结合相关机构对犯罪人做出的身体报告来判断犯罪人是否能在不影响日常生活的情况下完成所规定的劳动刑。在执行过程中，应该具体规定劳动时间和服务场所，结合一般情况和特殊情况合理规定犯罪人一周所进行的劳动时间，每天劳动最低时间、最多时间。执行的场所可以是社区福利机构，如养老院、慈善机构和公益性的事业单位或团体。如果拒不执行社区服务刑可予以警告或者责令缴纳保证金，情况恶劣的可以再转化为监禁刑。

（二）在恢复性司法指导理念下用金钱赔偿替代刑罚

关于恢复性司法理念学界的定义不一，一个普遍认可的概念是，恢复性司法是指采用注重调节的恢复性程序，以寻求达成协议的恢复性结果。恢复性司法理念与传统司法理念相比，对于一些轻微的罪行，其认为被害人和社区成员、组织都应该参与司法程序，通过金钱赔偿、道歉悔过的方法，双方协商达成共识，促进矛盾的解决。本文认为未成年犯罪人在犯下比较轻微的罪行时，参考中国古代的赎刑制度，可以通过恢复性司法程序，通过双方协商，司法机关、社区负责人共同参与，以金钱赔偿和道歉悔过的方式直接替代原有刑罚。

恢复性司法理念注重参与司法活动的每一个人，尤其是被害人，主要通过犯罪人道歉、赔偿或者社区服务等多种方式来弥补犯罪给被害人所造成的物质、精神损失。相较于单一的惩罚犯罪分子，尤其是对于未成年人犯罪案件，恢复性司法理念更加合理，合理性主要体现在：第一，提供机会让未成年犯罪人和被害人直接正面地对话，促使其直观地认识到自己的错误，更加积极的承担责任，包括道德责任和法律责任。第二，更加关注被害人，提倡从物质和精神上都补偿被害人。第三，通过赔偿、道歉等手段替代刑罚惩罚，通过让犯罪人重新融入社会而预防其再犯。第四，如果被害人和犯罪人通过相关的恢复性司法程序达成共识，可以提高司法效率，节省诉讼资源，推动社会和谐。

对一些罪行较轻的未成年犯罪人适用赔偿替代原有刑罚，即通过双方调解，以赔偿的方式代替缓刑、管制或者短期的拘役。未成年犯罪人可以继续学习生活，同时未成年犯罪人及其家属不易对赔偿产生抵触心理，减少“迟交”“拒交”，被害人的经济补偿较易实现，心理也能得到较大安慰。用金钱赔偿替代对未成年犯罪人的刑罚虽然存在一定的缺陷，如在实际中可能容易造成执行困难，表面看似有一种“拿钱买刑”的意图，但是考虑其适用对象是罪行轻微的未成年人，通过严格的程序规范其实完全可以反其道而行更好地规避这种非法的现象，同时更好地平衡对于未成年人的惩罚和宽宥保护。通过金钱赔偿替代原有的轻微刑事犯罪优点也非常明显：首先是在协商成功的情况下，未成年犯罪人不会失去人身自由，也不会贴上“犯罪”的标签，使得未成年犯罪人仍然可以过着正常的社会生活，避免因入狱而导致被社会歧视，不适应和难以融入社会，也不影响其在家庭生活，督促家属严加管教，同时可以获得老师同学的帮助，对其感化教育，有利于对未成年人行为和心理进行矫治。其次对于未成年人多发的贪财型犯罪如抢夺、抢劫、盗窃、敲诈勒索，在恢复性司法指导下的赔偿替代原有刑罚，可以使其在心理上感受到“得不偿失”的代价，从而客观上防止他们重新犯罪，预防再犯。

通过符合实践需要、现代精神的改造，将中国古代赎刑的合理内核适用到未成年人刑罚执行中能更好地平衡社会和未成年人的权益，达到惩罚和教育的双重目的，对解决当代未成年人刑罚执行的困境具有镜鉴意义。

诉讼法

非诉讼纠纷解决方式的利与弊

——基于潮汕地区的实证研究

何　演　彭佳颖[*]

摘　要：随着《关于完善矛盾纠纷多元化解决机制的意见》的通过，多元化纠纷解决机制成为国家治理层面的战略任务，而非诉讼纠纷解决机制由于其成本低、效率高的优点，在当今社会矛盾日益多样复杂的背景下成为化解矛盾纠纷的重要方式。然而，非诉讼纠纷解决机制的改革与发展在不同地域文化中会呈现出不同的特征，不同方式应用时体现的利弊特点亦各不相同。潮汕地区向来以“人情社会”著称，特殊的地域文化使得这里的非诉讼纠纷解决方式如调解、仲裁等运用和发展呈现出更多的特殊性。因此，在推行与发展非诉讼纠纷解决机制的过程中，不能忽视与地域文化结合时呈现的优点与弊端，这样才能在社会实践中更好地发挥非诉讼纠纷解决机制的社会效用。

关键词：非诉讼纠纷解决　潮汕地区　调解　仲裁

一、引　言

（一）纠纷解决方式的分类

人类社会存在、发展离不开人与人之间的交往，而人类的交往无可避免会产生各种各样的矛盾纠纷。矛盾纠纷的多样化特征，使得纠纷解决的方式也呈现多元化。非诉讼纠纷解决方式包括协商和解、调解、仲裁等，21 世纪

---

[*] 作者简介：作者均为汕头大学法学院法治文化研究中心研究员。

以来，相对于诉讼方式而言，非诉讼纠纷解决方式因具有灵活性、成本低、效率高等优点而越来越受到人们的青睐与重视。但是，在非诉讼纠纷解决机制中，不同的方式在与地域文化融合时，在解决纠纷中也呈现出不同的利与弊。

（二）全国多元化纠纷解决机制的推行，推动非诉讼纠纷解决机制的运用与发展

2015 年 10 月，十八届中央全面深化改革领导小组第十七次会议审议通过了《关于完善矛盾纠纷多元化解决机制的意见》（以下简称《意见》）[1]并于 12 月由中央办公厅、国务院办公厅印发。《意见》将多元化纠纷解决机制的发展视为国家治理层面的战略任务，成为党的十八届四中全会所确定的重要改革任务内容之一。2016 年 6 月 29 日，最高人民法院出台了《关于人民法院进一步深化多元化纠纷解决机制改革的意见》，提出“诉调对接”的指导方针，助力多元化纠纷解决机制的完善与发展。多元化纠纷解决机制的完善，将使民商事许多关系中的当事人有除诉讼以外更多选择，这不仅有助于社会矛盾纠纷的化解，更是在制度层面上为国家经济、法治的发展搭建了平台。目前，我国正处于经济发展的转型期，不同经济、社会、法律关系的新变化也呈现新的特点，亟待纠纷解决机制的变革。此外，我国司法资源仍相对缺乏，仅依靠诉讼方式无法满足纠纷解决和社会治理的实际需要，人民法院更多地需要发挥司法在纠纷解决机制中的引领推动作用。在这样的背景下，非诉讼纠纷解决机制作为多元化纠纷解决机制的重要组成部分，亦乘着改革的帆船，应答改革的号角，得到了充分的发挥、发展与创新。

（三）潮汕地区运用非诉讼纠纷解决方式的背景

1. 潮汕地区有着浓厚的重人情社会文化色彩

潮汕地区位于中国东南沿海，三面背山，一面朝海，被称为“省尾国角”。相对封闭的地理环境使得潮汕文化少受外界影响，形成了区别岭南其他地区的区域文化特征。“一方水土养一方文化”，矛盾纠纷解决方式的选择往往受到多种因素的影响。而非诉讼纠纷解决方式在潮汕地区的运用，无论是协商和解的效率、调解协议执行程度还是仲裁的发展等问题都受到潮汕地区文化的影响。而在潮汕文化地稀人稠的地理因素、宗族观念浓厚的历史因素

[1] 《关于完善矛盾纠纷多元化解决机制的意见》，中办发〔2015〕60 号。

影响下，潮汕地区形成了浓厚的人情社会色彩。潮汕人发生矛盾纠纷时更容易因为考虑日后“人情关系”而倾向运用非诉讼纠纷解决方式而非“打官司”；在解决纠纷时，倾向于寻求依靠人情关系解决。非诉讼纠纷解决机制在潮汕地区的运用、发展具有其显著的地域特征。

2. 潮汕地区近年来经济的发展情况、专业行业平台的成立为非诉讼纠纷解决机制在潮汕地区的运用和发展创造了契机

非诉讼纠纷解决机制的发展与经济发展水平相关，经济发展的上升必然导致更为频繁的民商事交往活动的产生，民商事矛盾纠纷也会呈现出数量更多、类型更多样化的趋势。以广东省经济特区之一，潮汕地区三市之一的汕头市为例，近年来经济发展总体呈现上升态势，且目前正着力打造自由贸易区、华侨经济文化合作试验区、国家高新区、汕头江湾新区“四大平台”，力图推动特区“二次创业”。在此现状下，民商事活动的当事人对非诉讼纠纷解决机制的需求更甚，这将为非诉讼纠纷解决机制在潮汕地区的运用和发展创造良好的经济基础和环境。

此外，为了进一步推进非诉讼纠纷解决机制的建立，促进行业性、专业性非诉讼纠纷解决工作的顺利开展，近年来，潮汕地区初步建立了潮州市第一个婚姻家庭纠纷调解委员会、潮揭总商会人民调解委员会、汕头知识产权仲裁中心和金融消费纠纷仲裁中心等一系列平台。在平台的支持下，非诉讼纠纷解决机制能够以更专业、更高效的方式深入化解潮汕地区经济发展过程中产生的各类社会矛盾纠纷，也为非诉讼纠纷解决机制自身的运用和改革带来了更多的机遇。

二、非诉讼纠纷解决机制的利弊分析

随着经济关系的发展，社会矛盾关系日益复杂化，仅包括协商和解、调解、仲裁方式等非诉讼纠纷解决机制已无法全面适应社会发展，基于纠纷解决的需要，非诉矛盾纠纷解决方式必须进行改革创新。潮汕地区要响应十八届中央全面深化改革领导小组的号召，发展非诉讼纠纷解决机制，充分发挥非诉讼纠纷解决机制在化解社会矛盾方面的积极作用。与此同时，还需要结合潮汕地区“以和为贵”、人情关系等区域文化特色与各类非诉讼纠纷解决方式，分析各方式化解社会矛盾的利与弊，寻求非诉讼纠纷解决方式更有效的发展。

（一）协商和解

协商和解是非诉讼纠纷解决机制中最为简易的一种方式。本文所讨论的协商和解主要是指在民商事矛盾纠纷中，无须让第三方介入，仅双方当事人通过沟通和谈判，进行一定的利益妥协与退让，达成和解，解决矛盾纠纷的方式。

协商和解的运用在强调“和为贵”、人情色彩和宗族观念浓厚的潮汕地区更容易被接受。在地少人多的小社会中，双方当事人都是“旮给囊”[1]，在发生矛盾冲突时，运用协商和解方式解决纠纷，既不需要花费太多时间和经济成本，亦不需要将矛盾诉诸他人而影响当事人双方日后交往，在相对封闭的社会环境下效率和接受程度较高。

但是，潮汕地区协商和解的明显优势是以人情社会中的地缘、亲缘关系作为纽带的，随着潮汕地区城市化和经贸关系发展，人情关系日渐疏离，且各类民商事矛盾纠纷的复杂程度较早年升高。因此，秉承息事宁人、和为贵的观念而选择利益妥协退让达到和解的可能性较以往变低，反而容易因为矛盾不能得到彻底解决而引起更严重的纠纷。

（二）调解

调解是指在双方发生纠纷的情况下，由第三方力量介入，形成口头或者书面的调解协议，合意解决纠纷的方式。根据调解进行场合、类型的不同，可分为基层群众自治组织人民调解委员会调解、行业调解、仲裁调解、法院诉前调解等。作为解决争议的一种手段，调解在实践中因其自身的优点被人们广泛采用，有利于减少法院的积案率，和平解决双方纠纷。但在瞬息万变的社会经济下，调解也存在不可避免的缺陷。对于潮汕地区而言，调解具有悠久的历史和文化背景，调解方式的适用与发展在潮汕地区也具有特殊性。下文将主要根据潮汕地区三市之一的汕头市调解的相关信息，对调解方式的运用与发展利弊进行分析。

1. 调解作为非诉讼纠纷解决的方式之一在潮汕地区的运用现状

村委会、居委会人民调解，是指纠纷一方当事人申请村委会、居委会对纠纷进行调解，并达成调解协议。居委会、村委会作为基层群众性自治组织，

---

〔1〕 潮汕话中意为“自己人”。

与居民、村民的日常生活联系紧密，在调解中发挥着重要的作用与影响。以汕头市濠江区某社区人民调解委员会为例，该居委会的人民调解委员会平均每年调解7~8起案件，而接受调解的类型主要是与夫妻关系、借贷关系、宅基地分配、交通事故纠纷等有关的案件。[1]以上类型的调解案件主要涉及人们的日常生活纠纷，争议双方之间较为熟悉。因此，对于重视人情关系的潮汕地区人民而言，调解这一不伤双方和气的手段用于解决纠纷再合适不过。基于此类情况，作为基层人民调解委员会的居委会在调解时，着重人情关系与双方当事人进行沟通，必要时还会联系双方亲属分别说服，以期和平达成调解协议。在运用人情关系进行调解的同时，居委会调解也严格遵行一定的程序。居委会调解的启动，一般由当事人自行申请，居委会调解委员进行调查、调解并制作调查笔录和调解笔录，在双方同意调解后制定调解协议，最终就调解协议的执行结果对当事人进行回访，要求当事人签字后归档调解文件。

行业调解，主要是指以维护本行业的群体利益为目的，由行业协会中的调解员组成行业调解委员会调解本行业的相关纠纷。潮汕地区以“潮商”闻名全国，经济发展水平不断提高。汕头作为经济特区近年来经济也在不断发展，各行业的纠纷也呈现日益复杂化、多样化的趋势。但是企业之间的竞争与监督、利益与合作共存，一旦产生纠纷，诉讼此类对簿公堂的纠纷解决形式不仅会大伤彼此的合作情谊，损害企业声誉，而且因法院法官对行业的了解不足，审判具有局限性。因此，尊崇“以和为贵”的调解便是最好的方式，并且行业调解主要以行业协会和行业调解委员会为主导，由本行业具有专业性与权威性的组织进行调解，具有一定的公平公正性，也容易为企业所信服。早在2011年，汕头市就成立了仲裁委员会律协联络处和律协调解中心，为律师办理民商事案件搭建调解平台，方便律师及当事人参加调解和仲裁，从而提高工作效率。而近些年，汕头市更是不断成立了各行业协会，并在不同领域成立了行业调解委员会，如2018年成立的汕头市总商会调解委员会，注重预防和化解商业矛盾纠纷，构建和谐有序的商贸、合作和劳动关系，形成具有潮汕商会特色的人民调解工作机制；为了推动行业性、专业性人民调解工作的开展，在公安部、司法部、中国保险监督管理委员会的指导下，2018年汕头市还成立了龙湖区道路交通事故人民调解委员会，把人民调解作为重点

[1] 数据来源于2019年1月16日对汕头市濠江区某社区居委会人民调解委员会的调研。

工作，把贯彻“民生实事”工作落在实处。潮汕地区的行业调解发挥其自身的专业性对本行业以及与本行业有关的纠纷进行公正调解，不仅实现了对行业群众利益的维护与保障，而且利于行业间与行业内部的和谐。

仲裁调解，是指在仲裁庭作出裁决前，在仲裁法定审理期限内，仲裁机构的仲裁员主持进行的对当事人的调解。近年来，汕头仲裁委员会的仲裁数量不断增加。2013～2018 年，汕头仲裁委员会受案数量由 72 件上升为 133 件，其中通过调解与和解撤回仲裁的案件大致维持在 39 件，2013 年和 2014 年的调解率分别为 78.72%和 67%。[1]贯穿于仲裁全过程的调解对于缓解仲裁压力，维护纠纷双方情谊具有一定作用。仲裁调解是纠纷双方提起仲裁后，仲裁机构在裁决前对双方当事人的调解，从而实现减低社会成本，有效解决效率与公平的关系。

法院诉前联调，是在纠纷进入人民法院时，法院先引导当事人前往综治信访维稳中心或非诉讼调处机构进行调解，调解不成的，再进入法院诉前联调工作室，由法院联合公安、检察、司法、国土等部门联合调解。作为开展诉前联调的工作试点示范单位，汕头市金平区人民法院高效地开展诉前联调工作并取得了良好的法律和社会效果。截至 2012 年 8 月，汕头市金平区人民法院共引导诉讼当事人通过诉前联调解决纠纷 138 件，所有案件的当事人均已按协议约定自觉履行义务。从诉前联调的案件类型看，交通事故案件最多，占总数的 43.85%；其次为离婚案件，占总数的 29.82%；民间借贷、合同纠纷、人身损害赔偿等其他类型案件占总数的 26.33%。由此可见，诉前联调作为适应新形式的纠纷化解模式，可有效地促进汕头市金平区的社会安定，并且受到纠纷当事人的欢迎，其社会效应得到充分体现。与此同时，汕头市金平区人民法院为了进一步推进诉前联调，不断加强与其他成员单位，如区交警、司法、劳动、卫生等相关部门的紧密合作，共同搭建诉前联调工作平台，最大限度地发挥诉前联调工作的社会效用。[2]诉前联调作为新型非诉讼纠纷解决方式，是法院为了适应社会矛盾新形式，对纠纷多元化解决机制的进一步完善，从而得以实现司法资源的最大效能，妥善地化解矛盾，促进社会公平正义。

2. 调解在潮汕地区所呈现的利与弊特征

调解作为非诉讼纠纷解决机制的基本手段，在中国已有数千年的历史，

〔1〕 数据来源于 2019 年 1 月 18 日对汕头仲裁委员会的调研。

〔2〕 数据来源于 2019 年 1 月 17 日对汕头市金平区人民法院的调研。

为人们所广泛采用，为和平解决纠纷做出了重大贡献，是利用社会力量解决内部纠纷的主要方式，存在着无可比拟的优越性。除了传统的成本低、效率高等优点以外，调解作为重要的非诉讼纠纷方式之一，在潮汕地区的运用有突出的特点。

调解作为重要的非诉讼纠纷解决方式之一，具有明显的优点。第一，调解有利于维护人情社会，促进社会和谐。由于潮汕地区对人情、面子的重视，调解是维护潮汕地区人情社会的一种文化需求。调解作为非诉讼纠纷解决机制，避免了纠纷双方在法庭上的辩驳，私下自愿协商，达成调解，不仅解决了纠纷，而且维护了双方的名声与情谊，满足了潮汕地区维护人情关系的文化和观念需求。第二，由于调解后达成调解协议书是双方合意的后果，相较于私下的协商和解而言，调解的权威性更高，合意结果执行效力更强。例如，即便是在基层人民调解委员会的介入下做出的调解协议书，调解协议执行率也较高，双方签字同意调解协议后，少有不执行的情况。第三，调解缓解了司法压力，节约了司法资源。调解是借助民间社会力量自主解决纠纷的手段，并且在法院对非诉讼纠纷解决机制的政策大力推动下，调解被广泛适用。如2018年汕头市金平区人民法院受理民事案件共15 006件，其中3787件以调解撤案，约占受理案件数量的25%；2018年汕头仲裁委员会共受理133件案件，其中41件以调解撤案。[1]调解不仅大大减少了法院、仲裁委员会对纠纷解决的人力物力财力的支出，而且减少了司法积案率。第四，调解的社会效用不断提高。随着政策的推进，调解平台更加优化多样，执行力度也不断提高。就如汕头市金平区人民法院提出了新的纠纷解决方式，即设立人民调解工作室开展诉前联调，通过联合公安、检察、司法、国土等部门多渠道地对当事人进行调解，有效地促进了该区的和谐。调解在给予当事人更多选择的同时，不仅加大了当事人选择调解的倾向性，而且增强了调解对解决纠纷的社会效用。

虽然调解在潮汕地区的运用有显著的优点，但是依赖第三方社会力量介入解决纠纷的调解方式也有其不可避免的缺陷。第一，基层人民调解委员会的调解人员专业性参差不齐。基层人民调解委员会的居委会、村委会成员大部分来源于普通人民群众中，主要依靠调解经验和与当事人之间的人情关系

[1] 数据来源于2019年1月17日对汕头市金平区人民法院与2019年1月18日对汕头仲裁委员会的调研。

进行调解，虽然法律知识和专业调解技术并非人民调解员所必需的职业素养，但人民调解在面对日常合同纠纷、事故纠纷等矛盾时需要律师顾问、政府部门等单位协助，在此方面所需要的人力成本较高。第二，2018 年初步成立的各行业调解委员会，尚处于成立熟悉发展阶段，调解平台经验不足。如果没有足够的公众宣传度，难以发挥突出的效果。第三，潮汕地区人情社会背景下会增大调解的负担。潮汕地区对人情关系的重视也容易导致行贿习惯的衍生。社会交往需要一定的经济利益作为辅助，调解也不例外。一旦有纠纷发生，便会寻求关系，并辅之以经济利益作为感谢表示解决问题。然而，在经济较发达地区，区域广、利欲重，寻求熟人关系进行调解并不容易，甚至几番波折后才能找到关系。因此，在这样的背景下，调解所耗费的人情费用和时间成本在原有基础上大大增加，调解也未能完全发挥原有的优势。

（三）仲裁

1. 仲裁在潮汕地区的运用现状

在我国，仲裁是指当事人双方发生经济矛盾纠纷后，由特定的仲裁机构作出一个具有法律约束力的裁决以化解矛盾的具有专业性、灵活性的非诉讼纠纷解决方式。而潮汕地区唯一一家民商事仲裁机构——汕头仲裁委员会是于 1996 年批准设立的，成立 20 多年来，成为潮汕地区重要的非诉讼纠纷解决平台。但是由于之前经济发展相对迟缓、人情关系文化引起的社会信任感缺失、法治意识淡薄等原因，在前些年各地仲裁快速发展的阶段，相比于广东省其他地区，汕头仲裁委员会受理案件数量相对较少，仲裁的接受程度、运用程度并不高。而随着近年来潮汕地区的经济发展，民商事交往频繁，使得一定程度上依靠亲缘、地缘形成的人情关系被打破，在矛盾纠纷涉及较大标的、类型复杂时难以再依靠传统的协商和解、调解等方式解决问题，也难以找到双方当事人同时信服的第三方熟人介入调解，仲裁作为非诉讼纠纷解决方式将会愈加受到重视。如表 1、表 2 所示，潮汕地区的仲裁委员会受理案件的数量比之广东省其他地区较少，但总体呈现上升态势。

表 1　2014~2016 年广东省各地仲裁委员会受理案件数量

单位：件

年份＼地区	汕头	深圳	广州	珠海	江门	肇庆
2014	162	2313	5926	240	48	53
2015	76	3126	10 631	269	43	82
2016	85	3797	27 383	228	57	173

表 2　2013~2018 年汕头仲裁委员会受理案件数量

单位：件

年份	2013	2014	2015	2016	2017	2018
受理案件数量	72	162	76	85	80	133

2. 仲裁方式运用的利与弊

仲裁这一重要的民商事非诉讼纠纷解决方式在潮汕地区的运用与发展有突出优点。首先，汕头仲裁委员会案件裁决经验丰富。汕头仲裁委员会于1996 年批准成立，成立时间相对较久，在民商事案件裁决中，无论是对仲裁规则的运用还是对案件的审理都有丰富的经验。其次，在民商事往来频繁的阶段，矛盾纠纷较为复杂的案件难以依靠地缘、亲缘社会封闭的人情关系以传统的协商和解、调解等方式化解矛盾，此时，运用制度严格，裁决权威且充分尊重双方当事人意愿的仲裁方式解决矛盾纠纷的效率和认可度都更高。

但是，仲裁机构区域分布有限，难免影响一个地区的仲裁运用与发展。潮汕地区包括潮州、汕头、揭阳三市，但仅有汕头市成立了仲裁委员会，仲裁机构分布不足，即使城市相邻，在申请仲裁解决纠纷时也有所不便。其次，潮汕地区的仲裁发展情况受到经济发展环境的限制。对于相对封闭的潮汕地区来说，仲裁不属于崇尚“和为贵”的潮汕人会倾向选择的纠纷解决方式。作为专业性、权威性更高的非诉讼纠纷解决方式，仲裁发展与经济发展情况紧密相关，民商事贸易往来频繁，受案量则有所上升，而在经济发展较为迟缓的年段，仲裁的申请相对减少。如此一来，仲裁在经济环境的限制下难以持续发展。再者，潮汕地区的仲裁事业发展受文化环境的限制。仲裁在申请、审理、裁决、履行方面都有相对严格的制度规则。然而，潮汕地区由于受关系文化、崇神文化等传统观念的影响，法治意识、规则意识相对薄弱，仲裁要想顺利化解矛盾，有待潮汕地区法治意识的提高。

三、结　语

诉讼是解决纠纷的重要途径，但对于双方当事人而言，在化解矛盾的同时，也容易使双方当事人负担更高的时间、经济成本，甚至诉讼结束后会导致双方关系走向无法修复的破裂。同时，在社会矛盾日趋多样化、司法资源相对缺乏的情况下，我们在推进依法治国、完善社会法律体系之际，也必须重视对非诉讼纠纷解决机制的建设，发挥积极的社会效用，助力化解形式多样、内容复杂的社会矛盾，维护社会的和谐与发展，让非诉讼纠纷解决机制中的调解、仲裁、公证等渠道发挥应有的作用。然而，非诉讼纠纷解决机制是一个复杂而庞大的理论体系，它因实践产生，随实践发展，在发挥其社会效用的同时，也以其弊端而影响人们的选择。以潮汕地区突出的“人情社会”色彩为例，不同的非诉讼纠纷方式呈现出不一的特点，其运用与发展也随着地区文化、经济等特征变迁而要求不同。因此，为了更好地发挥非诉讼纠纷解决机制对和谐社会的推进作用，要重视不同地域文化以更高效益地发展非诉讼纠纷解决机制，在实践中不断地发现问题，择优避弊，解决问题，寻求创新，建立完善的非诉讼纠纷解决机制以服务于社会矛盾纠纷解决的需求。

调研报告

女大学生“裸贷”问题及法律对策研究

梁嘉羚　曾子琳　李华玲　陈瑜茵 *

摘　要：与传统的校园贷不同，“裸贷”的担保物一般为个人裸体照片等隐私信息，同时，因其担保物的特殊性，“裸贷”瞄准的对象多为女大学生。学术界关于“裸贷”的研究不少，但大多数在探究“裸贷”原因之后并无具体可行的对策。本文将结合前人的理论研究以及用问卷调查和访谈的方式获取的调研数据，从内因和外因两大部分来探究女大学生“裸贷”的原因，并尝试对“裸贷”进行法律性质分析，提出“裸贷”预防对策以及就事后当事人可采取的救济渠道提出了一些较为可行的建议，如引入诉前禁令和紧急报警机制等。

关键词：裸贷成因　内外因交织　法律对策

一、绪　论

（一）问题的提出

近年来，随着校园贷风靡于大学校园，“裸贷”等明显违反公序良俗的违法贷款也悄无声息地进入了大学校园，并因贷款手续简便、放款时间快在短时间内赢得相当一部分女大学生的“青睐”。然而，随之而来的却是许多女大学生因无能力偿还债务而陷身“裸贷”的泥沼。因“裸贷”而失联、跳楼、自杀的女大学生屡见不鲜。“裸贷”在引发一系列恶性事件的同时，也引起了学术各界对“裸贷”危害性和原因的激烈探讨。“裸贷”这一社会问题仅从

---

* 作者简介：作者均为汕头大学法学院法治文化研究中心研究员。

“消费观”“家庭教育”等方面进行零散性的讨论不足以让人们了解。“裸贷”出现的原因等待着我们去挖掘。

（二）“裸贷”的定义

“裸贷”是一种变相的校园贷，具体来说，是指贷款人以自己的裸照或者裸露身体私密部位的视频作为担保物，向借贷平台或放贷人进行借贷的行为。因校园贷本身的性质以及“裸贷”所需担保物的特殊性，借贷平台或放贷人一般会把放贷对象定位为女大学生这个群体。女大学生就成为“裸贷”中最大的受害者。由于尚未步入社会，经济尚未独立，再加上大学与高中的消费模式形成的鲜明对比、校园内攀比之风的影响等因素，女大学生陷入了经济平衡的危机。为了解决这种“经济危机”，许多女大学生铤而走险，选择贷款甚至是“裸贷”的道路。最后，她们便成了“裸贷”的牺牲品，陷于“裸贷”的泥沼而无法全身而退，继而引起一系列风波，包括失联、跳楼、自杀等震惊社会、令人惋惜的事件。

（三）“裸贷”问题研究概况

1. 关于“裸贷”形成原因的探讨

目前对“裸贷”原因的研究从研究角度进行区分，主要分成三类：一是从女大学生群体自身角度；二是从社会角度；三是从社会与群体互动视角进行研究。

（1）从群体道德价值的角度进行的“裸贷”原因分析。

从该角度的“裸贷”原因研究又集中在对女大学生道德观念的批判上。陈月球首先将“裸贷”定性为“不道德行为”，然后从道德心理学的角度提出“裸贷”的出现是该群体“需要—动机结构畸形”“抗诱惑力—挫折耐受力结构病变”“自我评价—自省结构缺失”这三种心理行为机制的畸形化发展，最后提出必须通过思想教育和道德实践纠正“裸贷”行为。其他一些媒体学者也是从女大学生畸形的消费心理，如虚荣炫耀心理、攀比心理和超前消费心理等进行探讨。

目前这一研究角度在“裸贷”事件刚曝光时多为学者所采纳，且成果多为媒体报道而少有严谨的学术论文。这种对特定群体的道德归罪批判体现的更多是人们的直观感性认知，老生常谈，缺乏深入理论探讨，在后期这种单纯从道德价值角度研究的方式逐渐被抛弃。

（2）从社会错位角度进行的“裸贷”原因分析。

该研究角度体现学者将“裸贷”群体回归到社会人，试图从社会客观因素寻求“裸贷”的根源。目前从这个角度进行研究的学者提出了以下观点。

第一，“裸贷”是消费主义设下的陷阱。郭晓旭等人发现了当今社会的消费主义思潮对女大学生群体的冲击，指出消费主义作为意识形态一种感性化的表现形态，不断地通过大众文化产品这一载体，在社会上制造虚假需求，将资产阶级想要扩大生产增加收益的本质欲求通过大众传媒包装成是社会上人人都要追求的价值目标。消费主义将赤裸裸地对利润的追逐隐藏在大众文化产品中，通过反复的心理催眠，使人们被浸淫着消费主义的大众文化裹挟进消费的旋涡，沉溺于虚假的“快乐、舒服、幸福的满足”无法自拔。而从“媒体曝光的裸贷照片中的女大学生多数妆容精致，并无任何穷困的模样以及调查发现的裸贷贷款多数用于换昂贵的手机、买高档衣服皮包化妆品”，推断出“消费主义的抬头是女大学生裸贷的幕后推手”的论点。

消费主义浪潮冲击着社会大部分群体，但只有女大学生中的小部分“裸贷”，因此消费主义并不是直接与女大学生“裸贷”挂钩，要探究“裸贷”原因还需结合“裸贷”群体的特殊性进行分析。

第二，“裸贷”是社会监管不严的后果。赵合俊将“裸贷”与性紧密结合，指出“裸贷”放贷人“是以性剥削为目的放贷，因为其对于女大学生的还贷能力是没有期待的，他们所期待的是借贷人的肉体价值”；具有经济实力和性别权力的“裸贷”男性放贷人对经济实力弱的女性借款人使用了“滥用权力和滥用脆弱境况”之手段；“裸贷”放贷人从事了招募“‘裸条’借款”人员的行为，并允诺甚至鼓励借款人从事各种商业性性行为，诸如卖淫、裸体直播等来作为抵债的另一途径。基于对“裸贷”的上述分析和《联合国打击跨国有组织犯罪公约关于预防、禁止和惩治贩运人口特别是妇女和儿童行为的补充议定书》，他提出“裸贷”实质上就是国际法上的“性贩卖”，而正是由于我国对“性贩卖”的监管不严从而导致“裸贷”有机可乘。

而更多学者和媒体倾向于认为对校园贷平台监管的缺失造成了“裸贷”。多个媒体通过对受害人的采访以及潜入“校园贷”平台了解到“校园贷”平台对校园的侵袭无孔不入，其通过扶持校园代理人和张贴发放小广告等方式，以“无须抵押”“利息很低”为噱头，引诱学生进行贷款，隐瞒高额手续费和利息，后又以利滚利的方式使得学生背负上高额债务，超期不还款又以高压手段进行催债，使得学生精神崩溃而选择结束生命或者肉偿抵债。而且校园贷平台中有大量的 P2P 的不正规借款平台，由于对网络借贷行业甚至互联网金融一直未进行专门立法，校园借贷一直游走在灰色地带，目前在法律上处于监管空白地带。校园贷所获取的巨大收益与违法成本的低廉形成明显的对比，使得校园贷平台蜂拥而上，将大学生群体紧紧包围。

监管的缺失实质上是去除了“裸贷”产生的阻力，仍然不能回答“裸贷”产生的直接动力和诱因。

第三，“裸贷”是社会教育失范和教育欠缺的恶果。贺武华等人认为裸贷是教育失范中的个体无序行为的缩影。互联网产生发展使得舆论成为意见领袖，网络环境下缺乏规范的教育程序，非理性的网络舆论透视出公众在社会失范环境下的情绪性反应易导致对事件本身的认知偏差，加剧群体情绪化渲染，使社会秩序遭到破坏，而无序的环境则让人心理产生随机性和不安全感，外在的无序引发人们内心的无序，最终使得公民做出有悖于社会规则和社会道德的行为，“裸贷”正是对教育失范的体现。这种观点实质上相当于将“裸贷”嵌套进特定的路径之中，忽略了对“裸贷”群体特殊性与该路径特性的吻合性分析。

另外，有学者提到大学教育的功利性也是“裸贷”的诱因之一，认为如今的大学教育没有将重心放在传授与创造知识，培养学生的独立自主和理性思维能力上，反而渲染或放任经济社会中的财富神话与成功学，普罗大众追捧的消费观、荣辱观及生活方式等世俗观念在校园的蔓延，不断削弱大学生抗拒世俗社会消费主义至上风潮的力量。除此之外，学校对培养女大学生的社会性别意识以及法治安全意识也不够重视，当女大学生面对外界诱惑和侵害时，就不懂如何自我保护和维权。

第四，“裸贷”是物化女性的结果。该类研究学者发现，社会对女性身体的商品化以价值论，再加上市场经济所需要的女性身体不再是男性化的革命者形象，出现了各种消费年轻貌美女性身体的产业链。女大学生在市场经济中可被榨取的经济收益更大。女大学生拥有的身份符号，不仅包括年轻漂亮，还含有象牙塔所赋予的纯洁与知性。这种身份符号有别于传统上“被看”的女性形象，更新鲜、更刺激、更有品位，因而其商业价值也更大。而此次由媒体发起的“裸贷”舆论，以“肉偿”等字眼迅速吸引网友的围观，新闻价值及商业价值将青年知识女性的身体形象异化成为一种可供多方窥视的情色用品，这种混合了“反智”与“厌女”的负面观感，也正是将女性视为消费品的反映。

这种观点认识到“裸贷”的产生来自传统对女性的物化观念，这使得女大学生具有市场的消费价值。但是，仅有市场消费需求不一定会导致“裸贷”的产生，还需要被消费群体的“同意”（自愿或非自愿），因此，我们也应该对其为何会“同意”进行研究。

（3）从社会与个人互动的角度进行的“裸贷”原因分析。

这种研究角度通过将特定群体置于特定的社会环境之中进行分析，而不是仅仅将“裸贷”看成是主体道德意识等发生认知偏差造成的，或者是主体被动地受社会环境下影响的衍生物，而认为“裸贷”是群体与社会互动的辩证作用过程中的产物，该研究角度特别体现在以新媒体为主线的社会环境与特定主体的互动中。例如，丁莉提出“裸贷”事件的产生是特定的媒介环境与特定的社会主体相结合的产物。首先作者对“裸贷”群体的社会构成及其心理特征进行分析，发现其共同的生活环境、心理特征及群体性表达的诉求：参与“裸贷”的社会底层年轻女性在物欲横流的环境中深切地感受到“穷”的无尊严感远远超过“裸”的羞耻感；这些女性年纪尚轻，在鱼龙混杂的网络环境中难以分辨是非；置身在这个复杂暧昧的消费主义文化中，购物对这些在校年轻女性们来说不仅仅是物质上的需求，更是寻求自我认证和身份归属的心理寄托和精神诉求。作者进而指出新媒体对消费主义的大肆渲染既是为了迎合女大学生寻求的精神寄托又反过来将这部分群体纳入更深的消费主义旋涡中，在后期，两者更是表现出一种相惜相生的状态。而同时，新媒体构建的“校园贷”的陌生人社会网络平台，具有一定的隐蔽性，不会直接刺痛其尊严的敏感地带，反而能为其制造出中产阶级或上流阶级的皮囊，摆脱社会底层标签带来的羞耻感。“裸贷”正是在这样的媒体环境与特定主体的互动中衍生出来的。

2. 对“裸贷”法律应对策略的讨论

当前，裸贷问题的危害性受到广泛关注，学界也对这一问题在寻求法律对策方面做了诸多探讨，总结起来有以下方面。

（1）从道德层面倡导女大学生提升自我认知能力，树立正确的借贷消费观。以袁翠清为代表的学者认为，引导女大学生树立正确的借贷消费观念，有利于其在面对校园“裸贷”时能够自觉抵制不良诱惑，保持理性，从源头上遏制“裸贷”的侵入。从学校角度而言，高校学生工作者应适时加强对女大学生借贷消费观念的影响，引导其树立正确、科学、合理的借贷消费观念，充分分析“裸贷”的不合法性和风险性，及时教育并制止女大学生的“裸贷”行为。此外，父母、家人也应关注大学生在学校的生活状况，及时与他们沟通，言传身教，使他们树立正确的价值观和消费观。

（2）以法制建设为根本，用法律手段来约束和制裁“裸贷”问题。其中最典型的以应佳梦的《浅析裸贷中的法律问题》一文为代表，其认为在民法方面，裸贷合同应为无效。首先，从利率的角度来看，裸贷的利润完全不合法；其次，从提供担保来看，裸贷难以构成抵押担保或者质押担保；最后，裸贷行为违背了公序良俗。而在刑法方面，裸贷放贷者的系列行为可能涉嫌敲诈勒索罪，制作、复制、出版、贩卖、传播淫秽物品牟利罪，介绍卖淫罪、强迫卖淫罪、强奸罪等罪名。

（3）金融机构应加强监管，做好网贷平台把关人。以冯果、于莎莎等为代表的学者指出，由中国银监会作为中央级别的监管机构应加强对校园网络贷款平台的监测、预警并形成一定的预警机制，加强利率监管、信息披露监管、市场准入监管、业务活动监管、资金安全监管，并完善配套制度，既依靠监管规则的设置，又需要外部相关制度的配合。此外，网络贷款平台的健康、规范发展除需要监管机构依法实施监管措施之外，还需要依靠相关法律制度的建设———主要包括个人信息保护和金融机构反洗钱等法律法规的制定和实施。

（四）对上述研究的批判分析

1. 对原因层面的研究评析

（1）社会群体角度的文献评析。该研究角度有利于帮助我们分析“裸贷”群体的特点。但不幸的是，该研究角度的文献更多是站在对该群体的社会意识形态如道德观念、金钱价值观念的分析，而忽视对该群体的生活环境如其家庭经济环境和教育环境等方面的分析，最后导致的结果是“原心定罪”，一味指责“裸贷”群体的不道德，相对应提出的纠正措施也必然是加强道德观念的教育培养的孤立意识形态层面的解决措施，缺乏可实际操作性。正如心理学家雷斯特指出的，个体的道德根植于社会环境，因此必须将“裸贷”群体置于特定的社会环境进行考察。

（2）社会错位角度的“裸贷”原因评析。相比社会群体角度的研究，社会错位的研究更侧重于社会，其提出了很多有利于“裸贷”成因研究的新角度，如“消费异化”“女性物化”等。其弊端在于忽略了对“裸贷”群体特性的探讨，较为笼统地将“裸贷”视为社会作用于个人的产物。具体事物的性质由其特殊性所决定，“裸贷”受其行为主体的特殊性所约束，因此分析“裸贷”群体的特点是探究“裸贷”产生原因的必经阶段。

（3）社会与个人互动角度的“裸贷”原因评析。这一研究角度值得借鉴，但从该类学者的研究来看，该类文章数量较少，而且所揭示的社会因素和群体因素仍较为片面，大多以某一社会因素或群体因素为角度进行分析，其症结在于容易夸大其所研究的因素对“裸贷”产生的影响程度，而对其他因素的探讨则是蜻蜓点水。

从总体上看，目前关于“裸贷”产生原因的研究是较为混乱的，大多数学者或是片面地从某一社会因素进行研究，或者是简单罗列因素，尚未探索出具有逻辑体系性的“裸贷”行为形成路径，各个因素在促成“裸贷”行为中的力量以及促成因素之间的关系都不明确。纵有学者已经发现“裸贷”是特定群体与社会之间相互交织互动发展的结果，目前的研究结果也较为零散和片面。

2. 对法律策略层面的研究评析

综观学术界近年来对于“裸贷”法律对策的研究，可以发现学者们主要从“裸贷”的内涵、形成原因、应对策略等方面进行了研究，取得了不少有价值的成果，但是还存在一些问题，主要体现在以下几个方面。

（1）学术界对“裸贷”的研究不够系统、深刻。从全国对“裸贷”的研究成果来看，学术界对于“裸贷”的研究还是十分初步的、零散的，不系统、不深刻。到目前为止，我国还没有一部系统研究“裸贷”问题的专著出版，也没有相关的博士学位论文，只有极个别硕士研究生写作的硕士学位论文。因此，学术界对于“裸贷”问题的研究在广度、深度、系统性上都有待拓展。

（2）对“裸贷”产生的网络传播技术研究不够。“裸贷”得以频繁暴发，与网络的独特传播方式和网络的技术特点密切相关，由于对网络技术知识和网络传播方式缺乏足够的研究，学术界对于“裸贷”产生的技术背景还处于模糊的阶段，因此很难对“裸贷”形成的各个环节提出有针对性的应对策略。

（3）未能提出系统有效的“裸贷”应对策略。大多数的文献研究在应对策略上多是泛泛而谈，基本很少系统性地论证“裸贷”问题的具体处理与规制问题，导致对司法实务难以产生指导性作用。

（五）对本研究的展望

由于“裸贷”原因的混乱和不明确，社会目前仍然没有提出完整到位的解决措施，更多是对目前存在的某些社会漏洞进行小修小补，并没能从根本上解决问题。因此，要纠正“裸贷”行为就得全面了解“裸贷”形成的路径，对此，本次研究在进行文献阅读以及调研中发现“裸贷”行为是特定社会形态与特定群体相结合的产物，将其置于社会学视野进行考察，从社会与“裸贷”主体互动的角度进行动态性的原因探究，根据社会行为学的理论，明确具体相关因素是如何搭配组合最后形成“裸贷”行为的逻辑结构。本文将从外在原因即社会原因与内在原因即主体原因两方面对“裸贷”进行探究。外在原因包括正规的贷款平台信息来源和程序、生活语境、新媒体的推动角色、市场价值等；内在原因则包括主体的性观念、防范意识与消费心理。这一部分将借鉴学者已有的“裸贷”原因分析以及根据本次研究中小组进行的调研成果，并避免前人的孤立式列举，将上述因素进行有机结合，从而进一步阐述在外因与内因的交织影响下“裸贷”所呈现出来的旋涡状态，并针对该状态下所导致的恶性循环寻求逆转“裸贷”旋涡的可行性法律对策。

二、“裸贷”的现状考察

（一）“裸贷”引发的问题

一般来说，“裸贷”针对的对象主要是在校的女大学生，且放贷利率高。“裸贷”贷款的额度在几百元到几千元不等，最高额度可达 3 万到 5 万元。当贷款人违约时，借贷平台就以公开裸体照片和与借款人父母联系等手段要挟借款人还款。更有甚者，在借贷人逾期无法偿还的情况下将贷款人的裸照或者裸露身体私密部位的视频作为商品，在网上进行公开售卖。对于其中一些容貌出众的借贷人，借贷平台甚至会要求其以肉偿的方式清偿债务，可见“裸贷”已形成了其特有的产业链。在女大学生无法还款时，要么就是被放贷人以裸照要挟家人进行还款，要么就走上陪酒、陪睡的不归之路。对于无法接受肉偿却又无力还款的女大学生，她们便只能走上失联、自杀的道路。可见，“裸贷”的危害之大，尽管借款人仅为女大学生，但是背后牵涉的却有可能是整个家庭，赌上的是借贷人的命运。

“裸贷”除了引起社会问题外，也存在着一系列违法行为。在“裸贷”的初期阶段，即放贷人要求借贷人以裸照作为担保时，便涉及民法上的问题：裸照是否能作为担保物，将裸照作为担保物是否违法？即便借贷双方达成了协议，这样的协议是否因违反公序良俗而无效？当借贷人无法还上贷款时，放贷人为催促借贷人还款将其裸照散布于借贷人的亲朋好友之间是否侵犯了借贷人的隐私权？以牟利为目的，将裸照公布散播于网络的行为是否触犯了刑法？放贷人要求借贷人以陪酒、陪睡来偿还债务的行为又应该如何定性？以上都是“裸贷”背后带来的一系列法律问题。

（二）实证调查结果分析

1. 问卷结果分析

“裸贷”的一般特点为：对象为女大学生、放贷利率高、风险高。为了进一步了解女大学生校园“裸贷”问题的现状、探究女大学生消费观念以及消费模式，本调研小组于广东省的高校内展开了线上问卷以及访谈形式的调查，希望在结合调查数据的基础上，分析并总结校园“裸贷”产生的原因，进而提出有针对性和可行性的措施，让女大学生的贷款权益得到有效的保护。问卷自2018年10月27日发布，截至2018年11月1日，共收到268份有效问卷，调查样本主要包括专科、本科以及研究生在内的在校学生。本科生与专科生的比例约为3:1，根据调查，总结出了以下几点：

（1）多数女大学生来自农村或者经常居住地在三四线城市，但就读大学所在地多位于一、二线城市。

本份问卷268位填写者中，153人是农村户籍，占比57.09%；110人家庭常住地在三四线城市以及74人家庭常住地在农村，共占比68.65%。但是，192人于一二线城市就读大学，占比71.64%。

（2）针对现代的女性营销模式和App中“红人”的推荐，大多数学生认为其刺激了女性的消费欲望。

问卷显示，88.43%的女大学生认为新媒体传播的“女性营销方式”，诸如举办“女王节”等激发了女性购物的冲动。同时，一些兴起的App如“小红书”等推荐平台中介绍的高端产品，有近64%的女大学生因此产生了购买的欲望。由此可见网络媒体宣传在女性消费中有不可忽视的作用。

（3）超过76%的女大学生的父母教育背景不理想，家庭学识背景较弱。

调查数据显示，不超过24%的女大学生的父母有大专以上的学历，其中父亲在大专学历以上的仅有 23.88%，母亲在大专学历以上的也仅有 12.69%。

（4）约 45%的女大学生会因家境不好而感到自卑。

问卷显示，父母月收入在 8000 元以下占比约 66%，同时有 44.4%的女大学生会因父母收入存在自卑心理，说明约半数女大学生会因父母收入偏低、家境条件不好而存在自卑心理。

（5）多数女大学生能正确对待消费差距。

调查显示，虽有三成女大学生会对周围高于自己消费水平的同学有心理落差感，但没有落差感的女大学生占多数，并且有 73.63%的女大学生认为自己不会为了缓解落差心理去消费名牌，说明对于身边人的消费水平差距多数人能保持理智状态。

（6）参与问卷的女大学生显示其生活费与每月花费的集中区域相似。

近九成女大学生的生活费及月开销都在 2000 元及以下，仅有不超过 11%的女大学生有 2000 元以上的生活费，10.07%的女大学生每月开销会超过 2000 元。

（7）生活用品花销和人际消费占女大学生的花费比重较大。

绝大多数受访女大学生的每月主要开销在日常生活和学习消费，除此之外花费在人际消费上诸如聚会等的女大学生占 68.66%，还有 23.13%的女大学生会将钱花在手机、化妆品等高端消费上。

（8）超过 30%的女大学生表示其消费欲望或心理受其身边人影响。

调查显示，在身边人拥有名牌时，32.09%的女大学生表示会受此影响，一定程度上刺激其购买同类产品。

（9）超前消费方式认可度不高，多被用于化妆品和名牌鞋包的消费。

虽有 58.58%的学生表示不认可超前消费的方式，但仍有接近半数的女大学生默认或者认同超前消费的存在，并有 52.17%的女大学生会愿意超前消费化妆品等高端用品。即使超前消费的认同度不高，但是超前消费为女大学生们追求物质消费提供了便利。

（10）虚荣心膨胀及“裸贷”平台低门槛的诱惑是女大学生参与“裸贷”的两大原因。

有 3 名参与本次调查的女大学生曾参与“裸贷”，究其原因她们都表示自己的虚荣心攀比使自己消费高于自身能力的东西，同时“裸贷”平台的低门槛和诱惑宣传也是她们选择“裸贷”的主要原因。

（11）有“裸贷”经历的女大学生对于“裸贷”的看法及后果认识不够。

有两名女大学生参与“裸贷”后表示应洁身自好，但有一位女大学生认可“裸贷”的赚钱方式。针对“裸贷”的后果，她们主要表示自己没想太多，认为可以按时还清，对于平台的信息隐私问题了解不多。

（12）有过“裸贷”经历的女大学生认为出卖肉体来赚取收入是值得的。

调查中显示有两位女大学生认为AV女优等以裸露肉体赚取收入的工作很轻松可以理解，但也认为这类工作较为低贱。有一位女大学生不认可该方式，认为从事这个职业的人缺乏“羞耻心”，但相反有一位女大学生理解并认可这类职业。针对本人出卖肉体，有两位女大学生认为是值得的。可见心理上的不认同感并不能完全成为女大学生们不出卖肉体的依据，也并不能完全成为衡量出卖肉体的价值因素。

2. 实地调查结果分析

此外，在对深圳三所专科学校的13位在校女大学生的访谈中，100%的同学认为新媒体会产生刺激女大学生消费的作用。6名同学（46.2%）表示对于网络平台如“小红书”推荐的产品，自己会产生想要同类产品的想法。3名同学（23%）表示学校没有开展过关于“校园贷”的安全教育活动或不清楚学校是否开展过相关教育活动。仅有2名同学（15.3%）表示通过学校的正规平台贷款的难度不高。6名同学（46.2%）表示从整体上看，女大学生有性观念越来越开放的趋势。

综上所述，新媒体的战略性推广会在一定程度上刺激女大学生的消费，而且女大学生的消费欲望会受到身边同伴的影响。尽管超半数的女大学生不认可超前消费的方式，但仍有约半数的女大学生愿意超前消费化妆品等高端用品。对于有过“裸贷”经历的女大学生来说，虚荣心膨胀及“裸贷”平台低门槛诱惑是女大学生参与“裸贷”的两大原因。与此同时，在有过“裸贷”经历的3位女生中，有两位认为自己低估了“裸贷”可能会导致的严重后果，可以看出其防范意识不高。此外，有两位认为出卖肉体来换取金钱是值得的，可以看出其在一定程度上是“享受”性别给自身带来的“优势”的。

三、“裸贷”问题的成因分析

基于上述实地调研以及前人的理论分析，我们开始以“女大学生自身需要钱——促使女大学生采取进一步行动去‘裸贷’——‘裸贷’有市场”这个纵向纬度对“女大学生为何需要——促使女大学生‘裸贷’的原因——‘裸贷’为何有市场价值”进行了思考及分析。而后，我们发现“裸贷”成因有内因和外因，内因主要是女大学生群体自身的原因，如消费主义心理、防范意识差等，而外因则更强调社会对女大学生这个群体的影响，如新媒体的推动、家境落差、正规贷款平台信息少、“裸贷”具有市场价值等。在内外因相互交织下，女大学生陷入了“裸贷”的旋涡。

（一）内因方面

1. 道德观念

在“裸贷”事件发生之初，学界对于“裸贷”出现的原因分析多停留于对借贷人即女大学生群体的批判，认为“裸贷”是当代女大学生道德沉沦的体现，一些女大学生们之所以进行“裸贷”是因为她们丧失了道德底线。然而，这样的结论对于女大学生来说无疑是以偏概全的。仅将“裸贷”归于道德观念原因是不足以让人信服的。尽管如此，不可否认的是，从道德层面来分析，女大学生的“裸贷”行为是缺乏道德认知的。也就是说，女大学生的道德行为心理机制出现异常是“裸贷”成因的其中一个因素。具体而言表现为以下三个方面：女大学生自身的道德认知不能与其个人道德需要相协调；女大学生自身抗诱惑能力不足最终导致道德信仰的丧失；女大学生道德自我评价系统出现问题，缺乏一定的羞耻心、自尊心。

日常生活中，存在个人需要是很正常的事情。人的需要只有涉及利益关系时才会上升为道德需要。在“裸贷”的语境下，尽管女大学生具备一定的道德判断水平，但由于日常生活需要、化妆品和包包等高端产品消费欲望的日渐增长，女大学生的个人需要渐渐从原本的道德需要演变成为非道德需要。当个人需要演变成非道德需要时，人们不一定就会做出不道德的行为。譬如，大多数女大学生在面对日益增长的物质需要时，可能会更多地选择做兼职、父母帮助、合法贷款等渠道来满足自己的需要。但是，在道德需要与非道德需要发生冲突时，少数女大学生因为道德认知的不健全或者其道德认知没有很好地发挥作用，选择了“裸贷”途径来满足自己消费的欲望。

女大学生自身抵抗外界诱惑的能力不足最终导致道德信仰的丧失也是促使女大学生做出“裸贷”行为的一个因素。在商品社会里，各种奢侈品、娱乐方式、服务已然成为对年轻一代的诱惑。而随着电子商业的不断发展，这种诱惑变得越来越强烈。作为一二线城市的大学生们，尤其是女大学生们，对于化妆品、包包、衣服等的需求日益增长。当对这些商品的需求超出一定限度的合理需要时，女大学生便容易被商品诱惑，形成不道德的认知，认为要拥有这些商品才能进入所谓的上流社会。此时，网络借贷平台的出现便自然而然成为女大学生青睐的对象。一开始，女大学生们可能会认为进行“裸贷”是不道德的，是不可取的方式，但并没有产生强烈否定、厌恶的情绪。与此同时，随着其自身对于外界繁杂多样的商品的抗诱惑能力降低，渐渐产生了肯定的情绪，开始慢慢认同、接受。女大学生希望在短时间内不劳而获去满足自身对于物质的需要，进而选择接受“裸贷”行为。

女大学生自身评价系统出现一定病变，具体可能表现为缺乏一定的羞耻心、自尊心。这是促使女大学生作出“裸贷”行为的另一因素。在作出一个具体行为后，如果在现有社会道德规则下获得社会的正面评价，作出该行为的个人则会实现心理平衡；如果获得的是社会负面评价，则行为主体会进行自我的反省，总结上一行为的经验和教训，以免再犯。在“裸贷”的语境下，按照一般原则，女大学生们在作出“裸贷”行为后，会进行自我的反省或者立即终止“裸贷”这一行为。但也存在有些“裸贷”女大学生认为“出卖肉体换取金钱是值得的事情”，“不就是给人看个身子嘛，没什么大不了”。对于这部分女大学生，显然她们的社会道德认知跟现有的社会道德体系不相一致，简言之即被评价为缺乏一定的羞耻心、自尊心。譬如，当部分女大学生树立的价值观为“拜金主义”“物质享受主义”时，她们本身就不会觉得“裸贷”是一件不道德的事情，相反，这恰恰是实现其“价值观”的手段之一。

2. 消费心理

裸贷女大学生存在的消费心理主要为攀比消费、虚荣消费以及盲目的超前消费心理。攀比消费心理主要体现为：经济条件困难的学生通过“裸贷”来支持自己的高额消费，与同学进行攀比；生活条件好的学生通过“裸贷”来进行更高层次的攀比消费。进入大学这座“象牙塔”之后，大学生们多数被人们称为“天之骄子”，而“天之骄子”又怎会甘于“落后”呢？特别是一些家庭经济条件不好的同学，在进入位于一二线城市的大学之后，切身体会到了与生活在一二线城市的同学生活水平的差距，加之性格不服输，为了向这些同学“看齐”，不惜走向“裸贷”道路以换取金钱。而一些原本生活条件比较好的同学更多的则是为了争做众人中的焦点，做最引人注目的人物。某种程度上，部分大学生们不服输的精神渐渐演变成一种无知的攀比消费心理。而虚荣消费心理则主要体现为：为了体现自己不同于常人的消费水平来显示自己的身份地位。实际上，女大学生进行“裸贷”贷到的款项绝大多数不是用于满足日常生活消费，更多的是为了购买名牌包包、香水、名牌鞋等。通过日常穿戴这些包包、衣服在同龄人中展示出一定的优势，以获得自身心理上的满足。此外，除了提到的攀比、虚荣消费心理以外，女大学生群体中存在的盲目超前消费的观念也是她们进行“裸贷”的另一原因。据问卷数据显示，尽管超半数的女生不支持超前消费，但当谈到超前消费是针对名牌包包、化妆品等高端奢侈品时，接近半数的女生表示愿意以超前消费的方式进行购买。这可以看出当代女大学生普遍还是较为认同以超前消费的方式满足自己物质上的需要的。尽管超前消费为女大学生们的物质生活满足提供了便利，但是对于超前消费的态度稍有不慎就会掉进贷款的圈套。当这种超前消费的观念逐渐变得盲目时，女大学生通过不同平台的贷款来“拆东墙来补西墙”的现象也就不足为奇了，最终一步步走向“裸贷”的结局也是显而易见的。

（二）外因方面

1. 家庭背景的落差为“裸贷”提供成长的温床

女大学生群体的家境差距是导致女大学生易陷入“裸贷”风波的原因之一。家境不仅体现在家庭收入水平和社会人脉上，也体现在父母与子女的关系和对子女的教育上。自改革开放以来我国的经济水平虽有了高速发展，但是经济发展的质量仍有待提高，城乡差距在快速发展的背景下也在逐渐拉大，2018 年中国社科院发布的《农村绿皮书》显示，虽然目前我国的城乡差距收入比正在缩小，但是城乡人均可支配收入的绝对差却在 5 年间拉大近 6000 元，意味着农村人均可支配收入在发展速度上仍大幅度落后于城市。这在另一方面说明来自农村家庭、生活在大城市的一部分女大学生们由于家庭收入不高，导致其与城市同龄学生在生活水平等物质上的差距也较为显著。同时，来自城市的学生相较于偏远地区的农村学生拥有更多的社会资源诸如父母的社会人脉和教育培训机会等，双方在接受新鲜事物的适应力上会表现出不同程度的差异，来自城市的女大学生更有经济实力去支撑其满足欲望，这也激发了来自农村的女大学生为了追求大城市的诱惑而选择“裸贷”的欲望。再加上原生家庭在女大学生群体的性观念和金钱观教育上的差异，城市家庭相较于农村家庭普遍更开放，会更多地教授相关的性教育知识，同时在物质上给予一定满足来塑造其金钱观，所以出现了“裸贷”群体中农村女大学生占比居多的现象。

2. 新媒体鼓动下引发的消费异化滋生“裸贷”需求

在互联网经济膨胀的推动下，新媒体潮流也在潜移默化地影响着女大学生群体的消费观。新时代对于女性的新定义更是令许多商家将目标客户群体投向女性群体，网购平台巨头淘宝利用机会在一些特殊节日策划诸如“女生节”“女王节”等活动来直接刺激女性消费，2018 年淘宝公开的年度报告中也显示了“90 后”成为消费主力，而其中女性每日逛淘宝的均数为 10 次，足以说明女大学生群体在消费中不可忽视的潜力。女大学生群体除了日常用品的消费外，对于美妆用品的需求也日益增大，一些美妆品牌产品的不断更新和靓丽外表也疯狂吸引着女大学生的消费欲望。另一方面，日益崛起的潮流 App 如“小红书”等平台中充斥着享乐主义、拜金主义的信息，例如，针对女性的日常保养，一些网红博主由于自身收入较高或收取了较高广告费，发布的护肤品等推荐清单普遍是价格较高的产品，为了吸引眼球会将自己的生活描述得较为华丽，制造出其生活奢侈的表象。而女大学生又是此类平台的主力用户，这在无形中也会激起她们的羡慕之心，长期接收此类高价值产品的推荐信息或者是各类新鲜产品的推荐，影响着女大学生的消费观念，再加上女大学生涉世未深，自制力相对薄弱，更容易产生与他人攀比的情绪和陷入享乐主义的陷阱。

生活在这种对消费大肆渲染的社会大环境下，年轻女性很容易沉迷于物质享受，追求体面的消费，渴求无节制的物质享受和消遣，从而深受苛求无度、从众攀比的消费心理影响而产生消费异化的现象。在此状况下，无休止的物欲促使更多的女生转向贷款消费，而“裸贷”无疑是消费异化在女大学生群体中的极端例子。据调查，“裸贷”女大学生将贷款主要用于美妆、数码等产品的消费，她们由于自身经济能力的限制无法承担这笔费用，但受消费主义思潮的冲击以及该思潮下形成的“女人可以没钱，但不能不精致”等对女性角色的定位，剑走偏锋，冒着私密照泄露、名誉受损等风险进行贷款，购买与自己支付能力并不匹配的商品。正如在本小组进行采访时，受采访学生所说：“因为我觉得她们贷款是为了满足自己的从众心理，模仿身边同学的穿着打扮，跟随潮流。但是她们的经济不能满足她们的想法，所以她们就去贷款，但是我觉得这样的心理是不可以的，我们要根据自己的收入，根据自己的经济情况来决定自己的消费水平。她们这样子应该算是提前消费，感觉她们的消费超出了自己实际的经济水平，所以我对这种行为是不赞同的。”

3. 年轻女性媒介形象的异化催生“裸贷”市场

近年来，我们不难发现，移动互联网环境下，年轻女性，尤其是作为女大学生身份出现的女性群体，越来越成为互联网产品竞相追逐的对象。不仅是各种网络放贷平台，还有各种网络直播平台以及一些金融性质的社交平台，它们在对待“女大学生”资源的时候，基本上都是引诱女大学生群体注册为平台的常规用户，然后通过拍摄、录制、展示、交易自己的身体形象，为平台聚拢人气，从而为自身赚取经济回报。这一系列行为背后运转的逻辑实则是对于“女大学生”形象所进行的负面暗示：女大学生在市场经济中可被榨取的经济收益更大。女大学生拥有的身份符号，不仅包括年轻漂亮，还含有象牙塔所赋予的纯洁与知性。这种身份符号有别于传统上“被看”的女性形象，更新鲜、更刺激、更有品位，因而其商业价值也更大。正是这样一种整体性的媒介文化氛围，将包括“女大学生”在内的年轻知识女性的身体形象，逐渐异化成为一种可供多方窥视的情色用品。因此，“女大学生”媒介形象的异化，观众对其身体形象的不正确期待便催生了“裸贷”市场并推动其迅速发展。

此外，男性凝视更是为“裸贷”市场的发展起到了推波助澜的作用。为何男性没有“裸贷”空间？因为女性的私密照片比男性的私密照片更有价值。这价值又从何而来？归根结底还是男性凝视的产物。“男性凝视”最初由英国艺术批评家 John Berger 提出，男人看着女人，女人看着自己被观看，这不仅决定了绝大多数男人和女人的关系，而且规定了女人和她们自己的关系。在商业利益的驱使下，某些网站以男性为假想受众，满足男性对女性性别角色不健康的期待。当我们凝视某个对象的时候，我们可以从“观看”或“被看”当中获得快感，也就是说主动或被动地获得快感。因此“裸贷”的出现使得女性的身体和隐私成为男性欢愉的对象。而男性的这种心理更是加剧了“裸贷”的商业价值，让年轻女性的裸照变得具有“可销售性”。因此，“裸贷”事件中女大学生用以抵押的裸照等私密资料因其能够满足受众对于“女大学生”这一群体形象的负面心理，以及具有能够为男性凝视服务的肉体价值，因而才具有了可供用于商业牟利的特征。而这也解释了“裸贷”的下游市场——将涉事女性的私密照与个人资料信息在网络上进行贩卖以此牟利，以及由此催生的介绍无力还贷的涉事女生进行“肉偿”等变相的卖淫产业何以生存。

4. 正规贷款平台的有限性促使借贷人转向“裸贷”

目前我国高校网贷市场规模巨大，消费群体人数众多，但真正可供大学生进行信用贷款的正规平台却少之又少。当前社会生活质量提升带来了超前消费、信用消费等消费观念的转变。同时，随着互联网技术的提高与互联网技术运用的普及，越来越多的在校大学生，更倾向于借助互联网平台进行贷款，以满足日常的消费需求。高校网络贷款已成为目前我国在校大学生的主要融资渠道，并影响着在校大学生的生活与学习。2016 年 10 月 29 日，天津大学针对我国大学生网络信贷消费情况发布《大学生网络信贷消费调查报告》。调查报告显示，我国约 30%的大学生申请过贷款，超过 60%的大学生选择网络方式进行贷款。然而，即便是数量庞大的网络借贷平台，平台质量也参差不齐，大部分从业人员不受传统银行的从业人员限制，缺乏金融业务培训与合规、合法操作培训。相当多的借贷平台存在暴力催收的情况，对无法按期还款或无法还款的在校大学生，以泄露个人隐私信息等为手段，胁迫学生还款，触碰了道德与法律的红线。许多贷款的在校大学生在威逼利诱之下，往往采取“以贷养贷”的方式，但由于正规贷款平台数量极其有限，加之多数大学生无法得知正规贷款的渠道和方式，因而在金钱需求的刺激下，最终走上了“裸贷”之路。

（三）从社会与个体的互动中把握“裸贷”的成因

对于“裸贷”的形成，单纯从社会环境影响或者个体特点，其实都无法进行全面的剖析。社会环境与社会个体之间存在着辩证关系，只有将个体置于其所处的社会环境之下，并结合个体特性进行动态分析，即研究社会环境与社会个体之间的相互作用，方能够全面把握“裸贷”的形成原因。在“裸贷”形成的过程中，社会环境和个体身上都存在促使“裸贷”形成的推动性因素和防止其形成的阻碍性因素。

1. 人生价值“空窗期”让网络鼓吹的消费主义乘虚而入

大学时期是我们价值信仰的一个空窗期，网络时代下的海量信息碎片化和复杂化，使得我们的思维方式发生了转变，既有利于包容性思维的培育，也会使我们难以形成一个较为完整的价值体系，从而使得价值判断更加具有不确定性。资本生产主导下的消费主义文化成为网络文化的重要构成部分并不断地向大学生群体输送其价值观。

（1）人生重大转型期引起人生价值的“空窗期”。

大学是学生价值信念的“空窗期”，也是其开始寻求新的自我价值定位的时期。大学属于象牙塔与社会的交汇点，是青年与成年的过渡阶段，是重要的人生价值观重塑时期。大学以前我们所接受的道德教育大多来自意识形态上的灌输。同时，因为年龄小和学业繁忙等问题，与社会接触较少，我们所吸收和塑造的道德价值体系植根于家庭和学校的生活实践，受到其生活环境的限制。走进大学后，大学生开始接触社会上形形色色的人事，原有的道德价值体系受到了冲击而开始逐渐演变，生活环境的变化期待并促进价值观的重塑。由于旧的价值观在新环境中的实践性降低，而新的价值体系的构建又处于初级阶段，因此大学会是很多学生人生价值观的“空窗期”，其激发了学生对寻找自我认知和身份归属的精神寄托的渴望。

（2）信息时代下网络发挥着对学生价值观的导向作用。

网络信息具有碎片性、海量性和复杂性的特点。网络教育正在逐渐取代大学生的家庭教育和学校教育，向学生传输多元价值观，但也削弱了学生的理性判断能力。大学生是网络社会中最活跃并且最容易接受网络新鲜事物的群体。不可否认，信息化时代的来临使得我们所能获取的信息更加多元化，有利于培养我们的包容性思维，使得我们的价值观更具有包容性和开放性，这有利于培养健全的人格。然而，网络信息的碎片性也意味着我们对这些信息所蕴含的价值观的接收，是通过一种简单堆积的方式完成，杂乱无章，缺乏体系性，其潜在性危险是两种完全冲突的价值观可同时为我们所吸纳，明辨是非的能力下降。当遇到问题需要进行价值判断的时候，就会出现思维和价值取向的混乱，大脑可能就会随机选择某一价值理念作为标准而做出价值判断，从而使得价值判断具有不确定性。在此种情况下，理性行事就变得岌岌可危。因此，网络信息的碎片化使得价值观欠缺系统性，从而削弱了其对行为的导向作用。

网络信息同时也具有复杂性。传统的信息获取方式下，以特定的信息需求为出发点和动力而形成信息接收和筛选整合的链条，人是信息消费的主体；但在网络语境下，我们往往处于被动接受信息的地位，对选择接受何种类型的信息的控制能力遭到削弱，各种 App 每天会为我们推送海量信息。即使我们具有一定的信息处理筛选的能力，但信息处理的过程仍然要花费我们大量的时间和脑力，而且在这一过程中我们也可能会不知不觉的吸收这些垃圾信息，人与信息的地位似乎出现了颠倒，信息成为主体，而人们的时间精力脑力成为客体。当包裹着不良价值观的信息袭来之时，即使其在最初不被接受甚至被厌恶，但当这些不良信息不断叠加并营造出一个较为稳定的特定网络语境之时，就会对处于该特定网络语境之下的群体进行显性教育，即通过一种耳濡目染，“随风潜入夜，润物细无声”的方式传输其价值观。

（3）价值判断的困境使得大学生更容易做出失序行为。

我们所吸收的良莠不齐的信息与价值判断的不确定性结合，就会使得我们做出的行为与社会所提倡的价值观相悖的可能性增大。在混乱、无序的教育环境中，人们很难判断自己在某种特定场合应该如何行动以及他人如何看待自己的行为，这就产生了教育失序状态下的个体行为秩序的缺失，导致个体走向迷茫甚至放纵。因此，及时的直观而系统的价值引导能够使得这种失序行为得到一定的遏制。然而，高校对道德价值的培育也呈现出松散的状态。许多高校办学理念日益功利化，不重视对学生的健全道德素质的引导和培育。相反，其大力鼓吹各种成功学说，以财富和地位等物质因素来衡量其毕业生是否优秀，并以此来刺激在校大学生，这种行为不仅没有起到帮助学生树立良好社会价值观的作用，反而促使其在潜意识中淡化对自身品格修养的提升并延伸出“唯金钱财富有用论”的恶劣念头。

（4）资本生产下消费主义填补了大学生自我归属感的空洞。

消费主义正是当今网络语境下风气正盛的文化。资本生产要求不断扩大社会需求。资本家瞄准了互联网这一最廉价却也最有效的产品营销方式，通过资本操纵互联网进行消费至上的价值传播。在受大学生欢迎的App中，“微博”“抖音”“小红书”等无一不是充斥着各种广告。即使是在使用“微信”“QQ”等用于亲朋社交的App之时，也难逃广告侵袭。这些营销广告不仅仅是以产品的功能作用进行推销，更是将产品贴上“高雅”“情调”等能够“展现个人品位”的标签，巧妙地将人们对展示自我价值追求的渴望与其产品结合起来，将人的物质贪欲包装成对尊重和实现自我的高追求。个人品位来自于知识的汲取、精神的修养和人格的完善，“腹有诗书气自华”。然而，这种漫长而孤寂的精神修炼在这个“速食”的浮躁时代变得越发艰难，因此，人们便诞生了走捷径的念头——用直观的充当着中产阶级文化价值符号的产品来为自己贴上高雅或张扬个性的标签，以期快速找到自我认同感和归属感。

被消费主义文化裹挟甚至是吞噬掉的个体随后而成为这种文化潮流的推动者，例如，通过“微信”“微博”“抖音”等网络平台，或大肆渲染或潜移默化地传播这种消费至上的价值，将朋辈引向消费主义的路上，使得消费主义的势力呈现指数爆炸式增强的势头。

2. 相关法律规范的缺失间接为“裸贷”现象提供生存空间

（1）正规的贷款难以寻求，不正规的校园贷平台伺机袭来。

当一部分大学生的消费能力难以承受日益膨胀的消费欲望之时，却难以寻求正规的借贷平台和金融机构，或者贷款信息不畅通，又或者碍于繁琐的手续，逐渐催生出校园贷平台。投资者瞄准了这一商机——为消费欲望膨胀而消费能力低下的群体提供借贷服务而收取高额利息，或者作为 P2P 借款平台收取服务费用。同样是借助了互联网技术，校园贷平台如雨后春笋般纷纷破土而出。为了吸纳更多的借贷服务，这些借贷平台无孔不入地猛烈宣传，校园贷的小广告充斥着校园和网络。同时，这些借贷平台的用户准入门槛低，只要通过手机号码验证就能够注册成为其用户，其审查内容程序少之又少。另外，一些 P2P 校园贷款平台在需要金钱来满足消费的大学生和有剩余资金的人士这两个网络陌生人之间搭建了金钱交易的桥梁，但对放贷人与借款人之间如何进行交易在所不问，对具体的放贷流程也没有限制，只要能收到中介费用即可。

（2）法律及相关行业规范的欠缺无法有效规范校园贷平台的运行。

校园借贷平台以迅雷不及掩耳之势攻占了学校，因此非常有必要对校园贷平台进行规范和引导，减少直至遏制其对大学生的负面影响。但法律所固有的滞后性缺陷使得校园贷平台的运行得不到有效的整顿和规制，更没有相关的行业自律规范。另外，即使有相关的法律法规文件出台，但是其配套设施，如执法分管部门、执法人员等，仍然需要长时间去完善，因此就不可避免地出现规制不到位的情形，大量的校园贷平台继续猖獗地游走于灰色地带。

3. 传统观念对女性身体的商品化孕育“裸贷”产业链

把女性的身体当作消费商品的传统观念根深蒂固，从而孕育出以“裸贷”为开端的色情产业链。校园贷平台并不只是面向女大学生进行借贷，但是要求以“裸照”为担保物主要针对的却是女性。原因有以下几个方面：一是利用女大学生的性羞耻心，以向其亲友发裸照要挟防止其欠款不还；二是预期女大学生没有偿还高利贷的能力，以“裸照”进行贩卖获利或者以此要挟女大学生进行“肉偿”。无论是获得高利贷的利润，贩卖裸照获利，还是“肉偿”，都为放贷人所求。从“借贷宝”流出来的10G“裸条”资源和放贷人要求女生进行性交易或介绍其卖淫来收费都体现了“裸贷”延伸出的色情产业链，也正是色情产业链的存在，才更进一步地促使“裸贷”频发。

4. 女大学生群体对社会的回应

正如前文所陈述的，个体对社会环境的回应绝不是被动的、千篇一律的，而是能动的、带有个性化色彩的。当“裸贷”所制造的危险流发展并作用于个体时，既会将个体引向这一危险的漩涡当中，也可能刺激个体对危险的防御系统的构建进而使该危险流弱化或者被直接阻断。“裸贷”的出现不仅仅是社会环境作用于社会群体后的产物，社会群体在回应社会环境的冲击时具有能动性。在大学生群体中，即使普遍性的面临着某种社会环境的冲击，但由于个体的差异性，其回应社会环境的方式也有差别，这就决定了“裸贷”是一种相对个别性而非普遍性的现象。

（1）大学生群体对网络海量信息和其蕴含的良莠不齐的价值观的回应。

批判性思考能力有利于在混杂信息中作出正确的价值判断，无序行为的做出往往是由于批判性思维缺乏所引起的，因此“裸贷”这种失序行为更多发生在批判性思考能力相对较低的专科院校学生。当置身于海量的网络信息之中，尽管是“乱花迷人眼”，但若拥有良好的批判性思维能力，仍然可以对各种良莠不齐的价值观作出判断或甄选，进而吸收或摒弃。这种批判性思维可以是在以往的家庭和学校教育当中形成的一种思维习惯，也可以是在大学课堂中习得或加强。批判性思维构成学习能力中极其重要的部分。本科与专科学生分流的重要依据之一便是学习能力。因此，本科学生往往比专科学生更擅长于批判性思考。因此，他们对待网络信息能够做到更加理性的分析判断。另外，相比于本科重点大学，专科院校更加注重的是生产技能知识的教育，对学生的道德价值修养引导较少，从而使学生的道德价值观得不到良好的塑造。因而，良莠不齐的价值观造成学生价值判断的混乱性和随机性，体现在专科院校的学生身上更加明显，使其作出与主流价值观相违背的行为的可能性也更大。

（2）大学生群体对消费主义的回应。

家庭经济原因会对学生应对消费主义产生影响。消费主义更多体现的是中产阶级消费文化的渲染。上流阶层的生活消费诱人，但毕竟为少数人所享有，过大的财富差距也使得人们对涌入上流阶层的渴望进入无意识层面。相比之下，中产阶级的生活消费则显得更为“亲民”，更容易为经济能力较低的人们所模仿，可能是几件体面的品牌服饰、美妆产品再加上原有的文化知识学历就能达到“以假乱真”的效果，而且中产阶级所享有的知识、格调等优雅标签形象更是吸引着学生。消费主义影响下，来自殷实家庭的学生会更加强化其通过物质产品消费体现其中产阶级的形象，也因为具有良好的家庭经济能力而得到家庭的物质支持。即使这些学生的消费欲望膨胀，但大多时候其消费还是在承受范围之内。而对于经济能力较低的家庭的学生而言，显而易见的同辈之间所享有物质消费能力的不平等性挫伤了学生的敏感心理，加强了其失落感和自卑感。为了弥补失落感和挽回尊严，其也开始通过品牌标签来粉饰自己的自卑感，期望以此达到朋辈之间的平等交流。习惯了舒坦生活和所谓的高质量消费水平的浸淫，便很难走出这一舒适区。由于家庭的经济支持有限，这些学生的生活捉襟见肘，对金钱的需求也越来越大，因此就产生了借贷进行消费的欲望。

正确的金钱观或者其他情感上的满足能够填补学生的落差感，从而阻断消费主义的叫嚣。消费主义给经济能力较低的学生带来的失落感只具有潜在可能性，并非必然。如果学生能够得到来自良好的家庭教育而培养树立正确的金钱观和消费观念，知道金钱只是带来物质上的享受，但是最终决定人的高贵地位的是人的品格、知识和精神气质，或者是学生在经济上的失落感能够通过其他方面得以弥补，例如优秀的学习成绩、较高的领导能力等，则能很好地阻断这种消费主义的恶劣影响。

（3）女大学生群体对要求提供“裸照”为担保物的回应。

在面对放贷人所要求以“裸照”为担保物时，借款人会做出道德羞耻心、风险意识以及消费欲望满足之间的价值衡量。

道德观对人的指导很大程度上是靠舆论压力完成的，而网络为我们构建的陌生人语境，使得我们在网络中无法直接感受到道德舆论对自身行为的价值评判，并为实施不道德行为提供了一个相对安全和隐蔽的空间。因此，从现实社会教育和实践获得的荣辱观在陌生人网络语境下对人的指导作用会遭到削弱，使我们更容易在网络环境中实施不道德行为。因此，即使学生意识到拍裸照来交换金钱是非道德的，但是由于实施这种行为使自己直接面临的舆论谴责可能性较小而降低了自我管理约束的要求。

然而，向陌生人提供“裸照”用以担保贷款，明显带着较大的风险，会刺激人们的防御戒备心理的产生。实际上，将“裸照”作为担保物交给陌生的放贷人，相当于将身体上的部分隐私权作为财产转移由放贷人占有。隐私权属于人格权的一种，具有强烈的人身属性，是一种绝对权，任何目的和形式的让渡都是无效的。具有一定防备意识的女大学生就会对此进行风险评估，例如其放贷人的涉黑背景，校园平台的借贷是否是高利贷，“裸照”被传播到其亲友的风险等。

在女大学生道德价值观以及风险意识和消费欲望之间进行博弈的过程中，如果个体的道德信念足够坚定，或者风险意识强，或者二者叠加后的力量占据了上风，那就会在此切断社会环境所制造的将其推向“裸贷”泥沼的危险流。

综上所述，“裸贷”的形成是在社会与个人的相互作用中完成的，身处网络时代的大学生受网络上多元却良莠不齐的信息干扰，容易做出失序行为。正规贷款平台的信息相对闭塞以及手续的繁琐性，使得学生转而投向几乎没有借款门槛的校园贷平台。一些校园贷平台唯利是图，游走于灰色地带，却缺乏相关的法律规范以及强有力的执法进行规制，间接为“裸贷”的产生提供了生存空间。“裸贷”背后色情产业的运行体现的是物化女性的丑陋观念。在面对提供“裸照”作担保的要求，女大学生会进行道德羞耻感、风险性以及消费欲望之间的博弈，若消费欲望战胜了道德感和风险意识，最终将导致“裸贷”行为。

四、“裸贷”问题的法律分析

与一般的民间借贷不同，“裸贷”是基于女大学生以裸照作为“担保物”与放贷人达成的借款合同。那么，该合同是否有效呢？裸照是否构成“担保物”呢？当女大学生将裸照交至放贷人手中，放贷人传播这些裸照时是否构成对女大学生隐私权的侵犯呢？当放贷人的传播行为达到一定的严重程度，是否构成非法传播淫秽物品罪呢？在女大学生无力进行还款时，放贷人以还贷为由介绍这些女大学生进行陪睡的行为是否构成介绍卖淫罪呢？这些问题都需要我们进行法律上的解答。在此，我们主要从民法与刑法两个方面尝试对“裸贷”的相关法律问题进行探究。

（一）民法层面的相关问题分析

1. “裸条”借贷合同的法律性质分析

女大学生希望得到放贷人的借贷，答应放贷人提出的以裸照作为“担保物”的条件，并最终以裸照作为“担保”向放贷人进行借贷。在这个过程中，“裸条”借贷合同实际上可以被划分为两个部分：一个是借贷合同，另一个是“担保合同”。按照传统意义上的民间借贷，借贷合同中附有担保的要求是正常的，此时借贷合同是主合同，而担保合同则是从合同。在“裸贷”的语境下，“裸照”能否成为担保法意义上的“担保”值得探究。担保法意义上的担保主要有抵押担保与质押担保两种。根据物权法的规定，抵押权是不转移标的物的占有的一种抵押权，且主要适用于不动产以及特殊动产如汽车、船舶。然而，放贷人在出借款项前是要求借贷人提供裸照的，也就是说要求转移占有。即使在不要求转移占有的情形下，能够用作担保的只有财产和财产性权利，即抵押物必须是具备交换价值和流通性的财产。但依据法律规定，裸照或裸照视频属于淫秽物品，禁止在市场上交换和流通。也就是说，“裸贷”不能成为抵押担保民间借贷。那裸照是否能构成质押担保呢？质权是指债权人在债务人不清偿其债务时，可以就债务人或第三人移转占有而供作担保的动产或权利所卖得的价金优先受偿的权利。具体而言，质物必须为具备可流通性方可折价的特定动产。借款人的裸体照片与视频具有淫秽性，其传播是国家法律所禁止的。此外，裸照是运用技术手段从人身主体中派生出来的，具有人格属性，属于人身权的范畴。至于裸照涉及的人的隐私权，因为隐私权属于人格利益的范畴，不属于财产性利益，故而隐私权也不能作为质权的客体。所以，“裸贷”也不构成质押担保民间借贷。综上所述，裸照不能作为担保物，以裸照作为担保是无效的，即使借贷人是出于自愿，也只是徒有担保虚名，实际上是不能受到法律保护的无效的担保合同。即使成立担保合同，也会因为其违反了公序良俗而无效。但值得注意的是，以裸照为“担保内容”的无效并不意味着整个借贷合同的无效。尽管存在部分学者认为应积极引入公共秩序与善良风俗原则，对该合同作出整体无效的解释。但是根据现行合同法的规定，合同部分无效的，不影响其他内容的效力。虽然对合同作出整体无效的解释有利于“裸贷”现象且利于保护借贷人，但是从民法的角度来说，借贷合同毕竟是借贷人与放贷人两个平等主体之间就借款达成的合意，属于意思自治的自由范围。即使借贷人是通过裸照方式作为“担保”

取得借贷款项，但这也是借贷人明知可能会发生的风险，且在明知风险后仍然选择进行借贷。如果轻易地对合同作出整体无效的解释，这对于放贷人来说无疑是不公平的。至于“裸贷”的高利率问题，则可以通过现行关于民间借贷利率的司法解释来解决。根据《最高人民法院关于审理民间借贷案件适用法律若干问题的规定》第 26 条规定：“借贷双方约定的利率未超过年利率 24%，出借人请求借款人按照约定的利率支付利息的，人民法院应予支持。借贷双方约定的利率超过年利率 36%，超过部分的利息约定无效。借款人请求出借人返还已支付的超过年利率 36%部分的利息的，人民法院应予支持。”具体而言，如果借贷双方约定的年利率未超过 24%，此时的约定会受到法律保护，即女大学生需要针对该部分进行全部偿还。如果是超过 24%但未超过 36%，女大学生已经偿还给放贷人的部分不允许再追回，还未偿还的则可以不再偿还。对于超过 36%的部分，女大学生不仅可以不偿还，还可以要求追回或抵销本息。

2. “裸贷”放贷人行为的违法性：是否侵犯隐私权

“裸贷”除了涉及借贷合同效力问题外，还可能涉及放贷人传播裸照的行为是否侵犯女大学生的隐私权问题。根据《侵权责任法》的规定，隐私权属于民事权益的保护范围。行为人因过错侵害他人民事权益，应当承担侵权责任。女大学生向放贷人提交个人信息资料及裸照行为并不代表着允许放贷人公开或传播裸照，从性质上来说，更倾向于是委托放贷人暂时保管的行为，待借款款项还清后将裸照归还。至于是否要公开隐私的决定权在女大学生的身上。在日常生活中，个人的隐私信息可能因工作、生活关系而被他人掌握，但他人不得将其知悉的隐私信息泄露出去，否则将构成对他人隐私权的侵犯。在“裸贷”语境下，女大学生出于借贷的需要，将裸照交给放贷人作为“担保”，当放贷人以牟利为目的擅自将裸照传播至网络时，无疑构成了对女大学生隐私权的侵犯。然而，我国现行的《侵权责任法》并未对隐私权作具体解释，因此赋予法官更多的自由裁量权。在出现名誉权与隐私权竞合的情况时，法官更多以名誉侵权来认定。以名誉侵权认定隐私侵权，实际上是对隐私权保护的忽视。基于此，本小组建议，我国在隐私权侵权的判定上可以借鉴德国侵权法下“个案具体分析、权益衡量”的方法。在德国侵权法的框架下，法益是分层次进行保护的。生命权、身体权等绝对权利受到最有力的保护；当一般人格权受到侵害时，需要就个案所涉及的利益进行综合衡量。在“裸贷”中，裸照涉及的个人、家庭、朋友的信息资料受侵权责任法的保护，社会风俗不能容忍将他人的裸照及资料曝光于公众，更不能容忍将该隐私信息用于包养、推销等牟利行为。

（二）“裸贷”行为所涉犯罪分析

1. 传播淫秽物品罪

校园网络借贷平台公开女大学生裸照或视频的行为可构成传播淫秽物品罪。大学生“裸贷”因贷款到期无法偿还时，网络借贷平台就会通过媒介手段公开其裸照或不雅视频。此外，放贷者会创建“裸贷”交流群，并在群内发布各种“裸贷”福利以及“裸条”出售的公告。还有的放贷者会建立一对一的优享利益群以及“裸条”贩卖群，借此实现对整个“裸贷”行业的控制，以获得更多的不法利益。同时，很多的放贷者并不局限于在借款人处获得高昂的利益，还会将手中已经持有的信息贩卖给其他的人。根据《刑法》第363条的规定，如果借贷方是以牟利为目的传播涉事女大学生的不雅视频或照片，在数量以及后果达到某种程度时，就会触犯贩卖、传播、制作淫秽物品罪。此外，即便借贷方不以牟利为目的，只是单纯地传播视频或照片等不雅信息，根据《最高人民法院、最高人民检察院关于办理利用互联网、移动通讯终端、声讯台制作、复制、出版、贩卖、传播淫秽电子信息刑事案件具体应用法律若干问题的解释》第1条及第3条，当传播数量达到一定程度时，也同样涉嫌传播淫秽物品罪。

2. 敲诈勒索罪

校园网络借贷平台以公开借款女大学生裸照或视频要挟其偿还到期债务的行为，构成敲诈勒索罪。借贷女大学生无法偿还到期贷款本金及利息时，校园网络借贷平台便以公开借款女大学生的裸照或视频相威胁，在“裸贷”的整个过程当中，放贷者凭借裸照以及裸体视频威胁借款人，要求其归还贷款，如果借款人出现了违约情况，还要求其支付更多的赔偿与财物，在此期间，放贷者采取恐吓、威胁等行为，导致借款人心生畏惧，最后不得不将财物全部交给放贷者，从而使得放贷者获得巨额财物，借贷者遭受巨大损失，这些都满足敲诈勒索的构成特征，符合我国法律对敲诈勒索罪构成要件的规定，其行为目的和手段均具有明显的违法性；以威胁、要挟等方法强制索要他人财物，若其索要金额满足我国相关法律法规的规定，该行为便构成敲诈勒索罪。

3. 强奸罪

放贷人通过要挟等方式，致使借款人“肉偿”的行为涉嫌强奸罪。“裸贷”女大学生不能及时归还借款时，放贷人以公布裸体照片相要挟，胁迫女大学生提供性服务，从而以此抵债，这种行为明显违背女大学生的意志。即便同意“肉偿”，也是借贷人基于对裸照等私密信息被泄露的恐惧受胁迫不得已而为之的行为，严重侵犯了女大学生的性自主决定权，符合强奸罪的构成要件，构成强奸罪。

4. 强迫卖淫罪和介绍卖淫罪

许多“裸贷”平台在放贷给借贷人时，往往设置高额利息，致使借款人将承担“裸贷”后的巨额利息，一旦借款人无法还款或支付高额利息时，“裸贷”放贷人往往会允诺乃至鼓励借款人从事各种商业性性行为，诸如卖淫、裸体直播、被包养等从而让其抵债。迫于担心裸照以及其他个人信息被泄露的恐惧，又加之放贷者的逼迫，很多借款人都会接受放贷者所提出的“肉偿”要求，即通过提供性服务的形式还清贷款。此外，现实中，大量的“裸贷”平台都有着庞大的产业链，从介绍、吸引大学生进行“裸贷”，到恐吓催收再到对逾期借款人的“肉偿”要求，每一步都充满了陷阱。这些放贷平台并非看中了女大学生这一群体的还贷能力，而是看中了这一群体的身体价值。放贷人允诺乃至鼓励借款人“以身抵债”，其实更多的目的并不在于收回贷款和利息本身，而是为了进一步挖掘下游产业中的价值，即通过放款使不具备基本还贷能力的借款人陷入债务奴隶的境地，从而操控借款人具有最大性价值的身体，以进行性剥削。放贷人在实施“裸贷”业务的同时，也在不断联系接受性服务的“客户”，从而进行不正当的性交易。这是典型的介绍卖淫行为，而如果过程中出现强迫借贷人进行“肉偿”的行为，还涉嫌强迫卖淫罪。因此，“裸贷”平台为借贷的女大学生以及接受性服务的嫖客之间搭建平台建立联系，这种行为将会触犯《刑法》规定的强迫卖淫罪以及介绍卖淫罪的相关罪责。

5. 侵犯个人信息罪

我国《刑法》第253条以及《最高人民法院、最高人民检察院关于办理侵犯公民个人信息刑事案件适用法律若干问题的解释》指出，不能向他人出售或提供公民的个人信息。其中涉及的个人信息指的是电子和其他方式记录，可以被单独或者是和其他信息共同识别自然人身份以及体现特定自然人活动的各类信息，包括姓名、身份证件号码、通信通讯联系方式、住址、账号密码、财产状况、行踪轨迹等。“裸贷”要求借款人提供个人裸体视频以及裸照、学籍信息、身份证件以及亲友联系方式等隐私信息，这部分信息都牵涉公民个人的信息。所以对于放贷者，向特定的群体提供个人信息，利用信息网络和其他的途径发布各种个人信息，采用购买以及交换的形式获取个人信息的行为都会侵犯个人信息，当侵犯个人信息的情节严重时，将会触犯侵犯公民个人信息罪。

五、“裸贷”的风险预防与法律规制建议

如前所述，“裸贷”不但涉及民法上的违法性，更可能会引发一系列的犯罪行为。因此，有必要提供相应措施对“裸贷”进行预防，并且对“裸贷”受害者提供相关的权利救济渠道，这也是本课题研究的重要意义所在。

（一）“裸贷”预防对策

1. 高校应加强校园管理

“裸贷”针对的对象主要是高校的女大学生，大学对于民间借贷进入校园的管理活动显得尤其重要。我们在实地调查过程中发现，不少女大学生反映会在学校较为隐蔽的地方发现宣传“裸贷”的小广告，这在一定程度上增加了女大学生接触到“裸贷”的概率。对于此，大学应谨防小广告在校园对“裸贷”进行“宣传”。而对于放贷平台如P2P，则要提高这些放贷平台的准入门槛以及加强对放贷平台进入校园的审核力度。此外，学校应加强对于大学生有关贷款的普法教育，多进行法律案例的分析，以引导学生认识“裸贷”的严重危害性。作为学校，也要加大理财教育、价值观培育、道德教育的力度，帮助大学生树立正确的金钱观和价值观。

2. 加强对网贷平台的监管

网络借贷包括个体网络借贷（P2P网络借贷）和网络小额贷款。P2P借贷平台主要是为投资方和融资方提供信息交互、撮合、资信评估等中介服务。而网络小额贷款平台则主要是互联网企业通过其控制的小额贷款公司，利用互联网向客户提供的小额贷款。校园“裸贷”事件大多发生于不正规的网贷平台，这些平台往往不具备相应的运营资质和能力，未能达到从事该行业的相关标准，为了收取高额利息或者收取中介手续费而向在校学生发放贷款并主要面向消费需求大的大学生。如果从网贷平台着手对其进行规制，使其运

行更加规范，将有利于减少此类事件的发生。

提高借贷平台的市场准入门槛，将缺乏资质的借贷平台排除出去，从而减少“裸贷”等“套路贷”事件的发生。根据央行及十部委联合发行的《关于促进互联网金融健康发展的指导意见》第13条关于互联网金融行业管理的规定，任何组织和个人开设网站从事互联网金融业务的，除应按规定履行相关金融监管程序外，还应依法向电信主管部门履行网站备案手续，否则不得开展互联网金融业务。但在现实中，大量的网络贷款平台往往以贷款咨询公司等名义向工商管理部门注册，获取营业执照，并在互联网上开展贷款撮合业务或者借贷业务。对此，可以考虑学者所提出的对借贷平台实行牌照制的建议，对满足条件的网络贷款平台发放牌照。这一方面可以将一部分资质缺乏的申请者排除在外，防止其进入市场；另一方面也方便监管机构对网络贷款平台进行管理，掌握其真实发展状况。

在监管体系完善后，允许具有资质的公司从事“校园贷”业务，但应当在工商管理部门进行登记。从短期来看，在建立起成熟的对网贷平台的监管体系之前，过于宽松的网贷平台准入资格政策会破坏互联网金融市场秩序，并可能引发“裸贷”等贷款风波。因此，《关于规范整顿“现金贷”业务的通知》提出的“禁止发行校园贷”“不得为在校大学生提供撮合业务”，只允许银行机构向在校大学生提供贷款业务，此做法能够强有力地及时打击不正规的贷款平台进而抑制“裸贷”的继续恶化。但从长远来看，学生贷款渠道将往更加正规的方向发展。然而，在上述对“裸贷”形成的原因分析中，我们已经提到其他正规贷款渠道的闭塞是导致女大学生寻求不正规的“校园贷”平台的重要原因之一，银行机构的繁琐程序以及严格的借款申请导致很多大学生望而生畏，从而其贷款需求不能满足，使其更倾向于选择门槛低的不正规贷款平台，也让更多的地下借贷平台在银行单一的竞争下更有可乘之机。因此，除了要求银行一定程度放松贷款手续，在保障交易安全的情况下减少不必要的程序限制外，还可以在整顿P2P贷款平台和小额贷款平台的同时，不断通过技术、法律等手段完善对网贷平台的监管体系，待监管体系得以完善而能够较好预防“裸贷”类的套路贷事件的情况下，逐渐放开对网贷平台面向在校大学生发行贷款的限制。对要开展“校园贷”业务的网贷平台，要求其在注册登记时予以说明，工商管理部门对申请条件和申请流程作详细规定并且对其是否具有完善的营业资质，如对用户的隐私保障、正当催款程序等进行严格审核。而对于未在工商管理部门登记而开展校园贷业务的，应当对其进行严厉惩处。因此，防止“裸贷”行为的发生，不应该完全寄希望于全面禁止校园贷服务，正规借贷平台的发展不仅可以分担银行校园贷款的压力也可以打压非法借款平台的膨胀，所以在对网贷平台的校园贷业务进行短期整治后，应当从长远上规范提供校园贷服务平台的注册并鼓励其发展。

应积极发挥行业协会的内部自律作用。网络借贷属于互联网金融行业，主要受互联网金融协会的监管。《关于促进互联网金融健康发展的指导意见》第19条规定，要求加强互联网金融行业的自律，明确自律惩戒机制，提高行业规则和标准的约束力。对于网络贷款平台的有效规制，不仅有利于减少“裸贷”事件的发生，同时也有利于整个互联网金融行业的健康有序发展。对于网络贷款平台的监管，行业协会可以通过鼓励性措施与强制性措施相结合的方法。鼓励性措施可以对每个平台以其对“裸贷”等“套路贷”事件的防范能力等进行安全系数风险评估，评估的结果公开，安全系数的高低将影响公众投资借款的选择，以此来鼓励借贷款平台不断强化自身的安全性建设，为借贷款人提供一个更为安全的交易环境。同时，金融行业协会还应当制定网络借贷款平台的经营管理规则和标准，对于不符合行业标准的网贷平台应当肃清，而对于成立后在具体运作过程中违反管理规则的平台，根据其恶劣程度的大小应要求其改正或直接向银监会等部门请求撤销其营业资格。

厘清部门权责，严明执法。经历了几年互联网“裸贷”等“套路贷”事件的高发期后，中央出台了很多相关的对于网贷平台监管的文件，如2015年发布了银监会会同工业和信息化部、公安部、国家互联网信息办公室等部门研究起草的《网络借贷信息中介机构业务活动管理暂行办法（征求意见稿）》，2017年6月29日中国人民银行等国家十七部门联合印发的《关于进一步做好互联网金融风险专项整治清理整顿工作的通知》和由互联网金融风险专项整治工作领导小组办公室、P2P网贷风险专项整治工作领导小组办公室于2017年12月1日印发并实施发行的《关于规范整顿“现金贷”业务的通知》等。这些规范文件对网贷平台的监管有大致的分工，但是由于互联网金融行业管理涉及的部门较多，而中央文件对各部门的具体职能不明确导致难以确定下属部门的职权范围，造成管理的交叉与混乱，因此作为落实对网贷平台监管的地方政府或政府部门，应当厘清各个部门的权责，才有利于把对借贷平台的监管落到实处。而对于需要联合执法监管的事项，各部门之间应当事前进行协调，互相配合。

3. 网贷平台应履行审核职责

对借款人进行资质审查，禁止向在校学生办理借款手续。由互联网金融风险专项整治工作领导小组办公室、P2P 网贷风险专项整治工作领导小组办公室于 2017 年 12 月 1 日印发并实施发行的《关于规范整顿“现金贷”业务的通知》的“持续推进，完善 P2P 网络借贷信息中介机构业务管理”部分明确规定，“不得为在校学生、无还款来源或不具备还款能力的借款人提供借贷撮合业务”，因此借贷平台应当首先在注册界面就应该设置“是否为在校学生”等资质审查，如果用户点击“是”，将向其告知法律相关规定，申明不向其办理借款手续。同时，在借款程序中，平台也应当要求借款人提供身份资料证明，如经查实是在校学生，将立刻停止办理其业务。最后，网贷平台必须履行好风险提醒的义务。即使最后在校学生利用某些漏洞避开了网贷平台的审查，风险提醒也能够帮助其避开贷款中的一些陷阱。有较多的女大学生虽然具有一定的文化知识，但是由于社会阅历尚浅，对贷款存在的风险并不能做出较为全面的判断，因此借贷平台应当提供相应的风险警告，例如，对于法律所规定的利息率、放高利贷者的常用套路、如何在与贷款人进行借款磋商时防止隐私信息的泄露等贷款中可能涉及的人身财产利益都应当予以说明。

另外，网贷平台也应当对出借人的资质以及借贷款流程进行审查。网贷平台应当特别关注有不良记录的出借人，例如曾实施诈骗、放高利贷等违法行为。行业协会应该发挥促进内部机构信息共享的作用，有效防止在其他平台曾有过不良借贷款记录的用户进入其他网贷平台继续实施违法行为。同时，借贷平台可以鼓励借款人对有意诱使其掉进高利贷旋涡中的出借人进行举报。借贷平台一接到举报就应当收集相关证据，如双方的聊天记录等进行初步判定，涉及高利贷等的将移交公安机关进行调查。

网贷平台还应当提供完善的提供催收系统保障债权人的利益。根据《互联网金融逾期债务催收自律公约》，贷款平台应该建立一个完善的催收系统，要组建具有专业知识和素质的专业人员并对其进行定期考核和培训。对于无能力构建催收债务的网络借贷平台，可以委托专业的催款公司。对于那些并无恶意但又担心收不回款而要求对方提供裸照予以担保的人来说，完善的催收系统服务有利于增强其借款信心，从而减少要求对方“裸贷”的情况发生。

(二)“裸贷”后当事人可寻求的司法救济路径建议

1. 当事人可提起侵权之诉要求损害赔偿

在“裸贷”中，女大学生对于交给放贷人自己的裸照作为贷款的交换一般是基于自愿，但是对于照片的用途，双方在协商时是作为及时归还贷款的担保，而不是用于放贷人的营利活动，所以放贷人在未经照片权利人即借款女大学生的同意下公开披露在性质上属于不愿为他人所知的私人信息的裸照，无论其公开的原因是否正当，都侵犯了女大学生的隐私权。同时，放贷人将女大学生的裸照在媒体平台上发布，给他人留下女大学生“欠钱不还”“对于自己的身体不自重”“爱慕虚荣”等满足于无尽物欲的印象，造成女大学生群体在社会上评价降低，一定程度上也给当事人造成精神损害，根据最高人民法院发布的《关于贯彻执行〈中华人民共和国民法通则〉若干问题的意见(试行)》第140条，由于名誉权和隐私权在民法上属于权利人专属的精神型人格权，我国在法律上也有规定，如在《民法通则》第101条中规定禁止用侮辱、诽谤等方式损害公民的名誉。《侵权责任法》第3条赋予被侵权人可以向侵权人追偿的权利，所以女大学生受到侵害后可以基于其公开自己裸照的行为而要求其停止侵害、赔礼道歉并请求精神损害赔偿。

2. 将“裸贷”案件依据“套路贷”的有关规定予以处理

在诸多“裸贷”借款事件中，放贷人往往会利用低借款门槛的宣传诱使女大学生向其贷款，但是放贷人在借款过程中会有设置虚假利率等将借款金额虚高化的行为，以往法律对于该类事实是否作为“套路贷”没有明确的规定，而就在2019年4月，最高人民法院和最高人民检察院联合发布了《关于办理“套路贷”刑事案件若干问题的意见》给予“套路贷”明确的界定，其中制造民间借贷假象、故意垒高借款金额和暴力催债等行为在其中都被认为是“套路贷”的情形，这就为实务中处理部分“裸贷”问题提供了法律依据。因为以往一旦当事人向公安机关报案，一方面碍于职权受限，另一方面考虑到事件性质的特殊性，公安机关往往只能担任一个调解的角色，不能从实质上解决双方的纠纷。而该意见明确了公安管辖的问题，也明确了涉嫌上述情形的借贷可以作为犯罪案件由公安机关立即受理，而不再是以前的“有案不立”“有案难立”的窘境。所以，在“裸贷”案件发生后，当事人如果满足上述情形，可以及时向公安机关报案，而公安机关对于此类案件应当及时受理，审查基本事实后予以处理或移送有管辖权的公安机关予以处理，防止后果继续恶化。该意见的出台将公安部门立案审查和法院的执行联系在一起，更有利于当事人尤其是女大学生群体维护自己的合法权益。至于女大学生与放贷人双方的借款合同，应认定部分无效。针对借贷合同中设定的高利率，《最高人民法院关于审理民间借贷案件适用法律若干问题的规定》第26条也明确规定了年利率上限为36%，其中不超过24%的部分法院应认定为有效，但是超出24%的部分将作为自然之债的债务形式，借款人不得以有效借款为由申请法院强制执行，但是同时如果债务人即女大学生已经自愿给付，也不得向法院主张要回该款项，对此法院应对利率进行审查，尤其是超过36%的高利贷。有些放贷人为了规避法律对于高利率的规定，在合同中明确的利率虽在法律规定的范围内，但会通过变相的手段诸如逾期利息、罚息、服务费等形式来重复收取高利息，所以针对“利滚利”的变相高利率手段，法院应当对事实予以查明并以利率总计为准，不应片面地以合同约定利率为依据。

针对已经受理的“裸贷”案件，对于放贷人有违法犯罪行为的，应当依照我国《刑法》的规定，根据具体情形如敲诈勒索罪、非法传播淫秽物品罪等追究放贷人的刑事责任。

3. 引入诉前禁令和紧急报警机制防止事态恶化

所谓诉前禁令，又称诉前保全措施，是指在诉讼进行中，如果侵权行为明显存在，法院可以根据原告的申请，责令相关侵权人禁止继续实施某行为的制度。该立法意图为预先制止侵权行为的进一步或者重复发生，从而有效避免权利人的损失扩大。本小组建议，在“裸贷”事件发生后，为防止放贷人恼羞成怒发布传播借款人的裸照等私密信息，当事人可向公安机关报案，此时公安机关启动紧急报警机制，在及时受理的同时，掌握双方当事人的信息后对事态加以控制，避免一方对另一方实行肆意传播当事人隐私信息等加害行为。毕竟网络上信息的传播并不会停止，受害人的损失也会继续扩大。鉴于网络环境下侵权信息传播的不可控、损害后果严重性等因素，笔者觉得我国有必要在“裸贷”侵权问题中适用该制度，以及时防止当事人损害的扩大。

而在联系与控制放贷人的问题上，公安机关可以参考早在2010年最高人民法院就发布的《关于建立和完善执行联动机制若干问题的意见》中提出的针对拒不执行法院判决的“老赖”群体的联动执行机制，该机制目前在各个省中都有一定的落实方案，如黑龙江汤原县发布了一个《关于建立执行工作联动机制的实施方案》，其中详细规定了公安机关的联动执行分工，即在处理“裸贷”案件中，公安机关可以利用法院资源去寻找可能会产生危害行为的放贷人，公安机关和法院联合发挥各自的职能提高“裸贷”类案件的审理和执行效率。如果法院在执行阶段发现找到当事人有困难，可以依法将相关资料发送给公安机关，而公安机关也可以协助发出通报，组织力量寻找行为人，并在发现行为人后及时通知法院。在对基本事实审理清楚后，根据《民法通则》第 134 条的规定，对严重违反民事法律规范应负民事责任的行为人可以依照法律规定处以罚款、拘留，因此，对于“裸贷”中有严重侵犯借款女大学生权益且涉嫌私自放高利贷等行为的放贷人，可由法院依法按照程序交由公安机关处以罚款或拘留的处罚，一定程度上威慑违法放贷人，防止侵害进一步扩大。

4. 充分发挥网警巡查作用，保护女大学生个人隐私

在“裸贷”事情发酵到一定程度时，放贷人会因借贷女大学生未还款而公开其裸照作为违约后果，“10G 裸条”照片泄露就是典型的例子，这就暴露了网络平台目前在个人信息保护上的漏洞，放贷人可以利用网络的复杂特性肆意传播借款人的裸照甚至将其出卖，而实务中民警往往很难接触到网络平台上的犯罪嫌疑人，给其执法带来很大难度。2015 年我国在一些城市首次上线了网警公开巡查执法机制，从查处违法、警示提醒、普法教育和提供举报平台四个方面来打击网络犯罪行为，从而管理网络治安环境。

女大学生群体基本上选择“裸贷”都是通过互联网，所以一些违法信息的记录基本也都在网络平台上，全面实行网警公开巡查执法机制，可以监管借贷平台中相关借贷协议的合法性以及借、放贷双方当事人借贷担保物的合法性等，从源头发现以“裸照”作为担保的违法借贷行为，打击允许此类非法借贷的平台并予以处罚。同时，对于传播借贷人“裸照”的放贷人，网警可以利用巡查机制合法地追踪到放贷人的基本信息，为线下公安机关执法提供信息支持。网警还应该对传播裸照的来源和平台予以查处，及时删除相关当事人的裸照，防止进一步传播给当事人带来更大伤害，给网络治安秩序带来消极影响。

通过该机制，不仅可以提高保护当事人隐私的效率，更可以为公安机关执法和法院诉讼追究责任提供更有力的证据。网络并非法外之地，无论是线

上还是线下，“裸贷”的违法性和其中高利率的危害都不应被忽视，网警应充分利用好巡查执法机制，公开透明地问责相关行为人。

六、结 语

本文一开始引出“裸贷”问题，从“裸贷”的概念入手，针对现有的关于“裸贷”形成的原因与对策研究进行了一个学说上的梳理并指出现有研究的不足之处。

之后笔者介绍了针对“裸贷”问题开展的实证调查结果，基于这一结果以及对前人研究的总结，本文从内因、外因以及内外因交互影响这三个方面分析了“裸贷”产生的根源，指出道德观念、消费观念等当事人自身问题固然是“裸贷”产生的内在诱因，外在环境中的家庭因素、新媒体的不良导向、女性媒介形象的异化以及正规借贷平台的有限性等对“裸贷”问题的产生和发展也起着难以忽视的作用。而对于推动“裸贷”出现的内因与外因，同样不能孤立地看待，只有在内外因交互下辩证地看待“裸贷”的形成路径才能更好地把握这一问题的本质和关键。

在对“裸贷”的法律分析部分，本文认为，在合同效力上，裸照不能作为担保物，以裸照作为担保的担保合同是无效的，然而以裸照为“担保内容”的无效并不意味着整个借贷合同的无效，“裸贷”的利率问题则可以根据现行关于民间借贷利率的司法解释来解决。在“裸贷”放贷人是否侵犯隐私权问题上，本小组倾向于借鉴德国侵权法下“个案具体分析、权益衡量”的方法，认为生命权、人格权应当受到最有力的保护，因而将涉事女大学生“裸照”进行公开传播的行为侵犯了其隐私权，理应受侵权责任法的规制。此外，在刑法领域，依放贷人在“裸照”中从事的不同性质的行为，其可能触犯传播淫秽物品罪、敲诈勒索罪、强奸罪、强迫卖淫罪、介绍卖淫罪以及侵犯个人信息罪等不同罪状。

最后，为了更好地预防以及规制“裸贷”问题，本小组提出在预防方面，高校应加强校园管理、相关部门应加强对网贷平台的监管以及网贷平台应严格履行审核职责；而在事后当事人可寻求的司法救济方面，建议其可以提起侵权之诉要求损害赔偿、办案机关将“裸贷”案件依据“套路贷”的有关规定予以处理、在当事人寻求救济时引入诉前禁令和紧急报警机制防止事态恶化以及充分发挥网警巡查作用，以减少“裸贷”案件的发生率。

读书札记

西方人眼中的中国法律：两面性天平的平稳与倾斜

——阅读《接触与碰撞》有感

陈　蔓[*]

随着十五十六世纪之交新航路的开辟，西方各界人士尤其是传教士将西方的宗教与天文学、物理学等自然科学带入中国；同时，随着他们对中国认识的深入，西方人眼中的中国法律也经历了由优秀出色到瑕不掩瑜，最后几剩腐朽的转变。

初至中国的西方人士无疑对这个东方大国的实力与历史底蕴赞叹不已，在他们眼中，中国是“一个富强的、美丽的、尚仁义、重伦常的泱泱大国”。在全面了解中国的同时，他们无不对中国法律作出了正面的评价。如同利玛窦评价《大明律》的修改严格性、明朝司法制度的统一性、明代司法管理的回避制度等，均显现出此时西方人眼中中国法律创制与实施的先进。

在法律的细枝末节之中，蕴藏着深沉的中国智慧：如官员的回避制度避免地方官在本地结交过多社会关系而结党营私、勾结一气，同时能够避免官员的地方保护主义倾向；对女性的审讯选择在偏僻之地进行以尽可能地保障女性隐私；审判时采用公开庭审的方式避免证人作假、司法工作人员徇私舞弊；官员审查制度对官员的监督作用……更有16世纪去过中国的葡萄牙人加里奥特·佩雷拉对中国审判制度的高度赞扬。他认为无论是公堂上的公开质询制度，抑或是严刑拷打使犯人招供，都是为了获得真相，其目标在于追求公平正义、作出正确的决断。值得注意的是，此时的西方人对中国的刑讯逼供传统持正面态度，可见此时无论中西，对实体正义的需求远比程序正义大

---

* 作者简介：陈蔓，汕头大学法学院法治文化研究中心研究员。

得多。

提及中国的刑讯逼供，必然与中国的酷刑制度有着密不可分的关联。西方学者对中国自古以来的酷刑有过极其丰富的记载。即使残酷场景随处可见，残酷刑罚令人发指，但他们认为酷刑能够很好地震慑臣民，以达到维护国家统一、社会安定有序的目的。对于巩固统治而言，没有什么方式比酷刑来得更快、效果更好。

同样地，西方人对中国法典也大加赞赏，他们曾对《大清律例》有着极高的评价，概言之即其集实用性、简洁性、逻辑性、灵活性与大众性于一体。中国法律条文并不繁琐复杂、不知所云，而是条文简洁清晰、直截了当。字里行间，既无玄词迷句，也无荒谬推论，反之则是平直简单、概念明确的法律条文，这无疑为司法人员的条文引用与平民百姓学习了解本国法律提供了极大便利。在极富逻辑的同时，又赋予其一定的灵活性：法律留给法官一定的空间以适应不同的案件，而非死守教条。

在一片溢美之词中，或许为了营造一种优越、先进的中华帝国形象，西方人在有意无意当中把自己头脑中的想象糅合到对现实的描绘当中。但基于当时欧洲脱离黑暗中世纪不久，社会生产力远不如中国的现实情况而言，其法律文化无论从制度还是就实践而言都与中国存在着较大的差距，故踏上中国土地的西方人无疑对这个庞大国家中有序运转的法律体系震惊，于他们而言，中国成熟而优越的法律文化带给他们超乎想象的惊喜。

随着对中国法律的认识与了解，他们逐渐发现优越之下掩藏着的些许不足，这些发现也使西方人对中国法律的见解不再是单一地赞美与惊叹，而是提出了与以往不同的意见，呈现矛盾的色彩。贯穿这一点的，是中国法律的随意性，具体体现为审判的随意性与刑罚的随意性。

首先要说明的是法律的理想模式与实际情况之间存在着严重的脱节。书中法国人老尼克以自己的亲身经历对小司汤东翻译的《大清律例》提出了批评，他认为中国民间司法与官方颁布的法律条文之中存在着巨大的差异——法官审理案件时具有随意性。法典中具有的灵活性使条文并不甚详尽，以至于法官有很大的自由裁量权，随意地作出符合他们意愿的裁定。这种现象带来的往往是法官滥用职权、徇私舞弊、法庭之中金钱至上的社会现象，法律已经徒有虚名。可以想象，断案具有随意性之下的中国法庭产生过多少冤假错案。

西方人发现中国司法鲜明的两面性，往往还体现在刑罚使用的随意性之中。与刑法典中的公正、宽容、智慧相比，司法实践往往大相径庭，随意的严刑逼供与屈打成招已经成为习惯，法官们俨然已经倾向于追求罪名成立而并非寻找正义的价值取向，这与刑法典的条文形成了鲜明的对比。书中，老尼克在《开放的中华——一个番鬼在大清国》一文中描述当时审判的案例：一旦犯人招供，便押上公堂，送到法官面前。不同于欧洲此时已经形成一定规模的陪审团制度，中国的法庭上既没有陪审团，也没有辩护，被告无法获得任何的司法保障，而法官只凭证人的只字片语与一份犯人的供认书便宣布裁判结果，在那之后，犯人的刑罚通常也是当庭执行。很难想象，这样粗暴的司法执行所能获得的正义究竟所剩几何。

这种随意性并非只存在于公堂之上，而是演变成一种社会风气，逐渐延伸成为“惩罚的随意性”。官员出行的随从中往往有带板子的人，只要一声令下，既不用会审，也无须定下罪状，就能对平民百姓施以“打板子”的惩罚，通常五到二十板子不等。可见，惩罚的随意性已经成为当时中国现实社会中司空见惯的现象之一。在这种严峻的现实情况之下，当时百姓社会地位的保障与公平正义实现的可能性微乎其微。

当然，此时西方人对中国法律虽提出了不一样的见解，但天平仍未完全转向否定的一边。这个时期，他们对中国法律的理解恰恰处于天平平稳的节点，既能对缺点提出疑义，也善于发现细微之处的智慧光芒。譬如，司汤东在对中国秋审制度的描述当中，强调了皇帝在核准死刑案件时审慎的做法：先是征求大臣的意见，思考在不危害国家的前提下，能否对此案犯进行减刑。通常，会以其他低于死刑的刑罚方式进行改判，以体现皇帝宽仁为怀、重视生命的价值取向。在这一点上，也的确能看出中国法律在实施上难得的温情面。

实际上，中国法律从来都是有好有坏，只不过随着西方人对中国现实社会的深入认识、社会生产力的不断进步导致对法律变更的要求，封闭的中国法律具有的这种优缺点之分逐渐显现出巨大差异，并快速滑向腐朽的边缘。近代以来，西方的法律文化长足发展，英美法系的法律框架不断完善进步，而中国法律却换汤不换药，无法根治前述的所有弊病——因此，西方人认识到中国法律与本国法律的差距愈发增大，态度也由此转向轻蔑、傲视。他们目睹了这个庞大国家的法律从停滞走向崩溃的全过程，十五十六世纪以来那种对中国优越法律的崇拜心理已所剩无几。

而这种态度的转变，无疑与西方工业革命以来形成的鲜明个人主义价值取向与思考方式有着紧密的联系。现代法律文明的逐渐产生，让人们更倡导程序正义与人权保障，应运而生的则是对司法程序的严格遵守与关于刑罚制度的改革。

在这种趋势之下，中国仍固守以往混乱无序的司法过程，只愿追求浮于表面的实体正义，但需知，连程序正义都无法保障的司法程序，能够获得实体正义的可能性微乎其微。事实上，在19世纪末20世纪初的中国，每个人都对审判的结果心知肚明，没有人对此抱有期待。

与此同时，在过去被赞扬的酷刑也不再被西方人接受。他们认为对肉体的残酷折磨与惩罚并不符合法律的初衷，一味使用酷刑与追求正义反而背道而驰。因此，这一时期西方人对酷刑的普遍态度是批判的，中国的酷刑盛景体现的是法律不发达和不成熟的一种状态，而并非和谐社会、太平盛世的必要手段。

在西方人对酷刑的记载中，少不了凌迟这一死刑方式。19世纪中期对中国社会做过深入研究的英国传教士麦高温就对中国的死刑观作出过评价，其中对凌迟的见解十分鲜明地反映出当时西方人对这种刑罚的反感与批判。他提到，凌迟是最残酷的刑罚，其血腥与残忍甚于印第安人用来惩罚俘虏的方式。接受凌迟的犯人不但要体会人体所能承受的最大限度的痛苦，还需持续数天，直至这种令人发指的肢解完成，他才能在这种难以想象的痛苦之中解脱。

而除了对肉刑的残酷进行批判之外，西方人还注意到了中国刑罚的另外一种方式——侮辱刑。侮辱刑是对中国百姓身为人的尊严的肆意侵害：形形色色诸如木管刑、“站街”、悬吊惩罚、栓铁柱等刑罚，都是对处于封闭环境中生存的底层人民人格上的侮辱与精神上的伤害，这关乎他们在生活当中名誉的损失、社会地位的下降，更有甚者，侮辱刑使他们永远无法抬起头来。对人格尊严保障的缺失，有悖于近代普遍觉醒的人权观，成为西方人所不支持的刑罚方式。

近代中国的法律并非没有尝试过改革。但事实证明，处于一个被迫改变的地位，让法律变革者只是机械地吸收西方法律的长处，并不能改变中国法律因为经济制度与政治制度的腐朽而存在的无法根治的缺陷。因此，戊戌变法、预备立宪等法律变革行为均以失败告终。中国法律也确如西方人眼中的模样逐渐走向崩溃，直到全面解体。至此，在西方人眼中的中国法律也就经历了一个从天平一端完全倒向另外一端的转变过程。

实质上，各朝各代的中国法律向来有好有坏，之所以会发生鲜明的转变，无非是西方人士对中国法律态度的不断转化。新航路开辟时期，他们试图通过塑造政治清明、社会和谐的中国形象，推动走出黑暗中世纪的欧洲社会向中国包括法律文化在内的一切优秀之处学习，改善自身；随着工业革命的开展以及西方对中国了解的不断深入，欧洲近代法律体系的框架有了雏形，西方人也开始用新兴的近代思维方式审视中国法律，天平由此向平稳转变；近代工业文明使西方人更加注重程序正义与人权保障，而中国法律依旧不变——或者说，即使有心改变，但其存在的弊端无法彻底去除。这时，西方人用自己的价值取向令天平再次倾斜，中国法律及其司法实践在他们眼中已是腐朽不堪。

倘若我们辩证地观察这个问题，能够发现这种天平式的转变并不能完全反映当时中国法律的真实走向。十五十六世纪在西方人眼中优秀如中国法律，也早有严刑逼供与贿赂成风；近代以来腐朽如中国法律，也有对残酷刑罚的逐渐废除、死刑核准的审慎与“少杀”的宽仁取向。可以说，中国法律向来是优劣并存，而非单一地从全面优越走向全面腐朽。

我们应该辩证、全面地看待问题。西方人眼中的中国法律之所以有如此巨大的天平式转变，实质依然与自身知识水平与发展需要有关，而这两者的最直接因素在于经济发展水平。刨除这些因素，中国法律在黑暗中依然保有自身难以湮灭的光辉。

当时史，当时事，当时评。中华法系在其作用的特定阶段实实在在地起到了维护社会秩序、巩固国家统一的作用，我们不能认为其一无是处。以古法为鉴，或许我们能在长久的碰撞与交融中，找寻到最适合我们的中国法律。

编后记

本文集是“汕头大学法政文库”之第一种。文集共收录学术论文、调研报告、读书札记等17篇；其研究主题涉及我国传统法律文化、宪法与行政法治、民商经济与环境法治、刑事法治、诉讼与非诉讼纠纷解决机制，以及当前我国社会治理中出现的热点问题的调研报告和读书笔记等，并以栏目的形式加以区分，便于读者按照专业领域或个人兴趣按图索骥。

本文集收录的论文有7篇涉及本土法律文化资源的解读，约占全书篇幅的五分之二。分别涉及中国近代法律文化的变迁、传统家事制度、近代律师制度、政法委员会制度的演化、潮汕地区传统法律文化，以及一篇读书笔记，另有一篇论文涉及传统法制中的赎刑问题。这些论文（札记）各以其独特视角阐释了本土传统法律资源及其对当代中国法治的持续性影响。从上述研究成果不难看出：我国传统法律文化根深蒂固、源远流长，特别是近代以来，中西方法律文化从碰撞走向融合，深刻地改变了我国法律的发展走向，并在一定程度上继续影响未来法治的趋势；关注和研究这些本土文化资源，是当代学者不可回避的严肃学术任务。

本文集收录了民商经济和环境法治的论文5篇，其内容涉及当前的基因编辑法治伦理问题、澳门与内地知识产权法治的比较、公司法问题以及生态法治问题。这些文章具有一个共同特点，就是密切关注现实，及时回应了当前我国社会经济发展中出现的敏感、热点和难点问题。作者用中外比较、理论与实际结合、实证研究与反思创新相结合等研究方式，回应上述国家和地区社会治理法治化的“疑难杂症”，反映了学院教师紧跟时代潮流、凝练学术问题、学以致用的治学态度。

刑事法治一直是我国法学研究的重要领域。本文集收录了3篇此方面的论文。这些论文涉及刑法解释理论、刑法哲学、传统刑事法律文化的借鉴价值等。

本文集还收录了两篇诉讼与非诉讼纠纷解决机制的论文，其中包括诉讼技巧的论文一篇、潮汕地区非诉讼纠纷解决机制论文一篇。

调研报告是实证法学研究的重要形式，也是能够最真实、最快速切入本土法治进程，进行微观观察和研究法治进程的基本手段。本文集收录了一篇大学生创新项目的调研成果，内容涉及在校女大学生“裸贷”现象的分析及其对策问题，现实意义极为突出。

总之，本文集收录论文主题较为分散，收录成果的形式有较大的差别，论文格式基本一致，但体例仍存在这样或那样的差别，可能会给读者带来一些不便，敬请谅解。

本文集的出版得到了中国政法大学出版社的大力支持，特别是牛洁颖编辑不厌其烦地对论文集进行“精加工”，并提出了各种有益建议，对改善论文集的质量起到了关键作用。对此，我们表示诚挚的感谢！

编委会

2019 年 10 月